Come, Reza,

#FML

THE KINGDOM OF
SPAIN
TOURIST CONTROL
EU
15 MAY 2019
R. Officer

OUT
REGISTRATION CONFIRMED
GREECE
17 PIRAEUS PORT 02
B,C

MILAN
AIRPORT CONTROL
MXP ITALY MLN
17 AUG 2019
IN OUT

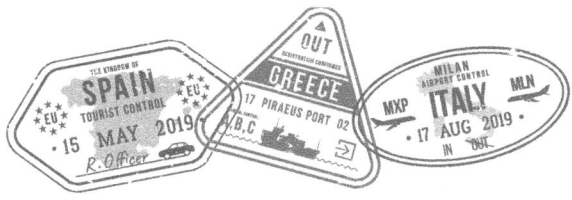

GABRIELLE STONE

¡Ven a jugar en línea!

@eatprayfml
@gabriellestone

www.EatPrayFML.com

Come, Reza, #FML

GABRIELLE STONE

Índice

Abróchense los cinturones... i

A la mierda con tu pasado 1

A la mierda con los errores...4

A la mierda con el matrimonio......................................7

A la mierda con los mentirosos e infielees 12

A la mierda con el amor..29

A la mierda con "Todo en la vida sucede por una razón" 49

A la mierda con el miedo...58

A la mierda con las reacciones 65

A la mierda con las emociones 74

A la mierda con las apariencias......................................79

A la mierda con las coincidencias 84

A la mierda con las redes de seguridad......................... 91

A la mierda con el limbo...97

A la mierda con ¿cómo se llamaba? 102

A la mierda con la mañana siguiente 120

A la mierda con la montaña rusa 124

A la mierda con la estrechez de miras.......................... 129

A la mierda con las primeras impresiones.................... 136

A la mierda con el karma... 143

A la mierda con los sueños hechos realidad 151

A la mierda con el alcohol 157

A la mierda con las expectativas 161

A la mierda con las conexiones 168

A la mierda con cómo "deberías" ser 176

A la mierda con tus planes 187

A la mierda con el sueño... 197

A la mierda con juzgarte a ti misma............................. 204

A la mierda con los patrones y tipos 213

A la mierda con el materialismo....................................222

A la mierda con procesar las cosas................................226

A la mierda con decir lo que piensas.............................230

A la mierda con las mamadas..242

A la mierda con "cerrar capítulo"..................................253

A la mierda con los conflictos de interés......................269

A la mierda con las áreas grises.....................................279

A la mierda con la realidad.. 288

A la mierda con los finales...294

Epilogo 309

Agradecimientos... 313

Textos citados 315

A los que me han amado,

me han roto, me han perdido y me han sanado.

Ustedes son la razón de que me encontrara a mí misma;

y por eso, les doy las gracias.

Abróchense los cinturones...

Todo empezó con un beso. Un simple, aparentemente inofensivo y jodido beso. Más concretamente, un beso en la cuarta foto de un fotomatón en el que estábamos cinco personas apretujadas. Bueno, técnicamente, en realidad todo empezó seis años antes; pero con un beso distinto, que sucedió al son de la canción de Prince, "Kiss".

Pero para que ustedes comprendan la monumental senda que abrió en mi vida ese beso, les tendré que llevar al principio. Bueno, no al principio de todo, porque ¿quién tiene tiempo para esa mierda? Pero remontémonos un poco, a mi primer amor, al matrimonio artificial, al engaño inimaginable, al corazón roto que parecía irreparable y a la asombrosa revelación... Todo lo que me llevó hacia el viaje que cambió mi vida y que he decidido, muy apropiadamente en mi opinión, llamar: Come. Reza. Qué mierda de vida.

A la mierda
con tu pasado

(Solo porque esa fuera tu "historia", no significa que te tenga que definir).

¡Hola, mundo!

Me llamo Gabrielle. Soy una actriz de veintiocho años de edad, nacida y criada en Los Ángeles. Adoro bailar y suelto palabrotas como un maldito marinero. Es algo en lo que he de trabajar... pero no para este libro. Veintiocho años suena muy joven, ¿verdad? Lo es. Sin embargo, cualquiera que me conozca bien te dirá que he vivido un montón de cosas en estos jodidos veintiocho años. Es casi abrumador al pensarlo. Mierda, si todo esto pasó en mi primer cuarto de siglo, ¿qué me espera en los dos siguientes?

Mi madre es una actriz que ha estado en la industria durante más de cuarenta y cinco años. También ha escrito cinco libros y es una sanadora conocida en todo el mundo. Ella también suelta palabrotas como un marinero... aunque no tanto como yo.

Mi padre fue también un conocido actor y director, y un antiguo playboy de Hollywood... hasta que conoció a mi madre. Eran el uno para el otro, el amor de sus vidas. Un amor de cuento de hadas, almas gemelas, algo tan perfecto que casi te hace vomitar. Se casaron e intentaron tener un embarazo durante seis años, hasta que por fin aparecí yo. Sí, ya sé... Una vida dramática desde el comienzo. ¿Qué quieren que diga? Me gusta hacerme esperar.

Tuve una infancia increíble. Incluso cuando mis padres pasaron penas financieras, yo nunca lo supe. Mi madre era Superwoman. Lo celebrábamos todo. Cualquier excusa era buena para hacer una fiesta. Si mi padre o mi madre conseguían un trabajo, el otro se quedaba en casa. Si alguno de ellos tenía que ir a trabajar fuera de la ciudad durante más de una semana, la familia entera íbamos a visitarle. Visité algunos sitios increíbles siendo muy joven: Sudáfrica, Nueva Zelanda, Brasil. La vida en mi familia era como un sueño.

El 20 de octubre de 1995, todo eso se rompió de repente. Era un mes antes de mi séptimo cumpleaños. Mamá estaba en Nueva Zelanda rodando una película llamada The Frighteners, y mi nana Kristen y yo justo habíamos vuelto a casa tras una visita de tres semanas allá. Me desperté y corrí desde mi habitación a través de la cocina, donde Kristen estaba preparando el desayuno. Entré como una exhalación en la habitación de mis padres para saltar encima de la cama con papá para ver cartoons en TV. Pero él no estaba. Caminé hasta el baño principal de la habitación. La puerta estaba abierta y tirado en el suelo estaba mi papá. Salí corriendo a la cocina.

"¡Kristen, Kristen! ¡Papá se desmayó!" Recuerdo como su cara cambió antes de salir corriendo hacia el dormitorio. Yo corrí a mi habitación y encendí la TV, pensando que solo se había desmayado y no le pasaría nada. Poco después, oí las sirenas.

Nunca olvidaré a Kristen entrando en mi habitación, sentándose en mi cama y diciéndome: "Cariño, tu papá no se desmayó. Tu papá ha muerto".

Sufrió un ataque cardíaco fatal. Mi mamá vino en el primer vuelo a casa. Durante la siguiente semana, ella lo puso todo en orden. Tuvimos un evento conmemorativo, o como lo llamábamos, una celebración de su vida. Siempre estaré agradecida al director de mi madre en aquella película, Peter Jackson, por decirle que fuera a casa y cuidara de mí, y que le dijera cuándo podía volver para acabar de filmar la película. Cuando ella volvió, tan solo una semana después, Kristen y yo volamos con ella. Nunca olvidaré cómo Michael J. Fox pasó los descansos de rodaje jugando a cuatro cuadras conmigo. Él nunca sabrá el gran impacto que tuvo en mi vida. Todo el equipo de rodaje cuidó increíblemente de mí; y mi mamá terminó la maldita película como una jodida campeona. Este fue el primer ejemplo real que vi de cómo encargarme de las cosas cuando todo salta por los aires en la vida. Fue ahí, con apenas seis años, cuando desarrollé la creencia que me acompañaría toda la vida: cuando amo a alguien, muere.

* * * * *

¡Mierda! Lo hice. Me gradué de secundaria. Era 2007 y por fin tenía dieciocho años y estaba tan jodidamente emocionada con mi vida. ¡Estaba ansiosa de que llegase el verano! Acababa de trasladarme a un apartamento donde iba a vivir mientras iba la universidad. Yo solita. Mi siguiente fase. Había estado con mi novio unos tres años; mi amorcito de secundaria. Era el muchacho más malo de la escuela, y tenía la suficiente dulzura para ser el primer amorcito de mi vida. Se llamaba Jake Carter, y el año anterior se trasladó a San Diego para ir a la universidad. Tenía un piercing en el labio, tatuajes y un BMW supersexy. A final de julio pasé un largo fin de semana con Jake, su hermano y su padre en San Diego, antes de que empezase mi primer semestre en la universidad. Fue el final perfecto para un verano perfecto. Solo que al final, no fue así.

El 3 de septiembre de 2007, mi celular sonó a las 07:00 AM. Era una de mis mejores amigas de la secundaria, con la que tuve una fuerte pelea después. Aunque acabamos arreglando más o menos las cosas, seguro que ya no éramos amigas. ¿Por qué demonios me llamaba a las 07:00 AM?

—¿Hola? —mascullé, medio dormida.

—¿Gaby? —dijo ella, con un tono ansioso y agitado.

—¿Sí? —dije, esperando.

—Jake ha muerto.

Le colgué de inmediato. No me eché a llorar. Ni siquiera registré mentalmente del todo lo que acababan de decirme. Agarré el celular y llamé al papá de Jake.

—Hola —contestó él.

—Dígame que no es verdad —dije. Los lloros que oí del otro lado eran la única respuesta que necesitaba. Me quedé ahí sentada, en mi nuevo apartamento, lista para un nuevo capítulo de mi vida a los dieciocho años de edad, y esa dolorosa herida familiar se volvió a abrir de par en par. Cuando amo a alguien, muere.

A la mierda
con los errores

(Si aprendes de ellos, merece la pena cometerlos).

¡Bueno! Pido disculpas por esa presentación un poco pesada. Pero era vital y obligatoria para comprender todo lo que viene a continuación... Qué tristeza, ¿verdad? En fin, avancemos unos años. Quienes me conocen estarán haciendo caras y pensando: "Oh, qué conveniente, Gabrielle... Sí, saltémonos tus locos años de libertinaje experimental y decisiones ridículamente imprudentes". PUES SÍ. Me vale verga toda esa mierda. Y a todos mis ex de ese período: de nada.

La parte que sigue es el verdadero comienzo de lo que mis amigas y yo llamamos "El show de Netflix que es la vida de Gabrielle". Así que, abróchense los cinturones. Porque aquí es donde el cuento de hadas normal y corriente se convierte en un completo y jodido desmadre.

* * * * *

Había conocido al hombre de mis sueños... o eso pensé yo. Apareció en mi vida como un torbellino y me llevó a Maui, donde me propuso matrimonio con el anillo más perfecto del mundo, debajo de una cascada. Si eso no era lo más romántico del mundo, no sé qué podría serlo. Daniel parecía ser la respuesta a las oraciones de todos en mi vida, desde mis amigas hasta mi familia. Yo tenía un historial de salir con hombres que necesitaban "ser arreglados" y Daniel era todo lo contrario: un ejemplo de hombre bien plantado en la vida. Tenía un trabajo fantástico como entrenador deportivo, era decidido y motivado, con pasión por la vida, y sabía lo que quería. Incluso mi madre dijo tras conocerle y verle en dos ocasiones: "Este es el hombre con quien te vas a casar". Y así fue. El 4 de septiembre de 2015 celebramos una boda absolutamente idílica, con todo lo que una muchachita podría soñar para el día de su boda. Tras la boda tuvimos una linda luna de miel en el increíble St. Regis de Bora Bora, acabando el viaje con una visita catando vinos por Napa. Después de eso, nos instalamos en una linda casa de tres habitaciones que alquilamos. La vida era linda.

Las cosas empezaron a cambiar cuando Daniel y yo llevábamos cinco años juntos, un año y siete meses después de casarnos. Nuestra relación no era perfecta, ninguna relación lo es; pero, en general las cosas estaban bien. Él trabajaba para construir su imperio deportivo y yo estaba centrada en mi carrera. El principal problema que teníamos Daniel y yo era lo poco que él me apoyaba en mi carrera. Él se ponía muy celoso y montaba en cólera cuando estaba rodando, especialmente si tenía alguna escena con besos. Eso desembocó en muchas peleas, innumerables lágrimas y numerosas horas de asistencia psicológica. Siendo sincera, yo misma siempre dije que no sabía si podría salir con otro actor. Es difícil ver a tu pareja en actitud íntima con otra persona, aunque sea actuando. Pero Daniel sabía desde el principio que esa era mi profesión. Aun así, hice todo lo que pude para hacerle sentir mejor; cosas que él decía que necesitaba, aun cuando afectaban a mi trabajo. Fue difícil para mí perder la alegría en algo que me apasionaba, y que el culpable fuese la persona que más debería haberme apoyado. Pero cada vez que dije "¡Ya basta!", él me venía con lágrimas, disculpas y promesas vacías... que yo siempre aceptaba. Le perdonaba porque cuando las cosas iban bien entre nosotros todo era tan lindo y éramos realmente felices. O al menos, eso me decía yo a mí misma.

Desde el comienzo, Daniel me inundó con regalos, saliendo de compras, yendo a cenar a restaurantes fabulosos, y disfrutando de lindos viajes. Realmente me hacía sentir como una princesa; tanto así que perdí la perspectiva de los problemas que comenzaron a aparecer. Al mirar hacia atrás, la verdad es que nunca fue una relación sana y con las mejores intenciones. Sus regalos y su dinero se convirtieron en un parche para todo; y cuando él hacía algo malo, recurría a ello.

Supongo que se podría decir que nuestro matrimonio se deshizo como un suéter de lana: empezando con un hilito suelto para acabar con un desmadre deshilachado. Las mujeres notamos cuando hay un hilito suelto, y seguro que tiramos de ese hilito hasta que vemos donde acaba. Antes de seguir leyendo, déjame decir una cosa: no creo que las mujeres deban volverse locas y escarbar entre las cosas personales de sus hombres. Yo nunca lo hice en los cinco años que estuve con Daniel; nunca sentí que fuese necesario. Confiaba en él plenamente; excesivamente, en realidad, como al final quedó demostrado. Pero sí diré una cosa: confía en tu intuición si sientes que algo de veras no va bien. Desgraciadamente, el siguiente capítulo demostrará no solo que hubiese tenido un futuro brillante como detective privado, sino también que a veces las mujeres no están tan locas de remate como parece; los hombres pueden de verdad ser unos verdaderos perros.

A la mierda
con el matrimonio

(Si es con la persona errónea).

Las cosas iban... Veamos, a falta de una expresión mejor, las cosas iban para la mierda. Era junio de 2017 y desde diciembre que lo estuve pasando fatal. Fatal en mi matrimonio, claro. Profesionalmente estaba recibiendo más atención que nunca, estaba en el séptimo cielo. Sentía muchísimo amor y apoyo por parte de todos en mi vida, excepto de mi marido. Para entonces, había recibido enormes premios en tres grandes festivales de cine. Daniel no hizo acto de presencia en ninguno de ellos. Siempre estaba fuera de la ciudad por trabajo, algo que yo comprendía, o no podía dejar de entrenar a sus deportistas porque se acercaba un torneo importante. Ni siquiera parecía muy entusiasmado cuando le llamaba para decirle que había ganado. Era... extraño.

No era ningún secreto entre nosotros que no estábamos felices; simplemente no parecíamos capaces de entender el porqué. Es decir, déjame refrasear eso: YO no era capaz de entender el porqué. Comenzamos a hacer visitas de asistencia psicológica, haciendo incluso sesiones de sanación con mi madre para intentar reconducir la situación. Al mirar atrás ahora, no entiendo por qué él se molestó en perder el tiempo o su dinero en todo eso. Yo trabajaba como loca para intentar que las cosas mejoraran. Ponía esfuerzo y energía para adoptar los ejercicios o los consejos que nos daba nuestro terapeuta. Daniel, por su parte, no hacía nada de nada.

Daniel y yo éramos muy abiertos el uno con el otro. A menudo ojeábamos las redes sociales del otro, viendo las fotos del otro cuando nos aburríamos. No lo hacíamos secretamente. Era algo que hacíamos en ocasiones si estábamos en casa sin hacer nada. Sin embargo, últimamente, algunas cosas raras comenzaron a hacerme sentir extrañamente incómoda. Un día Daniel estaba en la ducha con la puerta abierta y estábamos hablando mientras yo estaba sentada en nuestra cama, viendo vídeos en su Snapchat. Apareció un nombre: Laurel.

—¿Quién es Laurel? —pregunté despreocupadamente.

—Eh, ¿quién? —contestó Daniel conforme salía de la ducha para secarse.

—Laurel, en Snapchat —repuse yo.

—Oh... mmm... Creo que es una muchacha con la que fui a la universidad —replicó él, haciendo un esfuerzo por aparentar que tenía que pensar en quién era ella. Decidí no darle mayor importancia. Aunque nunca había oído hablar de ella, era verdad que fue a una universidad en otro estado, mucho antes de conocernos. No le di mayor importancia en un principio. Pero luego, un día apareció el primer hilito suelto.

Estaba volviendo a casa pocos días después de ese incidente, y algo en mi interior me estaba diciendo a gritos que alguna cosa no andaba bien. Llamémoslo intuición, pero sentía que tenía que revisar su celular. No obstante, soy una mujer adulta y estábamos hablando de mi marido, así que no iba a ir de escondidas a hacerlo. Su ayudante estaba en casa, trabajando con Daniel en la oficina, así que le pedí si podía salir un momento al patio a hablar conmigo.

—Seguramente son solo esas viejas inseguridades mías —le dije honestamente, sintiéndome mal solo por tener que preguntarle—, pero te agradecería si me dejaras revisar tu celular.

—Eh, bien. Supongo que sí, si es lo que quieres. ¿Puedo sentarme aquí mientras lo haces? —dijo, con un tono defensivo y con el cuerpo inmediatamente tenso.

—Si eso deseas, claro que sí —dije. Comencé a mirar sus mensajes de texto y sus e-mails. No encontré nada fuera de lo normal. Hasta que de repente, llegó un Snapchat de Laurel. Lo abrí y era una imagen de ella con láminas en el cabello, en un salón de belleza. Extraño, pensé.

—¿Por qué te envía esto? —le pregunté calmadamente.

—Probablemente lo haya enviado a su lista entera de amigos —replicó Daniel.

Bueno, bien. Eso es parte de la red social. Y luego llegó otro Snapchat, esta vez un mensaje de texto.

Laurel: Bueno, ¿cómo va el matrimonio?

Sentí que mi estómago se revolvía. Me comenzó a temblar la mano. Le mostré la pantalla a mi marido y le miré indicando que esperaba una explicación para ese mensaje. Me quitó el celular de la mano inmediatamente.

—Tienes que contestar diciendo "¿A qué te refieres?" ahora mismo, Daniel —espeté, tratando de mantener la compostura. Él escribió rápidamente:

Daniel: Bien, estoy sentado aquí con ella ahora mismo.

Esa era la confesión de culpabilidad que había deseado no recibir. Justo entonces, alguien tocó a la puerta. Era uno de los otros entrenadores y un jugador. Ahora tenía a tres personas en la casa durante una situación que se tenía que abordar de inmediato. Entré en mi habitación y cerré la puerta. Minutos después, Daniel entró.

—¿Por qué actúas así, como una loca? —dijo, tratando de mantener la voz baja, pero aun así con un tono acusatorio y defensivo.

—¿Estás de broma? —exclamé indignada. Estiré mi mano—. Dame tu celular —le dije. Él miró hacia arriba, con cara de exasperación, y me dio el celular. Abrí su Snapchat y fui a ver el mensaje que había llegado.

Decía: "Laurel ya no es tu amiga en Snapchat".

Genial. Esto no hace más que mejorar.

—¿Me explicas por qué te ha eliminado de Snapchat tan rápido después de eso? —le pregunté.

—¡Y yo qué sé! No éramos más que amigos. Me ayudó cuando corté con una exnovia en la universidad, pero nunca nos enrollamos ni nada. No sé por qué me habrá eliminado de Snapchat —replicó, defensivamente.

—¿Y por qué actuaste como si tuvieras que pensar sobre quién es esta mujer cuando te pregunté hace unos días? Claramente has estado hablando con ella.

—Es solo que no lo quería explicar. ¡No sé! —contestó.

¿En serio? Hombres. Llegados a este punto la tensión en la conversación se podía cortar con un cuchillo. Yo estaba furiosa y él estaba totalmente a la defensiva. Sabía que los que estaban en casa nos podían oír discutiendo.

—Que todos los que están en casa se vayan. Ahora mismo —le dije.

—No seas ridícula, yo...

—¡AHORA! —le grité en respuesta. Salió del dormitorio y de alguna forma u otra convenció a todos de que se fueran. Una vez se fueron todos, Daniel entró a la cocina, donde yo estaba.

—Esto es una locura. Voy a darte su número y la puedes llamar. No está pasando nada. Es solo una amiga.

—Perfecto. Envíame su número —repliqué con voz pausada.

—De acuerdo.

—No, no. Ahora mismo —insistí. Hizo una captura de pantalla con su número y me la envío. —¿Por qué te pregunta cómo va nuestro matrimonio, Daniel? —indagué yo.

—Porque no tenía a nadie más con quien hablar sobre lo difícil que han sido las cosas entre nosotros últimamente, ¡y ella me ayudó a superar un periodo en que corté con una ex novia en la universidad! —dijo Daniel, vociferando. Yo me eché a reír.

—Y entre todos tus amigos, tu hermano, tus padres, mi madre, todas las madres de deportistas con las que tan bien te llevas... ¿crees que una rubia de veintipocos años es la persona ideal para compartir tus problemas matrimoniales? ¿Para hablar de mis cosas personales? ¿Eres estúpido? —espeté, tensando mi voz.

—Tengo que ir a entrenar, voy a llegar tarde —contestó él.

—No quiero que vengas a casa esta noche. Necesito espacio —repliqué.

—De acuerdo. Vaya cagada. Ahora en lugar de arreglar nuestros problemas, nos vamos a centrar en esta mierda —dijo Daniel, frustrado.

—Oh, vaya si nos vamos a centrar en esta mierda. Tenlo por seguro —contesté yo. Y Daniel cogió sus cosas y se fue al trabajo. Llamé a mi mamá con lágrimas en los ojos. Primer. Maldito. Hilo.

A la mierda
con los mentirosos e infieles

(No hace falta explicación alguna aquí).

Daniel pasó los siguientes cuatro días en casa de su compañero de trabajo, o al menos eso me dijo. No comunicamos mucho durante ese periodo. ¿La persona con la que sí comuniqué? Laurel. ¿Qué? ¿Acaso pensabas que iba a tomar una decisión sobre si abandonar o no a mi marido sin antes hablar con la mujer en cuestión? Por favor... Daniel y yo teníamos una cita para terapia de parejas el lunes y tras informar a nuestro terapeuta de la situación actual, decidí enviar un mensaje de texto a Laurel.

> Yo: Hola, Laurel. Soy Gabrielle, la esposa de Daniel. Siento molestarte, y seguro que esto es tan incómodo para ti como lo es para mí. Te agradecería si tuvieses tiempo para una llamada telefónica rápida conmigo, de mujer a mujer, para evaluar lo que voy a hacer de aquí en adelante.

Recibí un mensaje de vuelta, claro, no una llamada. ¿Quién habla por teléfono hoy en día de todos modos? En fin. Ella respondió, explicándome que cuando Daniel le escribió diciendo que estaba sentado junto a mí le dio un ataque de pánico y le borró por miedo a que yo pensara que algo estaba pasando entre ellos. Le hice varias preguntas para ver si podría ratificar las cosas que Daniel me había dicho, y ella contestó sin renuencia. Algunas de las preguntas eran totalmente inventadas, para ver si sus respuestas eran buenas o no.

Fue una situación rara, incómoda. La verdad es que la creí. Y mi instinto no me dijo lo contrario.

Precisamente ese fin de semana tenía planificada una "lectura de vida" con una famosa médium/psíquica, un regalo que me había hecho mi madre por Navidades. Venía justo a tiempo, ¿no? No es que yo sea escéptica en cuanto a este tipo de cosas, pero sí que espero mucho de la gente que dice tener habilidades esotéricas como esas.

Se trataba de una mujer linda, de treinta y tantos años, con una energía de lo más dulce. Fui a verla con una actitud de mente abierta, sabiendo toda la mierda que flotaba alrededor de mi vida en esos momentos. Fui también sin mi anillo de matrimonio y entré con las manos en los bolsillos de mi suéter.

La mujer procedió a explicarme todo lo que estaba pasando por entonces en mi vida, sin que yo dijera una sola palabra sobre mí misma. Sabía que estaba casada, durante menos de dos años, y que recientemente habían surgido cuestiones de infidelidad en nuestro matrimonio. Ella dijo que la mujer en cuestión no vivía cerca, probablemente fuera del estado. Sabía incluso que mi marido era un atleta con un ego bastante acaparador. Me dijo que la relación podría salvarse, pero solo si yo decidía que así lo deseaba, porque, aunque él no estaba literalmente mintiéndome, sí que era verdad que se había convencido a sí mismo de que no estaba haciendo nada malo. La cantidad de información correcta que me indicó la médium era asombrosa.

Y entonces me dijo algo realmente interesante. "No creo que ustedes dos hayan completado su viaje espiritual juntos. Las almas se unen para aprender y crecer juntos, mutuamente. Sin embargo, estoy viendo que hay otra alma gemela para ti, y la conexión ahí es mucho más fuerte".

¡Guau!, pensé.

Me dijo que me veía teniendo una hija a los treinta y tres, y varias cosas más sobre mi carrera profesional.

—Tienes muchas cosas en movimiento en tu vida ahora mismo. Los próximos seis o siete meses van a ser muy complicados para ti. Te parecerá como si estuvieses en una montaña rusa, va a ser un periodo muy estresante. Intenta mantener los pies en la Tierra y mantenerte equilibrada, porque va a parecerte verdaderamente agotador —dijo ella. Eso se me quedó grabado en la cabeza. Ay, si hubiese sabido en ese momento cuánta razón tenía...

También me dijo varias veces que tenía que empezar a escribir.

—Tienes que escribir. De veras que tienes que escribir —decía, una y otra vez. Debo admitir que en ese momento no sentía ningún interés ni inspiración para escribir. Salí de la sesión sintiendo un montón de emociones distintas.

Posteriormente ese mismo día, Daniel y yo nos vimos en la sesión de terapia. Tras muchas disculpas y explicaciones, admitiendo que había sido una decisión muy mala implicar a esa persona concreta en un problema tan privado como el nuestro, ambos acordamos que lo pondríamos todo para reconducir la situación. Después de haber sido tan desdichada durante ese período, tampoco podría decir que no quería dejar a Daniel. La verdad es que quería dejarle. Los cuatro días que había estado fuera de casa había pensado muy en serio dejarle. No quería estar con alguien en quien no podía confiar, y sin duda no iba a aceptar mentiras y conductas sospechosas. Dejarle era una opción muy real para mí. Pero al final, tenía un compromiso con él y quería hacer todo lo posible por cumplirlo. Quizá una parte de mí no estaba preparada para abandonar y decepcionar a mucha gente de mi entorno. En fin, por la razón que sea, decidí aceptar sus disculpas y puse todo de mi parte para ayudar que nuestra situación retomara el cauce correcto. Esa decisión, no obstante, cambiaría bastante pronto.

* * * * *

Durante las tres semanas siguientes, me dediqué a trabajar. O sea, trabajar de verdad. Hice todo lo que nuestro terapeuta recomendó. Cambié el chip y me aseguré de hacer todo lo posible para reconducir nuestra vida con la felicidad y el amor como metas. Daniel se fue poco después en un viaje de dos semanas para entrenar su equipo femenino en las Olimpiadas Junior en Orlando. Después iba a ir directo a Columbus, Ohio, para entrenar un equipo masculino que yo conocía. Siempre solía ir a este torneo en concreto a animarlos, y este año Daniel se comportó de una forma muy... extraña al respecto. Me dijo que no estaba seguro de si podría permitirse pagarme el billete de avión este año para ir a animarlos, aunque estaba en plena transición a una nueva empresa donde le iban a pagar el doble de lo que cobraba antes. Algo no encajaba. Pero pensé que sencillamente se debía a los problemas que habíamos tenido. El fin de semana antes de irse, los chicos jugaban un torneo en Anaheim. Yo quería apoyarlos, así que, tras asistir a la proyección de una de mis películas el sábado, tomé el auto y conduje para ir a verlos. Daniel estaba ahí desde el viernes. Cuando llegué, fuimos a una cena muy amena con algunos de los padres y otros entrenadores; después Daniel y yo volvimos a nuestro hotel y tuvimos sexo en nuestra habitación. Sentía por fin que, quizás, todos los esfuerzos empezaban a ayudarnos a reconducir la situación.

La noche antes de que Daniel fuera a Orlando, yo me encontraba lavando la ropa mientras Daniel empacaba sus maletas. Fui a poner algunas medias en el armario, y al abrir el cajón vi que su celular estaba ahí. Qué raro, pensé.

—¿Por qué tienes el celular en el cajón de los calcetines? —dije, mientras lo agarraba. Sin pulsar nada, entró una notificación. Era un mensaje de texto de... Laurel. Con un emoji de corazón en el nombre de contacto. Daniel salió como una exhalación del baño y me quitó el celular de las manos, poniéndolo rápidamente en su bolsillo.

—¡Se acabó, no vamos a empezar con esta mierda de nuevo! —dijo, poniéndose como una moto en un milisegundo. Parecía un adolescente al que acababan de llamar a la oficina del director. Se aceleró su respiración, empezó a temblar. Hasta podía ver su corazón latir descontroladamente, como si fuera a salírsele del pecho.

—Déjame ver tu celular, Daniel —dije, con una calma absoluta, conforme extendí la mano.

—¡Estás loca! ¿Cuál es tu problema? No pienso empezar con esto otra vez —replicó, en pleno ataque de pánico.

—Déjame ver tu celular, Daniel —repetí, sin perder la calma.

—Esto es ridículo. No puedo creer que estés haciendo esto —dijo, su pánico pasando a enojo.

—Déjame ver tu celular, Daniel —repuse, sonriendo. Daniel entró hecho un basilisco en el baño y cerró de inmediato la puerta con el cerrojo. Me quedé ahí, estupefacta, durante cuarenta y cinco segundos, esperando. Cuando por fin salió, vino directo hacia mí y me dio el celular.

—Mira, mi celular está dañado. Ni siquiera funciona ya, aquí lo tienes —dijo, conforme me entregaba el celular. Dios mío, ¿acaso sabía lo ridículo que sonaba eso? Vaya forma de hacerte parecer aún más culpable, amigo. Encendí su celular y no había rastro de ningún mensaje de Laurel, ni de su contacto. Claaaaro.

—¿Crees que soy estúpida, Daniel? Vi su nombre cuando tomé el celular —le dije.

—¡Revisa mi maldito celular, pues! —bramó. Estaba gritando a viva voz llegado este punto. Se me acercó y me hizo recular hacia la pared entre la cama y el tocador. No sentí miedo físicamente, pero mis mecanismos defensivos se activaron de pleno. Cuando siento emociones intensas, reacciono de una de dos formas: o grito más fuerte que la otra persona con la que estoy discutiendo, o me echo a llorar. Normalmente no quiero volverme loca, pero las emociones han de salir de una forma u otra; y habitualmente lo hago con lloros y lágrimas. Pero no esta vez.

—¡No puedo creer que estés haciéndome esto la noche antes de que me vaya! —dijo, vociferando. —¿Qué quieres, ver todas mis putas llamadas y mensajes con el celular? ¡Te las daré! — dijo, alzando aún más la voz. Mi marido debería haber sabido tras cinco años juntos que no me iba a vencer en una pelea. Incluso ahora concordaría con eso.

—¿¡CREES QUE SOY IMBÉCIL, DANIEL!? ¡NO VOY A DEJAR QUE ME ASUSTES Y ACORRALES SOLO PORQUE TE HE PILLADO COMO A UN MALDITO IDIOTA! —le espeté, gritando a viva voz, una octava entera más alto que él. Daniel se me acercó y me abrazó.

—¡¡NO ME TOQUES!! —dije, apartándome de él de inmediato.

—Lo siento, hablemos de ello. Ven aquí, por favor —dijo, con un tono mucho más calmado. Yo no bajé mi tono.

—¡APÁRTATE DE MÍ AHORA MISMO! —le grité. Tras varios intentos fallidos de abrazarme, finalmente se apartó, dejándome salir de la esquina donde me había tenido "atrapada".

—Lo siento. Me voy mañana y no quiero que nuestra última noche juntos antes de irme acabe así. ¿Qué quieres? Te conseguiré mis registros de llamadas del celular. Por favor —dijo Daniel. Fue muy interesante ver cómo pasó de estar enojado a ponerse a la defensiva y suplicar. Era como si hubiese dos personas distintas en mi casa y se hubiesen intercambiado a mitad de conversación.

—Tu celular se queda aquí conmigo esta noche —dije con decisión.

—Bueno, de acuerdo. Lo que quieras —contestó él.

—Bien —dije caminando hacia la zona donde estaba terminando de lavar la ropa—. También me vas a dar todas las contraseñas de tus cuentas de redes sociales antes de salir de casa —agregué.

—Hecho —dijo él. Menudo error acabaría siendo eso. Daniel siguió empacando y de vez en cuando iba diciendo cosas, como si todo estuviese bien. Yo no le respondía o le replicaba con monosílabos, dejando claro que la cosa no estaba bien. Entonces, claro, un llegó un Snapchat a su celular.

Lo abrí. Era de una de las entrenadoras que trabajaba para él, una tal Heather. Era un selfi en el espejo, con su figura un poco rellenita en ropa interior y un suéter medio levantando, mostrando su ombligo. Con la foto venía un mensaje de texto hablando sobre salir de fiesta por Orlando. Oh, las cosas no hacen más que mejorar, ¿eh?

—¿Y esto? ¿Me lo explicas? —pregunté con un tono de sarcástica curiosidad a la vez que le enseñaba el Snap. Lo miró como muy concentrado, leyendo el mensaje incluido. Lo leyó en voz baja.

—¿Cuál es el problema? —me preguntó. Esa respuesta solo se debió a la falta de tiempo para inventarse una excusa, seguro. ¿El problema? Pues que una tipa cualquiera que trabaja contigo le está enviando a un hombre casado una foto semidesnuda y (lo siento) mal hecha a las 11:30 PM. Cariño, esa respuesta no es válida para tu esposa.

—¿Por qué no me explicas de una vez lo que está sucediendo? —le dije, con una mezcla de lágrimas y enojo en mi mirada—. Sea lo que sea lo podemos arreglar. Debes de estar exhausto de esconder lo que sea. ¿Qué está sucediendo? —insistí. Sus ojos comenzaron a empañarse con lágrimas.

—¿Me prometes que no te pondrás furiosa? —preguntó. Menuda estupidez de pregunta.

—Prometido —dije. Menuda estupidez de respuesta.

—Le gusta flirtear conmigo continuamente y adora salir de fiesta, por eso quiere que salga con ella cuando estemos en Florida; eso es todo. No hay nada más. Ella sabe que estoy casado, claro está, y, o sea, mírala, venga... —dijo, muerto de miedo. Me senté ahí un momento, intentando absorber todo lo que acababa de suceder. Asombrosamente, no sentí ningún impulso de cruzarle la cara de un bofetón. Ni siquiera de gritarle. Sentí tristeza. Porque una parte de mí sabía que estaba mintiendo y me pareció triste que tuviese el atrevimiento de hacer un comentario sobre el escaso atractivo de la muchacha, cuando claramente había algo entre ellos. ¡Los hombres pueden ser tan superficiales!

Después de todo esto, yo ya estaba de veras harta del todo. No le quería ni en mi habitación, mucho menos aún en nuestra cama. Tenía que salir hacia el aeropuerto a las 03:00 AM, y aún quedaban algunas horas. Me tocaba aguantar unas horas. Él subió a la cama y me abrazó como si yo fuese la última balsa del Titanic. Ahí estaba yo, tiesa como Jack cuando Rose le dejó hundirse, esperando a que sonase la alarma. Me pareció una eternidad. Cuando por fin sonó la alarma, se levantó y vino a darme un beso de despedida.

—Envíame tus contraseñas de Snapchat e Instagram. O no te molestes en volver a casa —dije, suavemente.

—En cuanto suba al coche lo hago. Te quiero —dijo él. Yo aguanté la respiración hasta que oí como se cerraba la puerta de casa. No pude pegar ojo el resto de la noche. Segundo. Maldito. Hilo.

* * * * *

Era miércoles, 28 de junio. La noche antes, había estado en una cena de la industria del cine con un buen amigo mío. Le había confesado que estaba en un 95 % segura de que iba a dejar a Daniel después de todo lo que había sucedido. También le dije que "no creo que haya hecho nada, físicamente hablando. No creo que tenga los huevos para hacerlo". Pues bien... parece que no valoré demasiado bien el tamaño de sus huevos. ¿Y ese 5 % restante de antes? Estaba a puntito de desaparecer.

Estaba en casa, en nuestra oficina, y Daniel había dejado el programa de e-mail abierto en su enorme iMac. A día de hoy sigo sin saber cuál es la contraseña de su e-mail. Al principio no empecé a fisgonear. Estaba en la oficina sacando cosas del armario cuando oí un sonido de campanilla que provenía de la computadora. Acababa de llegar un e-mail. Con curiosidad, eché un vistazo a la pantalla y vi un recibo de Uber. El recibo mostraba que Daniel había viajado desde donde entrenaba en Florida hasta Miami. Qué raro. ¿Por qué hizo un viaje de una hora en Uber hasta Miami? No... algo no iba bien.

No necesité más. Tuve un presentimiento de inmediato. Empecé a mirar en sus e-mails. Nada. Después fui a los e-mails borrados... y ahí estaba. Un recibo del Hotel Four Seasons por valor de $898.49. El mismo Four Seasons en el que habíamos estado muchas veces juntos. No estaba a más de dos millas de nuestra casa. Una habitación con vista a las cascadas, bebidas en el bar, cena y un masaje para pareja. El 19 de abril de 2017. La reserva iba a nombre de "Andrew Mader". Interesante. ¿Pero con quién demonios estuvo ahí? Bueno... aquí es donde queda claro que yo podría haber tenido un buen futuro como detective.

Llamé por teléfono al Spa del Four Seasons.

—Buenas, mi marido y yo fuimos para recibir un masaje de pareja hace un par de meses y estoy preparando nuestra declaración de impuestos. Él trabaja en el cine así que normalmente hacemos las reservas bajo un nombre falso. Me preguntaba si podría ayudarme y decirme qué nombres usamos cuando estuvimos ahí... —dije, con voz alegre a la vez que temblaba por dentro.

—Por supuesto, encantada de ayudar. Déjeme buscar la reserva... —respondió la chica. ¿En serio? ¿Así de fácil? A cualquier pendejo que cometa infidelidades y esté leyendo esto... y a los empleados del Four Seasons: pónganse las pilas.

—Sí, aquí está... Andrew Mader y Laurel Dorando.

—¡Perfecto, gracias! —y colgué. ¡Boom! Al principio pensé "Hijo de puta. Sabía desde el principio que era Laurel". Pero entonces me paré a pensar. Laurel vive fuera de nuestro estado, donde Daniel fue a la universidad. Esto no tenía ningún sentido. Además, ese no era el apellido de Laurel.

Pero vean ustedes una cosa. Las redes sociales han hecho que la información de todos los seres humanos del planeta sea ridículamente fácil de acceder. Escribí ese nombre en Instagram. No era la Laurel de Snapchat. En la pantalla vi a una chica muy joven, rubia y con muy poca ropa. Empecé a indagar en sus fotos más recientes. Vaya, qué casualidad: resulta que estaba en Miami.

Pero la cosa no quedó ahí. Buscando entre los e-mails encontré numerosos recibos de hotel, cenas, compras y masajes. Incluso réplicas exactas de citas que Daniel había organizado conmigo. Cena en Fogo De Chao y noche en el Hotel Beverly Hills. Compras por valor de $500.00 en Naimie's, una tienda de maquillaje profesional. ¿Pero saben lo peor de todo? La fecha de esos recibos. ¿Recuerdan la noche en que recibí mi premio como mejor actriz y Daniel no pudo salir del trabajo? Estaba cogiendo en una habitación del Hotel Calabasas, el mismo hotel en el que se hospedaron los invitados a nuestra boda. ¿Ese martes por la noche en que fui a ver a mi amiga en un show en el teatro Pantages con mi madre? Él estaba recibiendo un masaje para parejas en el Four Seasons antes de volver a casa a dormir conmigo. ¿La noche que dijo que tenía que ir a Anaheim a resolver nosequé de un torneo deportivo y yo estaba en casa enferma con un tremendo dolor de estómago? Él pasó la noche cenando y bebiendo con ella. Pero no se preocupen, ¡eh! Que me llamó por FaceTime esa noche para desearme buenas noches. ¿El viernes justo antes del gran torneo en Anaheim (aquel en el que viajé un sábado para apoyarle a él y a su equipo, y luego fuimos a cenar con los padres de los jugadores, para acabar al final teniendo sexo en la habitación del hotel)? Así es. Estuvo en un hotel en Beverly Hills cogiendo con la muchacha. Y encima esto lo sé con certeza: Daniel no soporta los condones. Las evidencias se remontaban hasta marzo. O sea que esto debió comenzar al menos en enero/febrero, o quizá antes. Seis meses. Había estado sucediendo durante seis meses. ¿Esas clases de fitness a las que acudía varias veces por semana? No eran en Orange Theory Fitness, como él me dijo. Eran en Barry's Bootcamp: el gimnasio donde trabajaba Laurel. Un golpe tras otro. Y así fue como ese 5 % de antes acabó incinerado. Iba a divorciarme. Pero no antes de asegurarme de tener todas las pruebas del mundo. Y vaya si me hice con todo. Todo, todo, todo.

Tras encontrar su perfil en todas las redes sociales y hasta en un sitio web de modelos amateur, descubrí que Laurel tenía exactamente diecinueve añitos. Una de mis mejores amigas, Jess, se instaló en mi casa durante el resto del tiempo que Daniel iba a estar fuera. Creamos una cuenta falsa de Snapchat, añadimos a Laurel y empezamos a ver las siguientes cuarenta y ocho horas de su viaje. Tenía otra amiguita rubia, igual de ramplona, con la que estuvo de fiesta por Miami. Y con mi marido, claro. Hoteles lujosos, cena en Nobu, bebidas y cócteles, aunque claramente Laurel era menor de edad. En todos sus snaps se cuidaba mucho de que no saliese la cara de Daniel. Pero eso no fue suficiente: en una cena que hicieron en un restaurante japonés escuchamos a Daniel hablando de fondo. También hizo una foto de su brazo con su inconfundible reloj blanco. Y claro, para entonces también seguíamos a la amiguita de Laurel. Solo era cuestión de tiempo. Y al final, boom. Ahí estaba: la cara de Daniel apareció en la esquinita de uno de los vídeos de la amiga. Mientras tanto, los recibos de todos los Uber que iba tomando iban llegando uno por uno a su email, así que sabíamos en todo momento adonde iban. Hasta los recibos de su tarjeta de crédito iban entrando. Llegado este punto era literalmente demasiado fácil.

Pero eso no es todo lo que encontré. Había también suscripciones a cuentas secretas porno de Snapchat, donde pagabas $30.00 al mes para recibir fotos y vídeos de chicas desnudas. Y la lista seguía.

Mi madre y yo comenzamos el proceso de búsqueda de un abogado. Probablemente fue la peor semana y media de mi vida. Sufrí una ansiedad debilitante, al no poder hablar de ello con nadie más que mi madre y algunas amigas que sabían lo que sucedía. Estaba esperando, incapaz de decir nada, por miedo a que Daniel descubriera lo que yo sabía. Estaba preparada para entregarle los papeles del divorcio tan pronto como entrara por la puerta de casa y acabar con este infierno. La espera, mientras veía como todo sucedía delante de mis propios ojos, fue algo de locos y surrealista. Y nadie lo vio venir.

Cuando Daniel voló a Ohio, me sentí aliviada. Al menos sabía que estaba con los muchachos y las familias que yo conocía, y no tenía que estar mirando las redes sociales y sus e-mails las veinticuatro horas del día. O eso pensaba yo... Tras contratar a un abogado, comencé a empacar las cosas que me llevaría de nuestra casa. Ahora solo se trataba de esperar a que volviese.

Él, como un estúpido, había dejado su auto estacionado en casa de mi madre antes de tomar su Uber al aeropuerto. Yo, claro está, tenía una llave extra. Después de todo lo que había averiguado, pensé que también podría mirar en el coche, ¿no? Ahí, en el asiento trasero, había una caja de un iPhone. Tomé la caja y la abrí. Dentro había un número anotado en un pequeño Post-it amarillo. Entré a casa y llamé al número desde un celular con número bloqueado. Alguien contestó y se quedó en silencio durante unos buenos quince segundos antes de colgar. Pero yo sabía muy bien quién era. Para estar segura, fui a la computadora y escribí el número de teléfono en Google. ¿Quieren saber qué nombre apareció? Andrew Mader. El mismo nombre de los recibos de hotel. Todo empezaba a tener sentido. ¿Recuerdan la pelea inicial antes de que él fuera de viaje? ¿Cuando yo estaba poniendo en orden las medias y vi su celular con un mensaje de texto de Laurel? Bien, ese era su segundo celular. El segundo celular que se llevó al baño, donde lo cambió por su celular original, que es el que sacó afuera y me entregó. Bien hecho, maldito sociópata. Bien hecho.

Tenía toda la evidencia que necesitaba y más. Posteriormente averiguaría a través de sus "amigos" (a los que les faltó tiempo para llamarme y contarme todo tipo de cosas) que su familia pensaba que mi madre y yo habíamos contratado a un investigador privado para sacar a la luz toda la información sobre el affaire. No, cariño; la realidad es que la mujer con la que te casaste es genuina y jodidamente inteligente. Ya lo dije antes. Podría haber sido detective privada. A día de hoy el bastardo sigue sin tener idea de la cantidad de pruebas que tengo del asqueroso lío que montó.

Sabía que los siguientes días los chicos iban a jugar en aquel torneo importante. Tras unos días de relajación en cuanto a seguir las redes sociales, por alguna razón decidí conectarme a la cuenta falsa de Snapchat y eché un vistazo a la story de Laurel. ¿Ohio? Ohio. Estaba en Ohio. Esa fue la gota que colmó el vaso. Daniel la llevó a Ohio, donde vivía su padre, donde jugaban todos esos muchachos que yo conocía e iba a ver jugar, donde vivían todos los padres que vinieron a nuestra boda...; el sitio en el que yo misma había estado con ese grupo los últimos cuatro años. La guinda del pastel. Viajaron de vuelta ambos en primera clase. Ella tomó una foto de sus manos entrelazadas. Claro, porque no podía mostrar su cara... aún.

Daniel llegó a casa el 4 de julio. Pasó un tiempo con Laurel y sus amigas en Calabasas, donde ella vivía con sus padres. Por mi lado, ya me había reunido con el abogado. Los papeles estaban listos; solo faltaba servírselos al señorito Daniel.

Nuestro plan era hacer el que el agente judicial viniese a casa de mi madre y, cuando Daniel viniese a recoger su coche, le entregaríamos los papeles del divorcio. Yo aún estaba sufriendo por esa horrible ansiedad y esa intensa sensación de traición e ira que me embargó cuando descubrí que la había llevado a ella a Ohio, así que decidí ir a casa de mi amiga para pasar el 4 de julio de una forma medianamente normal. He de admitir que una leve dosis prescrita de Xanax se había vuelto una necesidad para mí tanto por la mañana como por la noche. Era realmente la única forma en que podía hacer que los días fuesen soportables mientras me guardaba todo esto. Después de todo, mi vida literalmente había cambiado por completo en un dos por tres. Me sentía desestabilizada, como si me hubiese caído de culo y no supiese donde estaba. Por suerte tengo un trasero bastante bien acolchado. Esa noche volví a casa de mi madre y ella me dio un Ambien para que durmiese bien. Incluso así, dormí solo una hora esa noche.

A las 05:30 AM, finalmente me di por vencida en mis aspiraciones por dormir algo y bajé a la cocina a hacerme un té. El coche de Daniel no estaba. Había venido en mitad de la noche a recogerlo. Todo eso sin ni tan solo haberme comunicado a mí, su esposa, que ya había vuelto. ¿Dónde íbamos a entregarle los papeles ahora? Mierda.

Afortunadamente, Daniel me lo puso bastante fácil. Unas pocas horas más tarde me envío un mensaje de texto y me dijo si iba a estar en casa más tarde para charlar.

Ejem... Va a ser que no, hijo de puta. Hace tres días que has vuelto y has estado en casa de los padres de tu noviecita.

Aun así, quería asegurarme de que todo parecía normal. Mi única meta a estas alturas era darle los malditos papeles del divorcio.

Le envié un mensaje: Me alegra que ya estés de vuelta... Tengo un evento esta noche, pero podría estar en casa hacia las 3. Te va bien?

Me contestó confirmando. Ya está. Todo estaba preparado. La ansiedad que sentí ese día fue literalmente indescriptible. Tantas variables que no podía controlar: ¿cuándo aparecería Daniel exactamente? ¿El agente judicial vendría a tiempo?... Era todo un poco irreal. Me quedé petrificada en la casa donde había vivido durante tan solo ocho meses. Miré las paredes desnudas, donde antes colgaban nuestras fotos de boda, pensando en todos los recuerdos que me llevaba. Todo estaba a punto de acabar. Y estaba preparada. Pero no podía estar ahí quieta, sin hacer nada. Tenía que hacer algo, cualquier cosa. Así que me senté y escribí lo siguiente:

Una carta abierta para la modelo de Instagram de diecinueve años que se ha estado acostando con mi marido.

Conforme miro a lo que un día fue nuestra casa — nuestras fotos de boda en las paredes, memorias de momentos que vivimos en los últimos cinco años— me doy cuenta de que he estado viviendo con un extraño. El hombre con quien me casé ya no es el hombre con quien estaba viviendo. Ni de lejos. Durante meses, mi marido ha estado engañándome con otra. Nunca imaginé que el hombre a quien juré amor eterno hasta que la muerte nos separase podría faltar al respeto de una forma tan flagrante y despreocupada a nuestro matrimonio, a mi cuerpo y a mi confianza. La persona que tantos amábamos tejió una compleja red de mentiras y engaños; esa persona es en realidad un sociópata. Pasó sin inconveniente alguno de un matrimonio a una nueva relación.

A ti, que pronto serás mi ex marido, te digo esto: Gracias. Gracias por no esperar a que tuviésemos hijos. Gracias por ser tan descuidado y permitirme así descubrirlo todo. Gracias por mostrarme tu verdadero carácter después de solo cinco años y no esperar a que pasaran diez. Gracias por hacer que tu madre se sienta avergonzada y que la mía se sienta orgullosa. Gracias por darme la oportunidad de elegirme a mí misma. De saber que yo valgo mucho. Y que tú no me mereces. Gracias por mostrarme lo fuerte que soy. Porque cuando esto acabe, seré más fuerte que antes.

A la muchacha de diecinueve años que sabía que Daniel estaba casado: te entiendo. Te embaucó con los mismos regalos, días en el spa, restaurantes y hoteles con los que me embaucó a mí. Exactamente los mismos. Un poco falto de originalidad, diría yo. Espero que un día, cuando yo tenga una hija, ella entienda la diferencia entre lo que está bien y lo que está mal. La criaré de modo que trate a la gente con respeto; y de modo que se respete a sí misma y a su cuerpo. Siento mucho que nadie fuese capaz de darte esa educación. Pero sobre todo, quiero decirte que te perdono. Te perdono por caer en la trampa urdida con mentiras por la persona de la que yo un día me enamoré. Te perdono aunque sabías que él estaba casado. Y espero que algún día te des cuenta de que no tienes que explotar tu cuerpo en Internet para conseguir ser amada. Del mismo modo que espero que Daniel se dé cuenta de que el amor de los demás no se compra. A fin de cuentas, lo único que de veras importa es saber quién eres y ser honesto con uno mismo. Ustedes me han demostrado que soy fuerte, resistente y honesta. Espero que ustedes desarrollen esas cualidades algún día.

A mis amigos, familiares y a mi madre: no sé qué sería de mí sin su increíble apoyo. Gracias por estar ahí para mí a través de uno de los periodos más desconcertantes y devastadores de mi vida. Daniel, gracias por liberarme. Gracias por darme la oportunidad de encontrar algún día a alguien que vea de verdad lo maravillosa que soy y que me ame sin miedo y plenamente, como tú nunca fuiste capaz de hacer. Tú, de forma macabra, me diste el mejor regalo de mi vida: una segunda oportunidad para encontrar a alguien que de veras me valore y que me haga sentir que soy la única mujer del mundo. Puedo decir, sin temor a equivocarme, que esto es a la vez un trágico final y el comienzo de algo maravilloso.

* * * * *

A las 2:30 PM vi su BMW llegando. Por suerte le dije al agente judicial que viniese antes de tiempo, en caso de que Daniel apareciese antes de las 3:00 PM. Daniel salió del coche y abrió el buzón. Vi a través de la ventana de la sala de invitados como el agente judicial se le acercó y le entregó los papeles.

—¿Es usted Daniel? —le preguntó.

—Eh, sí —contestó.

—Esto es para usted —dijo el agente judicial, entregándole los papeles y marchándose sin esperar a que Daniel dijera nada más. Este se quedó mirando los papeles.

—¿Cómo te llamas? ¿Quién eres? —gritó en dirección al agente.

—Eso ya no importa, colega —le dijo fríamente. Y se metió en su coche. En ese instante salí yo por la puerta.

—Lo sé todo. Pero si quieres entrar y hablar, podemos hacerlo —le dije.

—Claro que quiero —replicó Daniel. No tenía ni idea que acababa de ver un Snap de él y Laurel en Barry's Bootcamp. Llevaba puesta la misma ropa.

—Para que lo sepas, hay cuatro personas que saben que estoy aquí ahora mismo y están esperando mi llamada cuando me vaya —dije calmadamente.

—Por Dios, que no soy un psicópata... —respondió. Empecé a reír mientras entraba en la casa. Él vino detrás de mí.

—Deja la puerta abierta —dije. Así lo hizo. Me senté en el sofá grande y él se sentó frente a mí en el sofá biplaza. Los siguientes quince minutos fueron una nueva retahíla de mentiras y mamadas; nada que me sorprendiera a estas alturas. Me dijo que me amaba y que esperaba que yo tuviera una vida fantástica y que alcanzara todos mis sueños. Me dijo que nunca había querido que esto sucediese así y que sentía mucho que no pudiese hacer funcionar la relación conmigo, que éramos demasiado jóvenes. En ningún momento mencionó a Laurel ni admitió nada con ella.

—Te quedan bien esos shorts —dije, sonriendo mientras miraba el logotipo de Barry's Bootcamp. Él siguió hablando rápidamente.

—Bueno, pues, ¿quieres decidir ahora lo que te quieres llevar y así lo dejamos todo claro? —dijo. No, cariño, no. Esto no es el final de una relación de adolescentes; es el final de un matrimonio. Un matrimonio con efectos legales. Para tener el título universitario de empresariales, era bastante ingenuo.

—Puedes hablar con mi abogado sobre eso —le contesté—. ¡Carajo!

—¿Qué pasa? —preguntó él.

—Yo soy una gran actriz; pero tú te llevas las palmas como mentiroso —le dije.

—Eso no es verdad —dijo. ¡Guau! Ingenuo y también estúpido.

—¿Sabes lo que es más triste? Si hubieses venido a mí y me hubieses dicho "Esto no funciona. Quiero el divorcio", te hubiese dicho "De acuerdo, seamos amigos, no quiero nada de ti" —le dije. Y era verdad. Pero tanto él como yo sabíamos que ese barco ya había zarpado.

—No quiero hacer que esto sea más difícil para ti... —dijo. Me eché a reír. Él sabía que sería el único de los dos que iba a tener que lidiar con mal Karma. —Por favor, Gabrielle, hagas lo que hagas, no intentes quitarme mi nuevo contrato deportivo. Es la forma en que ayudo a los muchachos, y es mi pasión —dijo. Tuve que tragarme literalmente la bilis que me subió por la garganta.

—Entonces, dilo —dije.

—¿Decir qué? —preguntó él.

—Dilo —repetí.

—¿Decir qué?

—Dilo —repetí otra vez, con calma.

—¿Qué? ¿Que he estado en otra relación? —admitió, por fin. Y eso sería todo lo que diría al respecto, sin saber hasta dónde llegaba todo lo que sabía. Sonreí, me levanté y agarré mis llaves.

—Adiós —dije conforme salía por la puerta de la casa.

Al irme de la que había sido nuestra casa me sentí liberada de un enorme peso. Como si por fin pudiese respirar de nuevo, porque sabía que me había librado de una buena. Mientras conducía en dirección a casa de mi madre, empecé a pensar que no hay mal que por bien no venga. Decidí que yo, la muchacha que nunca estuvo soltera, iba a decir "a la mierda con los hombres" y que iba a estar soltera de una maldita vez. Ay, si las cosas saliesen siempre como las planeamos. ¿Verdad, Gabrielle?

A la mierda
con el amor

(Te partirá el corazón... así que hazlo igual).

Bien, supongo que ha llegado el momento de presentarles al otro protagonista de esta ridícula aventura. La persona que llegó a mi vida y le dio un meneo de la gran puta. Ahí estaba yo, solo dos semanitas después de entregarle a Daniel los papeles del divorcio, diciendo "a la mierda con todos los hombres, me voy a centrar en mí y en estar soltera al menos un año..." Y entonces apareció Javier.

Bueno, técnicamente, no apareció de la nada. Javier y yo nos habíamos conocido seis años atrás, literalmente un mes y medio antes de que Daniel y yo nos conociésemos. Javier tenía siete años más que yo; era latino, de Argentina; hablaba cinco idiomas con fluidez; bailaba como el que más; y, como yo, era actor. Habíamos salido en un par de citas con mucho baile y muchos besos de lo más apasionados. En nuestra primera cita, estábamos en medio de un círculo en la pista de baile (literalmente como en una de esas películas de Step Up), bailando al son de Prince. Javier, con su mejor interpretación de Rico Suave, me hizo bailar a su ritmo y me dio un apasionado beso en el momento en que Prince cantaba el estribillo: Kiss. Sin duda había pasión y química entre los dos, pero él acababa de salir de una relación y yo era una niña por ese entonces, así que nunca llegó a ser más que una relación casual. Casual. Cuánto odio esa maldita palabra. Cualquiera de mis amigas te lo dirá: "Gabrielle no sabe tener relaciones casuales". Siendo honesta, yo misma sé que soy muy mala en eso. No obstante, ESA vez, hacía seis años,

29

con Javier, fui capaz de tener una relación casual. Y naturalmente, cuando vi su cara aparecer en mi página de recomendaciones de Instagram, pensé... seguirle no me va a hacer daño, ¿no?

Solo pasaron unos minutos desde que presioné el botón de seguir y ya tenía un mensaje suyo.

Javier: Gabrielle. ¿Dónde demonios has estado los últimos seis años?

Colega. No tienes ni idea. Hablamos de algunas mamadas sin importancia un rato y me preguntó si quería salir a bailar ese fin de semana. Me lo pensé... durante un total de dos segundos. Sí, quiero salir a bailar. Sí, quiero salir casualmente y enrollarme con este sexy "latin lover" mientras bailamos. Porque estoy soltera y me estoy centrando en mí misma. Y esta es la única persona que conozco con quien puedo salir de forma casual.

Decidimos ir a la playa esa semana para ponernos al día de lo sucedido en los últimos seis años, ya que un club no parecía el mejor sitio para hacerlo. Me vino a buscar con su motocicleta, con un aspecto un poco más viejo, pero tan sexy como recordaba. Pasamos el día en la playa bebiendo mate (el té argentino), riendo y poniéndonos al día. Yo, por supuesto, le expliqué la loca historia con Daniel. Pareció perplejo cuando le explique la situación.

—Vaya un completo idiota —dijo. —Y eso es un secuestro mental. ¿Una muchacha de diecinueve años? Dios mío.

Cuando terminé de explicarle los detalles de mi vida, él me dijo lo que había sucedido en la suya. Justo acababa de volver de un rodaje en Canadá que había durado seis meses, y se iba a ir a Argentina a visitar la familia durante una semana. PERFECTO, pensé. Es literalmente imposible que las relaciones no sean casuales con este ser humano.

Luego fue él quien se abrió y me habló del suceso que realmente cambió su vida. Hacía poco más de un año, su hermano pequeño se suicidó tras sufrir depresión durante años. Su nombre era Christopher. Esto afectó a Javier profundamente, y pude ver el dolor en su mirada cuando habló de ello. Amaba tanto a Chris y era obvio que debían haber tenido una gran conexión. Me dijo que había sido muy difícil para él durante mucho tiempo, pero que después del periodo en Canadá sentía que ya había avanzado mucho hacia aceptar las cosas.

Después de tomar un rato el sol fuimos hacia el embarcadero a comer algo. Seguimos hablando y riendo durante toda la comida. Todo era de lo más fácil y natural con él. Me acompañó a mi coche y nos dimos un abrazo de despedida. Fue un abrazo extrañamente largo que duró un poco más de lo que esperaba.

—Nos vemos el viernes —dijo Javier con una sonrisa.

—Genial —respondí. Y me fui a casa, sin pensar demasiado sobre todo ello. Era casi perfecto: él se iba en breve tres semanas a Argentina y en el pasado ya tuvimos con éxito una relación casual. No te lo crees ni tú, Gabrielle.

* * * * *

Llegó la noche del viernes y teníamos planes de encontrarnos con unos amigos suyos en un club de salsa. Paré cerca de donde tenía su pick up y salí con brío de mi coche.

Se quedó boquiabierto al verme. "Dios mío —dijo—, te ves espectacular". Entramos en su pick up y había una extraña electricidad entre ambos; y los dos la tratamos de ignorar. Una vez que llegamos al club, bailamos y nos reímos un rato mientras esperábamos a que sus amigos llegasen. Afortunadamente sé bailar, porque siendo la "noche latina", yo era la única mujer blanca en todo el local. Bailar con alguien que te gusta, hace que las cosas se pongan intensas muy rápido. Hay una especie de conexión sensual al bailar que no se puede lograr conversando o durante una cena. Esa conexión era del todo evidente entre nosotros dos.

Cuando sus amigos llegaron, fuimos todos a la pista de baile principal. Charlé un rato con su amigo, Manny, un muchacho muy dulce. De repente sentí que Javier me apretaba la mano. Le miré a los ojos y parecía que estaba entre un estado de pánico y enojo.

—¿Qué ocurre? —dije de inmediato.

—Ese tipo de ahí... —dijo, apuntando con el dedo.

—¿Qué sucede con él? —pregunté.

—Era uno de mis mejores amigos. Cuando mi hermano murió no me dijo ni una palabra. Sencillamente desapareció del mapa. Me siento muy enojado hacia él —dijo, temblando mientras hablaba. Con suavidad, posé mis manos sobre sus mejillas e hice que me mirara a los ojos.

—Eh, tranquilo. Todo está bien. Estás conmigo —le dije. Me miró y de repente todo el miedo y enojo acumulado... se disipó. Volviendo la vista atrás, fue un poco extraño que yo dijera eso en la que era más o menos nuestra primera cita. Algo en la energía de Javier me llevaba a querer cuidar de él, especialmente en ese momento. Creo que ese fue el momento en que él se dio cuenta de que lo estaba sucediendo conmigo era... distinto.

Tras bailar un rato, decidimos entrar todos en el fotomatón del club para hacer unas fotos. Estábamos todos muy apretados ahí, pero de alguna manera conseguimos entrar los cinco. Hicimos una cuenta atrás e hicimos varias fotos divertidas, cambiando posiciones cada vez. En la última, Javier me agarró la cara y me estampó un beso. Y eso, amigos y amigas, fue el principio del fin para la "relación casual".

Media hora después —y varios bailes y muchos besos después— se me quedó mirando.

—¿Qué haces el 19 de agosto? —me preguntó.

—Mmm... No sé, ¿por qué? —contesté.

—Quiero que vengas conmigo a la boda de un amigo —dijo. Bueno, esto pasó de "casual" a "100 % real" en menos de lo esperado. No sé si fueron los besos o si dejamos de luchar contra lo que claramente empezó a suceder desde que fuimos a la playa, pero nuestras intensas emociones empezaron a salir como un torrente incontrolable. Le miré y sonreí. Pude ver un montón de pensamientos pasando por su cabeza, conforme me rodeaba con sus brazos.

—¿Qué sucede? —pregunté.

—Mierda —dijo—. Me gustas mucho. Me parece que voy a tener que salir contigo —dijo, y yo comencé a reír.

—Sí, estamos jodidos, ¿verdad? —respondí.

—Lo estamos —dijo, concordando conmigo. Y me besó.

Cuando la noche acabó, volvimos a donde estaba mi auto.

—Quiero pasar la noche contigo —dijo Javier.

—Yo también —dije, con honestidad—. Pero si pasamos la noche juntos, no va a haber sexo —clarifiqué. No sé por qué sentí la necesidad de decirle esto. Quizá porque sabía cómo habíamos estado bailando y no me fiaba de mí misma si pasaba la noche con él. Él se echó a reír.

—Prometido —dijo—. No es por eso por lo que quiero pasar la noche contigo. Sencillamente no quiero dejar de estar contigo —añadió. Era una afirmación de lo más cierta. Y yo tampoco quería dejar de estar con él. Tanto si estábamos hablando o haciendo cualquier cosa juntos, había algo cuando estaba con él que hacía que me sintiera bien. Nos reímos mientras hablábamos de que ambos estábamos viviendo en esos momentos en casa de nuestros respectivos padres. Yo obviamente acababa de trasladarme a casa de mi madre tras el divorcio; y él estaba en la ciudad unas semanas entre el rodaje en Canadá y volver a Argentina. Tras decidir que iríamos a un hotel, ambos enviamos un mensaje de texto a nuestras respectivas madres para informarlas de que no iríamos a dormir a casa esa noche.

Esa noche hablamos hasta el amanecer. Nunca me había sentido tan cómoda con alguien tan rápidamente. En cierto momento, Javier se giró hacia mí y me dijo: "Realmente tengo la sensación de que mi hermano y tu padre nos han juntado". Mi corazón se derritió. Tumbada sobre su pecho, con sus brazos rodeándome, hablamos de un millón de cosas, riendo sobre cómo yo había decidido poco antes que él sería mi opción cuando quisiera algo casual.

—Me estás haciendo repensármelo todo ahora mismo —dijo—. Tengo un viaje de un mes a Italia programado en septiembre y ahora no sé si...

—Yo nunca te pediría que cancelaras el viaje —dije.

—Ya, ya sé. Lo que estoy diciendo es que quiero que vengas conmigo —replicó. Me eché a reír por la ridiculez de toda la situación. Ahí estaba yo, tumbada en una cama de un hotel cualquiera, con un tipo que conocí seis años atrás y que supuestamente iba a ser una cita casual, hablando ahora sobre la intensidad de nuestros sentimientos mutuos y sobre ir juntos a Italia durante un mes. Oh, qué vida la mía. Tras dos horas de sueño, nos hicimos una horrible pero divertidísima foto en el espejo del baño para recordar esa loca primera noche. Hicimos planes para ir a cenar juntos el domingo y nos despedimos. Yo volví a casa, intentando comprender qué demonios había sucedido.

Antes de llegar a casa, ya nos estábamos enviando mensajes de texto. Él me envío la horrenda foto que nos hicimos en el baño del hotel.

Yo: Una representación perfecta de esta mañana.

Javier: Oh, mujer. Qué linda y bella eres. ¡Gracias por arruinar nuestras vidas!

Yo: Yo aún mantengo que el culpable de todo esto eres tuuuuuú. Pero bueno... De nada.

Javier: Prefiero culpar a tu papi y mi hermano. Así no tenemos que hacernos responsables.

Yo: Me parece bien... Seguro que esos dos están de fiesta por ahí arriba.

Tenía algunas dudas sobre si todos estos locos sentimientos realmente estaban... sucediendo. Así que hice un esfuerzo consciente por no ser la que dijese alguna locura directamente o por no verbalizar todos esos sentimientos. No aún, por lo menos. Sin embargo, Javier hizo lo contrario. Me envío otra foto que nos hicimos anteriormente esa mañana.

Yo: Esta es todavía mejor.

Javier: Me encanta.
Javier: Acostúmbrate a ver esta cara.

Yo: Sip, ya la echo de menos.

Javier: ¡Mierda! Yo también te echo de menos. ¡Joder, Gab! Estamos jodidos de verdad.

Yo: Acabaremos superando la fase de negación.

Hablamos todo el día y toda la noche, incluso en la despedida de soltero a la que acudió esa noche, cuando hicimos un FaceTime y me hizo saludar a todos sus amigos.

Javier: Me siento como un muchacho flirteando en secundaria, y es la mejor sensación que he tenido en mucho mucho tiempo.

Yo: Qué le voy a hacer. Es la jovencita que hay en mí.

Javier: ¡Realmente te echo un montón de menos! Esto es de locos.

Yo: Yo también te echo de menos. Y solo han sido... unas 5 horas, lol.

Javier: Lo sé, cariño. No he parado de hablar de ti con mis amigos. No me callo.

Yo: Oh, cómo me gustaría estar ahí... seguro que están todos sorprendidos. Lol.

Javier: Están felices por mí. Se dan cuenta de que estoy eufórico. Les estoy enseñando tus fotos también jaja. Lo siento, cariño!

Yo: Nooooo! Las fotos en que parezco un muerto viviente esta mañana?!

Tenía el cabello totalmente revuelto tras bailar y pasar la noche en el hotel.

Javier: Tu belleza es más que deslumbrante. Eres espectacular!! Tan sexy!!

Yo: Qué lejos de sexy estoy en esas fotos. Estás cegado por lo que estamos experimentando lol.

Javier: Jajajaja no, de eso nada! Veo las cosas más claras que nunca.

Javier: Estoy contentísimo de que conocieses a mis amigos anoche. Te adoran.

Yo: Ohhh, qué bonito. Yo lo pasé genial con ellos... Espero que no se sintiesen incómodos por la ridícula historia de mi vida actualmente.

Javier: En nuestro grupo hay historias que te dejarían alucinada. Aceptamos a todos como son, y siempre vemos el lado positivo y divertido de todo.

Yo: Ya, pero son tantas cosas... Soy consciente de lo ridícula que es la situación y el timing... Hace nada estaba pateando el suelo y diciendo "Voy a estar soltera durante un año".

Javier: Jajaja. Siempre creí que uno hace lo que le da buena onda y a mí me da buena onda hablar contigo y verte todos los días, así que lo voy a hacer. No hay reglas en el amor. Sucede cuando menos lo esperas, está claro.

Y ahí estaba, en un mensaje de texto real. Javier acababa de mencionar lo que había estado reprimiendo durante las últimas veinticuatro horas. ¿Cómo era posible? O sea, había estado casada y nunca había sentido nada igual. Era... una locura. Dejamos de hablar media hora o así, mientras él pasaba el rato con sus amigos en la despedida de soltero, y en breve sonó la señal de "nuevo mensaje" en mi celular. Y en mi cara apareció una sonrisa en consecuencia.

Javier: Sé que hablo mucho, pero el tiempo contigo anoche y levantarme a tu lado esta mañana ha sido uno de los momentos más especiales que jamás he vivido. Nunca antes me sentí tan a gusto con nadie, te lo prometo.

Yo: Siendo honesta, yo tampoco había vivido nada igual antes. Fue realmente especial.

Javier: De veras, sí. Y estoy loco de ganas por descubrir lo que nos espera.

Yo: Esto es una locura. ¿De dónde viniste? Lol.

Javier: Te pregunto lo mismo.

Yo: La respuesta sería: de aprender muchas lecciones vitales que me han enseñado exactamente lo quiero y lo que no quiero.

Javier: Así es exactamente como me siento. Nunca me he sentido así de seguro y sin miedo a estar con alguien. ¡¡¡Atentos a la nueva pareja poderosa!!!

Yo: En las últimas veinticuatro horas... una locura de arriba abajo. Mi madre se va a caer de espaldas lol.

Javier: ¡Jajaja, pobre mamá! La mía ya me ha preguntado cuando te va a conocer.

Yo: Noooooo.
Yo: "Hijo, ¿cuándo me presentas a la mujer blanca con la que pasaste la primera noche en un hotel?" LOL.

Javier: Nooooo, le dije la historia de verdad. Toda la verdad y cómo nos sentimos.

Bueno, si no estábamos en terreno de relación seria antes, ahora ya seguro que sí. Era algo tan extraordinario para mí que yo misma tuviera todas esas sensaciones y la otra persona lo vocalizara de una forma tan valiente y audaz... Era muy intenso. No sé lo serio que era esto, pero sin duda era muy real. Una vez más, de casual a 100 % real a la velocidad del rayo, madre mía.

La forma en que hablábamos como si nos hubiésemos saltado toda la etapa de "nueva relación" y hubiésemos estado juntos durante varias semanas era una locura, pero increíble a la vez. Esa misma noche, mientras estaba cenando, Javier me envió un mensaje con una foto con "Gabrielle Stone" escrito bajo esta.

Javier: Jajajaja, era para mi hermana!!! Me exige le envíe fotos.

Javier: Lo siento, nena jajajaja.

Javier: Me has pillado hablando de ti con mi hermana. Está loca por conocerte.

Yo: Oh Dios mío, cariño, se me ve ridícula en esa foto.

Javier: Oh, seguro que mi hermana ya está fisgoneando en tu perfil de Instagram.

Yo: JAJAJAJAJA.

Aquí estaba yo, pensando que esta era la apuesta segura para una relación casual porque él se iba en unos días durante tres semanas a Argentina. Pero las intensas emociones de las primeras veinticuatro horas seguirían en vigor durante los siguientes tres días.

Llegó el domingo por la noche y fuimos a cenar. Estábamos locamente enamorados y éramos la típica pareja que no pueden mantener las manos alejadas el uno del otro. A mitad de la cena, volvió a sacar el tema del viaje a Italia.

—Lo digo en serio, quiero que vengas a Italia conmigo —insistió. Iba a visitar a un grupo de amigos en Sicilia que llevaban tiempo pidiéndole que fuera a verlos, y tenía planes de viajar un poco por Europa, porque nunca había visitado ese continente—. He estado retrasando este viaje por Europa mucho tiempo porque siempre lo quise hacer con una mujer, pero nunca encontré a la persona adecuada para hacerlo —dijo. Me eché a reír, pero empecé a pensar seriamente en la propuesta. Europa había estado en mi lista de sueños desde hacía mucho tiempo y, tras el divorcio incluso había pensado en ir durante el siguiente verano.

—¿Cuándo sales? —pregunté.

—El 4 de septiembre —respondió.

—No jodas... —dije. El 4 de septiembre hubiese sido el segundo aniversario de mi boda. ¿Una señal del universo? Es posible—. ¿Cuándo vuelves? —continué.

—El 4 de octubre —dijo. El 4 de octubre era el cumpleaños de mi padre. Dios mío. DE ACUERDO, UNIVERSO, mensaje recibido.

Javier insistió en que quería que fuera con él, y todo era tan romántico y atrayente.

—Déjame ver lo que costaría y ahí decido —dije.

—Yo lo pago. Será un regalo de cumpleaños anticipado —replicó él.

—De eso nada —respondí de inmediato—. O sea, es muy dulce por tu parte, pero no. Déjame ver los números y te digo algo —concluí. Si alguna cosa había aprendido tras el divorcio no era que tenía que tomarme las cosas del corazón con cautela o con calma; era que no quería que nadie pagase nada por mí. Daniel sin duda dejó una marca en mí en cuanto a cómo veo a la gente y al dinero. No quería volver a depender de un hombre, ni iba a permitir que mi atención se desviara de los problemas a través de regalos y viajecitos de lujo. Quería cuidar de mí misma. Y en ese sentido, yo pagué la cena.

Tras la cena, fuimos a una pequeña cafetería para el postre. Hablamos sobre relaciones pasadas y por qué no habían funcionado, cosas típicas como esas.

—Nunca he estado enamorado —confesó Javier. Era alucinante para mí que un hombre de treinta y cinco años con muchas relaciones a sus espaldas nunca hubiese estado enamorado.

—¿Cómo es posible? —pregunté, con curiosidad.

—No sé. Quiero ser marido y padre, así que en cuanto no veo esa posibilidad con una mujer, ya no quiero estar con ella —contestó. Me pareció algo correcto—. Así que desde que ayer envié esa foto nuestra a mi familia en Argentina, están todos locos —dijo, riendo.

—¡Javier! —dije, fingiendo estar enojada, con una risita entre dientes. Él sacó su celular y me mostró un grupo de chat relativamente amplio, al que envió la foto que nos hicimos en el baño juntos con un mensaje de texto acompañándola: "Esta es mi chica. Gabrielle". Me pareció increíble lo seguro que estaba de mí. Habló con su madre sobre mí, envió esta foto a su familia... Era como si nunca hubiese estado más seguro de algo en su vida. Fue increíble sentir ese tipo de confianza por parte de un hombre.

Esa noche, tras despedirme de él y manejar hasta casa, sabía que esta situación en la que me encontraba, iba a ser algo grande. Y en cuanto llegué a casa...

Javier: Felices sueños, linda Gabrielle... Gracias por esta noche. Estar contigo no tiene precio. Nos vemos mañana.

Decidimos ir de acampada al día siguiente, y yo estaba entusiasmada ante la idea de pasar una noche romántica en la playa. Javier era como Bear Grylls de Man vs. Wild. Cuando acampa, se lleva una hamaca y un arpón de caza y se adentra en la selva. Por suerte, mi madre se aseguró de decirle que si quería que yo no me fuera corriendo, tenía que llevar toallitas húmedas, platos y cubertería.

Cuando llegué al sitio de la acampada, él ya lo había preparado todo: piedras alineadas para formar un camino que llevaba a la tienda (con una flor en la entrada), mantas y almohadas, sillas, refrigerios y un pequeño parlante para escuchar música. Quedé impresionada y me pareció adorable lo entusiasmado que estaba Javier. Hicimos fotos con su cámara Polaroid y con nuestros celulares. Esas fotos siguen siendo a día de hoy algunas de las fotos más genuinamente felices que jamás haya tomado. Envié una a mi madre y él las envió todas a su familia. Hicimos un largo paseo por la playa y hablamos de muchas cosas. Después de todo, técnicamente aún estábamos empezando a conocernos.

—Quiero poner una foto tuya en mis redes sociales. Quiero que todo el mundo sepa que tengo novia —dijo Javier. ¡¿En serio?! Eso es lo contrario de lo que la mayoría de los hombres quieren hacer en las redes sociales. Aquí estaba este hombre, dispuesto a gritar a los cuatro vientos que yo era su novia. Era romántico y reconfortante, y me hacía sentir como si yo fuera el centro del universo. Estaba abrumada, pero sobre todo estaba locamente enamorada. Ambos sabíamos que yo no podía decirlo todo en las redes sociales con todo en el aire respecto al divorcio, pero él me hizo una foto corriendo por la playa donde no se podía ver mi cara.

Subió esa foto con el texto siguiente: "Y de repente... de la nada... inesperadamente... apareces tú y das un vuelco total a mi vida... en el mejor sentido posible". Qué afirmación más jodidamente correcta.

Abrimos una botella de vino y él insistió en que yo me quedara sentada mientras él preparaba la cena. Le vi encender una fogata desde cero y luego cocinar, y todo en lo que podía pensar es que

Daniel hubiese llamado un Uber Eats cinco minutos después de llegar a la acampada. Era tan sexy que un hombre fuese capaz de hacer todo eso por sí mismo. Después de la cena, hizo un FaceTime con su madre para que la pudiera saludar. Pude percibir la increíble energía de esa mujer con solo verla a través del teléfono. Cuando se puso el sol, nos sentamos en unas sillas junto al fuego y charlamos.

—¿Cuáles son los momentos que más han impactado tu vida? —le pregunté. Él era tan abierto conmigo. Hablamos mucho sobre su trabajo, su familia y sobre todo, de su hermano, Chris. Por momentos vi cómo se agolpaban lágrimas en sus ojos, y yo le agarré la mano. Él giró su mirada hacia mí.

—Está bien, yo cuidaré de ti —le dije. Y era verdad. Por alguna razón desarrollamos una enorme conexión a una velocidad trepidante. Sentí al instante ese instinto protector hacia él, no quería que nada le pudiese dañar. Todo era verdaderamente indescriptible.

Mantuvimos conversaciones muy profundas esa noche, que nos permitieron ver en profundidad el alma de los dos. No había fachadas ni máscaras, solo nosotros, pura autenticidad, mostrándonos tal cual el uno al otro. Si los seres humanos pudiesen hacer esto con todos, este mundo sería muy distinto, ¿eh?

A la mañana siguiente, cuando desperté en la playa, me di la vuelta y vi que Javier dormía junto a mí. Lo sabía. Estaba enamorada de este hombre. Esa fue una revelación especialmente importante para mí, porque nunca había sentido eso hacia mi marido... ni hacia nadie. Sí, sin duda había amado a gente en el pasado... Pero esto era distinto. ¿Significaba esto que nunca había estado enamorada antes? Todo esto debería haber sido absolutamente aterrador; pero no lo fue. Lo veía cuando él me miraba. Lo sentía cuando estaba con él. Fuera como fuera, en tan solo cuatro días, estábamos enamorados. Así que decidí que, sí. Con un par. Me voy a Italia.

* * * * *

Las siguientes tres semanas fueron horribles. Bueno, no del todo, pero tres semanas es mucho tiempo para estar separada de alguien con quien justo acabas de obsesionarte. Sin embargo, es posible que fuese lo mejor para los dos. Hablamos continuamente, todos los días, a través de mensajes de texto y FaceTime. Ahora, déjenme aclarar una cosa: yo era perfectamente consciente de que todo esto estaba sucediendo a una velocidad ridículamente alta y demasiado pronto tras descubrir que mi marido me había estado engañando con otra durante seis meses y haber iniciado el proceso de divorcio. Pero debo decir que, después de entregar por fin los papeles del divorcio a Daniel, yo estaba... bien. Sabía en el fondo de mi corazón que esto era una bendición realmente y que era afortunada de que lo que hizo me puso las cosas muy fáciles para dejarle. ¿Sabes cuando miras atrás y piensas en una relación y parece que fuese hace toda una vida? Me sentí así en el momento en que me fui manejando de nuestra antigua casa. Las dos semanas antes de ir a la playa con Javier, yo me sentía muy bien. Incluso mi madre y mis amigas estaban sorprendidas por lo bien que estaba. Soy consciente de mis emociones, lo suficiente como para saber que, si hubiese estado deprimida y en un mal estado emocional cuando Javier apareció en mi vida de nuevo, la relación no hubiese sido sana. Pero Javier y yo hablamos abiertamente sobre Daniel y sobre toda la mierda legal que rodeaba la situación, y yo no era nadie para luchar contra el universo o contra mis propios sentimientos.

> Yo: Cariño. No quiero que te preguntes si tengo o no sentimientos por resolver en cuanto al rollo del divorcio. Estoy segura que mucha gente que se preocupa por ti se lo estará preguntando. Pero no quiero que tú lo pienses dos veces. Siempre seré honesta y abierta contigo sobre mis sentimientos, y te prometo que ese capítulo de mi vida está más que cerrado.

> Javier: Nunca lo dudé ni por un segundo, amor. No hubiese ni pensado en una relación contigo si sintiera que eso era posible. Siento al 100 % que has pasado página. Y te agradezco que me lo digas. Yo también seré siempre honesto contigo.

Javier solía bromear continuamente diciendo que tenía que escribir una carta a Daniel y Laurel agradeciéndoles lo que habían hecho, porque de no ser por ellos yo no estaría con él. Genuinamente parecía que todo estaba sucediendo como el universo lo había planeado. Y madre mía, la de planes que hicimos nosotros: asistir a eventos de mi trabajo, a la boda de su amigo en Santa Barbara, hicimos un viaje a Las Vegas para un festival cinematográfico en el que se mostraba una de mis películas, hicimos planes para ver a la familia, y todo eso acabaría en el viaje de un mes a Italia.

No se me escapaba la locura en la que me veía inmersa. O sea, literalmente hacía menos de un mes que acababa de entregarle al que pronto sería mi exmarido los papeles del divorcio, y aquí estaba yo, locamente enamorada con un hombre que era exactamente lo contrario al hombre con el que me había casado. Por supuesto, mi madre y todas mis amigas estaban aterradas ante la intensidad de nuestra relación y lo rápido que iba todo. Nadie quería que me hicieran daño otra vez tras haber tenido que sufrir una situación tan desagradable con Daniel. Mi madre estaba especialmente preocupada. Daniel había engañado a todos, incluida ella. Nunca hubiéramos pensado de él que fuese capaz de hacer algo tan hiriente y retorcido. La opinión de mi madre importa muchísimo para mí. Pero les diré una cosa: estaba preparada para mandar a la mierda a todo el mundo. Si hace falta me iré a Hawái y viviré en una tienda de campaña con este hombre, le daré los bebés que quiera, y no me valdrá madre lo que digan los demás. Sí. Eso es lo que pensaba entonces.

Lo único que vio mi madre era que su hijita estaba lanzándose de cabeza a una aventura amorosa con un latino de lo más sexy. Cuando Javier me dejó en casa tras nuestra dichosa acampada, ella le agarró por banda:

—No le hagas daño a mi niña. Es frágil —le dijo.

—Su hija no es frágil. Es la mujer más fuerte que he conocido jamás —replicó Javier.

—Eso significa que no conoces a mi hija —le dijo. Ella y todas mis amigas estaban preocupadas. Sin embargo, todas intentaban mostrarme su apoyo, ya que veían lo inmensamente feliz que era con él. Es cierto que de vez en cuando me venía a la cabeza la voz de la médium diciendo: "Los próximos seis o siete meses van a ser muy complicados para ti". Pero, o sea... Tampoco es que todo lo que dijo se haya hecho realidad, ¿verdad? Me vale madre, señorita médium psíquica; ahora mismo soy más feliz de lo que jamás imaginé que sería.

Javier: Mi cuerpo ansía tener tu cuerpo a mi lado al dormir. Me estoy volviendo loco.
Javier: Echo de menos dormir a tu lado. Lo necesito tanto como mi mate.

Yo: Oh, amor. ¿No decías que odiabas acurrucarte y dar cariñitos? Lol.

Javier: Te juro que así es.

Yo: Adoro dormir contigo. Me siento a salvo.

Javier: Me alegro. Yo cuido de ti.

Yo: Lo sé.

Javier: Estoy pensando en nuestra acampada y me hace sentir realmente bien. No puedo creer que te pueda tener. Me siento superafortunado.

Aun con todo lo increíble que era lo que estábamos viviendo, aún existían cuestiones legales revoloteando en mi vida. ¿Podría dejar el país por un mes? Tuve que llamar a mi abogado y esperar a recibir el veredicto. Un día, una amiga mía me envío una foto que Laurel colgó de ella y Daniel. Una foto de mayo. Javier me preguntó si estaba bien.

Sí, estaba bien. Estaba lista para dejar todo eso atrás. Los temas legales... todo. Cuando vi la foto, de veras que no sentí nada. Ya estaba desconectada emocionalmente de la relación.

Poco después recibí por fin la respuesta de mi abogado. La respuesta que esperaba recibir: sí podía ir a Europa. Gracias a Dios.

Las cosas siguieron avanzando incluso con su familia mientras él estuvo fuera. Su hermana, Sophia, y yo empezamos a seguirnos mutuamente en Instagram. Ella comentó en una de mis publicaciones: "¡Ansiosa de conocerte en persona!" y se lo envié a Javier.

Yo: Es tan linda. La adoro.

Javier: Es fantástica. Y si te quiere conocer, es que es algo importante para ella.

Yo: Ohh, qué lindo... Tu familia se estará preguntando qué está sucediendooooo.

Javier: No, en absoluto, solo me preguntan sobre ti a diario.

Yo: Dime una vez más los sitios que vamos a visitar para anotarlos.

Javier: Florencia, Venecia, Roma, Amalfi, Positano, Cinque Terre, Pompeya, San Vito Lo Capo.

Yo: O sea, vamos al cielo, básicamente.

Javier: Yes.

Yo: No querría ir con ninguna otra persona.

Javier: Yo tampoco.

Teníamos tantos planes y tan excitantes... No podía creer que de veras había comprado un billete de avión y que nos íbamos a Italia.

Javier: No sé si llevo la cuenta de todo lo que tenemos planeado, pero permite que te diga algo con el corazón: que estés así de implicada en todo y con ganas de probar cosas nuevas y explorar me hace tannnnnn feliz!!!

Yo: Pues claro... ¿qué es la vida sin aventuras, amor? Y no podría ser más feliz que haciéndolo contigo.

Javier: Somos afortunados.

Yo: Dios mío, ¿qué está sucediendo? ¿Cómo es posible que tenga todos estos sentimientos si TÚ NI SIQUIERA ESTÁS AQUÍ? Lol.

Javier: Sí, yo tampoco lo entiendo, pero paso de intentarlo. Me encanta, así que dejo que siga su curso. Paso de analizarlo.

Yo: Me parece bien.

Esas tres semanas hasta que Javier volvió a casa parecieron una eternidad. El día que volvió, fui a su casa. Me trajo regalos de Argentina: un bañador para Italia, mi propio equipo de mate y una camiseta con el escudo de su ciudad en Argentina con mi apellido impreso en la espalda. Éramos ridículamente felices. Conocí a su madre, Ana, ese día, y fuimos de cena y hablamos durante horas. Me sentí instantáneamente cómoda con ella, una sensación realmente reconfortante después de haber estado sufriendo las dinámicas tóxicas de la familia de Daniel. Ana me hizo sentir que había sido parte de su vida desde hacía años y establecimos un vínculo afectivo en las pocas horas que estuvimos juntas esa noche.

Ese fin de semana fuimos a Santa Barbara para la boda de su amigo. Aunque parezca mentira, fui capaz de mantener la promesa que me hice a mí misma: esperaría para acostarme con Javier a que llevásemos un cierto tiempo juntos. Que se fuese a Argentina ayudó, evidentemente, porque no hubiera habido manera de que cumplir con mi palabra si hubiésemos estado juntos a diario. Puedo aguantar, pero tengo mis límites. Y la noche que llegamos a Santa Barbara fue la noche que no pude aguantar... o digamos que ya no quise esperar más. No voy a dar todos los detalles, pero digamos que esta última (e importante) pieza del rompecabezas fue algo perfecto a más no poder: mereció la pena esperar. Para ambos.

En la boda, me presentó a todos sus amigos como su novia. La pasamos genial y bailamos toda la noche, como de costumbre. Me di cuenta de que algunos de sus amigos de la universidad estaban sorprendidos y excitados de ver que Javier tenía a alguien a quien parecía querer tanto. Una de las muchachas me habló a solas en un punto de la noche y me dijo que nunca le había visto así. No fue la primera vez que oí algo así. Su madre y su hermana, con las que había comenzado a hablar y entablar una buena relación, me dijeron rápidamente que esto era radicalmente distinto a lo que habían visto antes con Javier. Tumbados en la cama esa noche, Javier me miró:

—Necesitamos un sobrenombre para cada uno —dijo.

—Eso no se decide... surge de forma natural —respondí, entre risas.

—¿Y si te llamo Ciruela? —propuso.

—¿Qué? ¿Qué demonios tiene que ver una ciruela conmigo?

—Me gusta. Hmmm, ¡Ciruela! —repitió haciéndose el gracioso.

—Pues yo lo odio. Es una cosa redonda, grande y de color violeta. ¡Ejerzo mi derecho a veto! —repliqué. Y ahí teníamos nuestros sobrenombres: Veto y Ciruela. Madre mía.

La siguiente semana fui a REI para comprar una mochila para el viaje. He ido de acampada y de viaje muchas veces, pero normalmente viajo con, bueno..., maletas de verdad. Empacar todo lo necesario para un mes de viaje en una mochila, por grande que fuera, me pareció misión imposible.

—¿Se van de luna de miel? —me preguntó una dulce señora mayor. Ambos nos reímos.

—Este es el viaje en el que decidiremos si habrá luna de miel —replicó Javier, con una sonrisa. A menudo nos confundían con una pareja de recién casados o que llevaban mucho más que un mes juntos. Íbamos haciendo planes muy en el futuro, y nos parecía algo totalmente normal a los dos.

Después vino Las Vegas, y estábamos en un estado continuo de felicidad. Todo era pura pasión entre nosotros. En serio, se lo prometo, cada vez que hacíamos el amor era un espectáculo digno de una ovación... y más de un orgasmo (con perdón). No me podía quejar de nada. Si acaso, intentaba reprimir mis ganas de decirle que estaba enamorada de él, porque todo estaba sucediendo tan y tan rápido. Una noche, en nuestra habitación de hotel en Las Vegas, justo al acabar nuestro "espectáculo" (acto que interpretamos en la bañera), me encontré con la cabeza apoyada en el pecho de Javier y tuve que obligarme a mantener la boca cerrada, porque me moría de ganas de decírselo. Solté un suspiro que me salió del alma.

—¿Qué ocurre? —dijo él, acariciando mi pelo.

—Nada... —dije. Me agarró con sus fuertes brazos y apretó con fuerza. Sentí que estaba exactamente donde tenía que estar; que este era el destino al que tenía que llegar después de tanto dolor y tantas decisiones duras. Me sentía tan increíblemente a gusto en ese momento, que podría haberme quedado ahí para siempre. En un mes y medio, habíamos pasado de una idea de relación casual a una relación 100 % seria. Y en una semana íbamos a volar a Italia, donde obviamente íbamos a disfrutar de uno de los meses más románticos y apasionados de nuestras vidas. Pero si alguien sabe bien esto, soy yo: en una semana pueden suceder muchas, muchas cosas.

A la mierda con
"Todo en la vida sucede por una razón"

(Aunque es verdad... no facilita las cosas en absoluto).

El día que volvimos a casa de Las Vegas, algo cambió en Javier. Parecía estar triste, no parecía el mismo. Pensé que quizá estaba solo un poco cansado, igual que yo, y no le di demasiada importancia. Por desgracia, no fue así. Al día siguiente me llamó y me dijo que teníamos que hablar. Noté en su voz que algo iba mal... realmente mal. Me dijo que la última noche en Las Vegas tuvo un sueño sobre su hermano. Le impactó lo suficiente como para cambiar su estado de ánimo durante el resto del día. La sensación que había aflorado era de un enorme pesar, y seguía ahí. De inmediato sentí algo en el pecho, una sensación que de ahora en adelante llamaré "la avalancha". La avalancha se había convertido, por desgracia, en una sensación muy familiar para mí durante los dos últimos meses. Era como una especie de compresión en el pecho, una sensación de malestar en la boca del estómago, todo acompañado por un presentimiento de que algo iba mal. Lo sentí cuando encontré el primer recibo de hotel de Daniel. Lo sentí cuando descubrí que Laurel estaba en Ohio. Y lo sentí ahí mismo, en esa llamada con Javier. Yo había sufrido más pesar y tristeza de la necesaria con muertes de seres queridos en mi familia, así que comprendía desde el fondo de mi corazón lo que Javier estaba pasando. Seguimos al teléfono un rato y le ofrecí mi amor y mis consejos que necesitara. Me dijo que iba a conseguir una cita con un terapeuta que había visitado ya varias veces. No hizo más que repetir la frustración que le generaba sentirse así.

—Todo es tan nuevo en nuestra relación. Debería ser todo alegría y felicidad, tal y como ha sido hasta ahora. No quiero sentirme así —dijo.

—Eso es totalmente irrelevante ahora. No hemos hecho nada normal en esta relación. ¿Por qué te preocupas pensando que no es el momento adecuado? Estoy aquí, no pasa nada. Lo superaremos —repliqué con seguridad. Tras dialogar un rato, me dijo que no pensaba ir a ver a sus amigos esa noche, como tenía planeado. En lugar de eso vendría a recogerme después de mi evento esa noche. Colgamos y de inmediato escribí un mensaje de texto a su hermana, Sophia, con quien había hecho buenas migas a lo largo de las últimas semanas, aunque aún no nos habíamos conocido en persona.

> Yo: Acabo de hablar por teléfono con Javier. Sé que te habló antes de cómo se siente. Estoy preocupada por él. Pero está tomando medidas para manejar sus sentimientos de una forma distinta, y eso es bueno. Mi corazón está con él. Y con toda vuestra familia.

> Sophia: Le animé a que lo sintiese y lo compartiese contigo. Que te lo mostrase. Pero todos tenemos nuestro propio proceso, y él ahora está triste y con dolor. Por ahora solo le mostraré mi apoyo.

> Yo: Sí, lo hizo. Me alegra que le animaras a hacer eso. Le dije que no tenía que preocuparse de estar o no estar en un estado "correcto", porque no hay estado correcto o incorrecto. Y nada de todo esto va a cambiar lo que siento por él o nuestra relación. Solo quiero estar ahí para lo que él necesite.

> Sophia: Me muero de ganas de conocerte en persona! Además... Javi es tan testarudo! Jaja. El mero hecho de que esté manejando las cosas de forma distinta es increíble. Significa mucho. Él es una persona de hábitos y sabe que ese hábito actual es malo para él. Voy a empujarle un chingo, con puro amor de hermanita! No va a estar así mucho tiempo. No voy a dejar que mi hermano deje de disfrutar del amor de su vida por sentirse culpable. De eso nada.

Al ver que estaba cambiando su modus operandi y que estaba compartiendo todo eso conmigo me sentí un pelín reconfortada.

Esa noche me recogió tras mi evento. Cuando me abrazó, lo pude sentir. Miedo. Literalmente podía sentir el miedo que tenía hacia sus emociones, lo que estas significaban, y lo que implicaban también. Fuimos en auto al AirBnB que habíamos alquilado durante el periodo entre Argentina e Italia. De camino me dijo que se sentía desconectado del mundo y no entendía por qué él estaba aún ahí y su hermano no. Le ofrecí los mejores consejos que pude y todo el apoyo posible. Las lágrimas resbalaban por sus mejillas mientras intentaba explicar lo que estaba pasando en sus adentros. Fue desolador verle sufriendo tanto y sintiéndose así de impotente. Me explicó que había apilado un mogollón de emociones sin resolver y que todo lo que estaba viviendo conmigo había sacado esas emociones a la luz de nuevo. Hablamos durante tres horas, y finalmente le miré y le pregunté: —¿Estás seguro de que quieres que vaya contigo a Italia?

—Por supuesto que sí —contestó. Mi corazón soltó un suspiro de alivio. Aun así, una parte de mí me decía que estas emociones iban a durar más que un día o dos. Y esa parte de mí estaba en lo correcto.

Al día siguiente fuimos con sus padres a la playa. Pasamos el día relajadamente y, aunque podía ver que Javier aún no era el mismo, definitivamente estaba mejor que el día anterior. A su madre yo la adoraba con todo mi corazón, y era evidente que el sentimiento era mutuo. Nos sentamos juntas para charlar mientras Javier y su padre corrían y jugaban con los perros. Su madre y yo encajamos rápidamente. Le confesé que estaba preocupada por lo que Javier estaba pasando y ella me explicó lo difícil que había sido para toda la familia perder a Chris. Hablamos sobre nuestro viaje a Italia y lo entusiasmada que estaba yo ante la idea de visitar por fin Europa. Ella insistió en que Javier nunca se había abierto así con nadie y que le alegraba mucho ver que por fin había encontrado a alguien como yo.

Esa noche salimos con su amigo Manny, a quien conocí la primera noche que salimos juntos a bailar. Javier parecía estar volviendo a un estado más equilibrado, lo cual me hacía feliz. En cierto punto de la noche, Javier fue al baño y Manny y yo nos quedamos en la barra charlando.

—Estoy preocupada por él —confesé.

—Ya lo sé. Pero lo superará, no te preocupes. Nunca le he visto tan feliz como cuando está contigo —me dijo, tranquilizándome. Esa noche volvimos a casa e hicimos el amor antes de dormir abrazados. Ese día entero fue un rayo de esperanza al que me intenté agarrar.

Al día siguiente, mis esperanzas cayeron en picado. Esa tarde, estuve dos horas con él, lloré con él, y hablé con él de sucesos de mi pasado que nunca había confesado a nadie. Intenté ayudarle a ver la luz al final de ese horrible túnel repleto de pesar. Sus sentimientos eran tan abrumadores que se encontraba al borde de un ataque de angustia. Me repitió una y otra vez lo feliz que había sido ese último mes conmigo, y lo mucho que le frustraban esos sentimientos que estaban haciendo acto de presencia ahora. En ese momento yo no comprendía por qué insistía en sacar eso a relucir. Ahora, analizándolo en retrospectiva, sé que la raíz del problema era mucho más profunda de lo que parecía.

Sin embargo, fue durante esta conversación cuando por fin tuve mi primera gran revelación en toda esta aventura.

—Me da un miedo mortal pensar que si amo a alguien tanto como amaba a mi hermano, esa persona morirá —dijo. Me sentí tan orgullosa de que reconociera y admitiera eso. Y yo sabía perfectamente lo que era sentir eso.

—Te entiendo, de veras que sí. Yo misma he lidiado con ese problema toda mi vida —le expliqué—. Yo amaba enormemente a mi padre, y él murió. Amaba a Jake, y murió. Así que me casé con alguien a quien no amaba del todo porque era la opción segura.

¡Puta madre! Me detuve ahí en mitad de la frase. ¿Cómo no lo había visto antes? Ahora todo tenía tanto sentido.

Seguimos hablando durante lo que pareció una eternidad. Hasta que, en cierto momento, mencionó el viaje.

—¿Y si esta sensación no se va y nos arruina el viaje y acabas siendo infeliz a mi lado? —preguntó.

—¿Qué parte de "no te voy a abandonar" es la que no entiendes? —respondí—. Si hemos de tener este tipo de charlas cada día para ayudarte a sanar, que así sea. Solo hay dos opciones: vamos a ir de viaje y volveremos siendo dos locos enamorados y felices como perdices, o volveremos siendo los mejores amigos del mundo. Sea lo que sea, deja de pensar que no está bien que vayamos de viaje juntos —le dije en un tono reconfortante a la vez que le abrazaba. Tenía a un hombre, fuerte y varonil, llorando en mis brazos. ¡Qué locura! Es como si sus sentimientos hacia mí se viesen empujados a un lado por sus miedos. Como si el miedo fuese tan intenso que le estaba haciendo tirar la toalla como mecanismo de protección.

Después de calmarnos un poco, fuimos a ver a Manny y algunos de sus amigos en la playa. Su espíritu parecía hacer vuelto un poco al estar con los muchachos. Yo hice estiramientos en la playa, cerré los ojos y traté de apaciguar los millones de pensamientos que cruzaban mi cabeza. Esa noche, cuando le abracé y me despedí de él, me miró y me dijo: —Gracias, Gaby. Por todo. Has estado increíble.

* * * * *

La siguiente semana fue a ver a un terapeuta. Siguió hablando de esas cosas. Me llamaba y me contaba cosas que claramente indicaban que estaba cortando conmigo, pero acto seguido me aseguraba que no era así, que solo estaba tratando de ser totalmente honesto y explicarme lo que sentía.

—No me estoy intentando escapar —solía decir. Decidí comprar un diario para él con la esperanza de que escribir sobre sus sentimientos le ayudara. Era un lindo diario con cubierta de piel, personalizado con el sobrenombre que él y su hermano compartían. En la contracubierta hice que pusieran su apellido y el escudo de su ciudad en Argentina. Dentro, escribí una larga carta a su hermano, Chris. Fue una carta escrita desde la pura honestidad y muy personal. Es uno de los regalos más detallistas que jamás haya hecho a alguien. Pude ver que le encantó.

El viernes 1 de septiembre, la situación alcanzó su punto crítico. Él había estado todo el día con su padre y yo estaba tratando de darle el máximo espacio posible. Pero la semana anterior él se había comportado de una forma totalmente distinta. Pasó de hablar conmigo continuamente a diario, a solo enviarme un mensaje o dos al día. Él lo sabía, yo lo sabía. Yo aún tenía esperanzas de que todo volviese a la normalidad.

Esa noche me llamó y me dijo que me recogería el domingo por la mañana. Iríamos a casa de sus padres, pasaríamos el día con ellos y dormiríamos en su casa. Al día siguiente su padre nos llevaría al aeropuerto. Hablamos unos pocos minutos sobre qué empacar y algunos detalles del viaje. En cuanto colgué, sentí "la avalancha". Era innegable. Algo iba mal. Tomé mi celular y le escribí un mensaje.

Yo: Javier, estoy haciendo todo lo posible por convencerme de que todo está bien, pero algo en mis entrañas me dice que no es así.

Me llamó de inmediato. Esa llamada de tres horas fue poco menos que desgarradora. Hablamos de su pesar, de su frustración por que todo eso estuviese sucediendo justo entonces, y de que no sabía qué hacer para arreglarlo.

—No siento nada por mis padres, no siento nada por mi hermana, no siento nada por ti —soltó de repente. Boom. Ahí estaba. La avalancha otra vez. Me sobrevino como un maldito tren de mercancías. En ese momento, supe exactamente cuál era el destino final de esa conversación. Finalmente, tras muchas lágrimas derramadas por ambos, se lo pregunté.

—¿Sientes algo por mí más allá de amistad? —pregunté. El silencio que siguió a mi pregunta pareció durar una eternidad.

—No —dijo, entre lloros. No creo haber sentido jamás tanto dolor por culpa de una sola palabra. ¿Por qué estaba sucediendo eso justo ahora? ¿Cómo era posible? Ambos nos quedamos pegamos al celular, llorando. Ninguno de los dos sabíamos cómo concluir la conversación.

—Detesto que esta conversación esté sucediendo por teléfono —dije, intentando reprimir las lágrimas sin éxito.

—¿Quieres venir a casa? Te voy a buscar ahora mismo —dijo apresuradamente. Él sabía que la situación me estaba haciendo pedazos y quería arreglarlo un poco. Finalmente me hice a la idea de lo que estaba sucediendo, lo suficiente como para decirle que era mejor que se tomara la noche para pensarlo bien y tomar una decisión. Tenía que decidir si quería ir a este viaje él solo o si quería ir conmigo como dos amigos. Después me tocaba a mí decidir si mi corazón pudiera aguantar esa posibilidad, y así finalmente podríamos decidir qué hacer. Decidimos que él vendría el día siguiente por la noche y que lo hablaríamos en persona. Tras otros veinte minutos más colgados del celular llorando, por fin acabamos la llamada. Perdí. Los. Malditos. Papeles.

No soy capaz de recordar la última vez que lloré y grité con tanto dolor. Ni tan solo cuando descubrí que Daniel me estaba engañando; en esa ocasión los gritos y lloros vinieron motivados por enojo y por la sensación de traición. Esta vez era puro dolor, un dolor profundo, porque sabía cuál iba a ser la respuesta. Mi madre entró y vi como su propio corazón se hacía pedazos ante mis ojos. Solo que su dolor provenía del enojo y la rabia que sentía por su hijita, y el mío provenía de una insondable tristeza y pesar. Siendo honesta, tanto mi madre como mis amigas tenían todo el derecho del mundo de odiar a Javier en esos momentos. Porque, sin importar el sufrimiento por el que él estuviese pasando, era increíble que me hubiese convencido de ir a esa fantástica aventura por Italia con él solo para dejarme tirada dos días antes del vuelo, justo cuando yo acababa de salir de un horrible divorcio. Esa noche lloré hasta quedarme dormida, intentando encontrar una respuesta a por qué mi aparentemente idílico cuento de hadas se acabó convirtiendo en una maldita pesadilla.

* * * * *

El día siguiente teníamos planeada una "celebración de vida" para mi tío, a quien le habían comunicado que le quedaban pocos meses de vida. Había estado luchando contra el cáncer durante un tiempo y al final sufrió una recurrencia de este con toda su virulencia. Poner buena cara para toda la gente que estaba ahí y responder preguntas sobre este increíble viaje que iba a hacer fue el papel más difícil que jamás interpreté como actriz. La ansiedad que sufrí el día entero fue insoportable. Cuando llegó la hora, Javier me recogió y nos sentamos en su pick up, que estaba aparcado en la calle.

—Siento que debo ir solo a este viaje —dijo algo compungido. Yo asentí. Dentro de mí ya sabía que esa iba a ser la respuesta—. Pero Gaby: necesito que sepas que no me estoy escapando de ti.

Literalmente has cambiado mi vida y es imposible explicarte cuánto cariño te tengo. Te quiero en mi vida siempre, de eso estoy totalmente seguro.

Era todo muy difícil de entender. Javier solo sentía amistad hacia mí, pero me quería en su vida para siempre. ¿Cómo pudo desaparecer todo lo que sentía hacia mí de la noche a la mañana? Había un millón de preguntas sin contestar. Así que, me encontraba ante una encrucijada y debía tomar una decisión: quedarme en casa afligida y con el corazón hecho pedazos, o irme de viaje por Europa durante un mes por mi cuenta. ¿Y lo de quedarme en casa afligida? A. La. Mierda. Con. Eso.

Lo que más miedo me dio desde muy pequeña siempre fue estar sola. Desde que mi padre murió, siempre necesité alguien cerca. Siempre tenía al menos una amiga que se quedaba conmigo en casa o iba yo a dormir a casa de una amiga. Cuando crecí me acostumbré a vivir con compañeras de habitación y siempre tenía mis amigas cerca. Incluso cuando descubrí lo de Daniel, Jess se quedó en mi casa a dormir todas las noches hasta que todo se calmó. Nunca había estado sola, por mi cuenta; o sea, nunca me había llegado a conocer a mí misma. Y el universo me acababa de entregar la oportunidad de afrontar esa mierda sin miramientos. Cuando le dije que iba a ir a Italia igualmente, su cara se iluminó. Creo que en parte estaba aliviado por ver que yo también tenía algo que afrontar y sanar; y también porque no me iba a quedar afligida en casa llorando. Y en parte también estaba genuinamente orgulloso de mí. Hablamos y reímos sobre las diferentes aventuras que podría emprender en el viaje.

No sé cómo explicarlo, realmente. A pesar de todas las lágrimas derramadas, de toda la tristeza y angustia que sentimos ambos, y de la gravedad de la situación, aún fuimos capaces de reírnos de ello y seguir totalmente conectados. Pronto descubriría que ese tipo de situación sería algo recurrente en nuestra relación. Sin importar lo que sucediese, simplemente estando juntos o comunicando se arreglaban las cosas. Decidimos que posiblemente nos encontraríamos al final de viaje, dependiendo de cómo se encontrara él y cómo me fueran las cosas a mí, y después volver juntos en el mismo avión. Me dejó en casa y decidimos que él y su padre me recogerían el martes para ir al aeropuerto.

—¿Cómo te sientes, Gaby? —preguntó.

—Como que estoy a punto de emprender un viaje con este lema: "come, reza, mierda de vida" —dije con divertida resignación. Ambos empezamos a reír.

Nos dimos un abrazo de despedida y entré en casa. Esperaba romper en llanto en el momento de entrar. Pero en cambio, me sentí... más o menos bien. Fue ahí donde tomé la decisión. Vas a hacer este viaje, Gabrielle. Vas a afrontar tus miedos, vas a ser una tipa dura y al final del viaje serás una persona mejor. Pero... ¿adónde demonios quieres ir?

A la mierda
con el miedo

(Cuando lo afrontes… te cambiará).

¡Puta madre! Ya era 4 de septiembre. Había dormido quizá tres horas la noche anterior. Hace dos años exactamente, cumplí mi sueño de casarme con alguien con quien pensaba que seguro aún seguiría casada a día de hoy. Pero hoy era el día en que afrontaría un montón de miedos. En cuarenta y ocho horas, había pasado de estar mega-entusiasmada por ir en unas vacaciones románticas con mi novio, a estar de nuevo soltera y aventurándome en un viaje de un mes en el extranjero por mi cuenta. Sí… ¡puta madre!

La única planificación que hice fue contactar con una de mis mejores amigas, Emma, que vivía en Londres y lo organicé para quedarme con ella durante los primeros cinco días de mi viaje. Emma llevaba dos años viviendo con su novio y me aceptó en su casa sin hacer preguntas. Quienes me conocen saben que yo suelo hacer planes… muchos planes. Incluso antes de salir una noche de fin de semana suelo planificar la noche. Así que, para mí, irme de viaje un mes sin ningún plan preparado… era directamente una locura.

La otra cosa dificultosa que tuve que hacer en las últimas cuarenta y ocho horas fue explicar a mis amigas y familiares, que esperaban que me fuera de viaje con Javier, que en realidad me iba a ir sola. Ni que decir tiene que más de uno y una se enojaron enormemente. Casi todos se sintieron afligidos por mí, algo comprensible. O sea, ¡joder! Yo misma estaba afligida. Pero aun así, por alguna razón, sentía una necesidad insuperable de proteger a

Javier. Me encontré defendiéndole ante mis amigas y familiares, intentando hacerles entender el porqué de su decisión. Sentía que debía proteger la imagen que los demás tenían de él. Quizá porque sabía lo que habíamos vivido en común en el mes y medio que estuvimos juntos. O quizá porque vi con mis propios ojos lo mucho que le costó tomar la decisión. Sea como fuere, le defendí a capa y espada ante cualquiera que pensara que se borró empleando una excusa barata.

Hablé con su hermana, Sophia, y con su madre después de que sucediera todo esto. Sophia estaba en el extranjero de viaje y aun así sacaba tiempo para preguntarme cómo estaba yo. Su madre estaba tan afligida como yo. Ninguna de las tres podíamos comprender del todo cómo unos sentimientos tan fuertes e intensos pudieron desaparecer así... sin más. Su madre me comentó que ella esperaba que Javier pudiera sanar sus heridas y encontrar su camino de vuelta hasta mí, y que en sus adentros sentía que yo sería la madre de sus nietos. Dios mío. Cómo escoció ese comentario. También se ofreció para estar en contacto conmigo durante mi viaje si yo lo deseaba. Javier y yo habíamos estado en contacto frecuentemente durante las últimas cuarenta y ocho horas, y me dijo que tenía un regalo para mí que podría llevarme en el viaje. Me lo iba a entregar el lunes.

Yo ya había terminado de empacar y estaba tan lista como podía estar. Mi madre me dio un abrazo de despedida y nos quedamos de pie mirándonos... y rompimos a llorar. Mi madre había sido siempre mi verdadera mejor amiga y mi "persona especial". Creo que en parte ella no quería que me fuera, pero por otra parte estaba absolutamente orgullosa de mí por hacerlo; y esa segunda parte pesaba más. Se fue antes que Javier llegase a recogerme. Mi madre no hubiese soportado verle ese día. Estuve sentada durante quince minutos sola en mi casa, sin saber si iba a sufrir un ataque de nervios, a romper a llorar o a partirme de la risa ante la absoluta locura en la que se había convertido mi vida durante los dos últimos meses. Pero una cosa es segura: no estaba preparada en absoluto para esto.

Recordé una imagen que vi online y que sencillamente decía "Tú puedes". Descargué esa imagen y la puse de fondo de pantalla en mi celular, como recuerdo constante de que yo podía hacer frente a todo esto... aunque realmente no creía del todo que pudiera (no aún, al menos).

Cuando llegó Javier, entró a darme mi regalo. Era un animal de peluche que había tenido desde pequeño. El valor sentimental de ese regalo era enorme. Me quedé sentada en mi cama junto a Javier, sosteniendo el peluche por un momento.

—No me lo puedo llevar —dije finalmente.

—De acuerdo —dijo Javier comprensivamente.

—Significa mucho para mí, gracias. Pero no me lo puedo llevar conmigo —dije, haciendo un esfuerzo por reprimir las lágrimas.

—Te entiendo perfectamente. ¿Estás lista? —preguntó, levantándose.

—Hmmm... ¿No? —dije, riendo. Cogimos la enorme mochila que habíamos elegido entre ambos y salimos hacia el auto.

Una vez en el aeropuerto, todo pareció una vez más... sorprendentemente normal. Era como si nada monumentalmente horrible hubiese sucedido; la única diferencia es que no íbamos cogidos de la mano y dándonos besos continuamente. Hablamos sobre dónde pensaba ir, qué pensaba que iba a suceder en el viaje. Teníamos varias horas antes de que el vuelo despegase, así que pedimos una botella de vino y algunos platos en uno de los restaurantes del aeropuerto. Decidí que ya era hora de anunciar en las redes sociales el divorcio. Estaba harta de tener que explicárselo a todo el mundo cuando alguien oía algo al respecto. Y, oye, a la mierda: si me voy de viaje, lo voy a hacer empezando de cero. Le pedí a Javier que me hiciese una foto con mi ridículamente pesada mochila a la espalda (¡qué orgullosa me sentía del chingo de cosas que había sido capaz de empacar en la mochila!) y acompañé la foto del siguiente mensaje:

"Hacía tiempo que tenía que escribir esto. Este año ha sido uno de los años más difíciles de mi vida, personalmente hablando. A principios de año descubrí que mi marido tuvo un affaire a mis espaldas durante seis meses. Inicié el proceso de divorcio y le abandoné. Hacer frente a la falta de respeto y a la traición sufrida fue sin duda la parte más difícil de sanar. Mi madre, mis amigas y mi familia, como siempre, me demostraron que son una fuerza inquebrantable. No sé qué haría sin todos ellos. Y puedo decir con toda honestidad que lo sucedido es una de las mejores cosas que me podría haber pasado. Todo el mundo en mi entorno se mostró firme diciéndome que fuera yo misma, que no tuviera prisa por encontrar otra pareja y que me centrara en mi carrera. Pero el universo tenía otros planes. Siempre he dicho que es mejor haber amado con todo el corazón y que te lo rompan una docena de veces, que vivir con el corazón vallado y nunca amar plenamente. Inesperadamente, conocí a alguien que cambió mi vida. Y yo sé que también cambié la suya. Es alguien que estará en mi vida para siempre. Le estaré agradecida para siempre por el día que empezó todo y por los días que siguieron. Desde que mi padre murió siendo yo muy chica, mi mayor miedo ha sido siempre estar sola. Deseo compartir estas cosas tan personales para que alguien, sea quien sea, sepa que esto es posible. Que no estás sola. Y que puedes ser tú misma. Y hoy, en el día que sería mi segundo aniversario de boda, me voy de viaje sola. Para aprender a estar por mi cuenta. Para estar en paz conmigo misma. Y para amarme. ¡Y estoy muerta de miedo! 'Se requiere mucho valor para abandonar lo que es familiar y aparentemente seguro, y recibir con brazos abiertos lo nuevo. Pero no hay seguridad alguna en lo que ya no tiene un significado especial para uno. Hay más seguridad en la aventura, en lo que te entusiasma, pues en el movimiento está la vida y en el cambio está el poder'. Hasta pronto, EE. UU. Nos vemos al otro lado del charco".

Boom. Publicado. Ya estaba ahí, a la vista de todos. Sentí un gran alivio, me quité una enorme carga de los hombros. No lo compartí para nadie más que para mí, realmente, y hacerlo se sintió chido, chido. En las dos horas antes del vuelo recibí literalmente cientos de mensajes. Gente que me felicitaba por mi coraje, diciéndome que ver ese mensaje les ayudó a seguir adelante, gente que conectaba con lo que dije... Y sobre todo, gente pidiéndome que por favor les fuera informando de mi viaje. Así que decidí que eso haría.

Mientras esperábamos y nos bebimos el resto del vino, saqué un sobre. El día antes del viaje fui a una tienda para comprar algunas cosas de última hora y encontré la tarjeta perfecta para entregarle a Javier. En la parte trasera del sobre escribí: "Abrir en caso de sentirte solo o asustado". Javier sonrió y lo guardó entre las páginas del diario que llevaba consigo.

Subimos a bordo del avión y nos pusimos cómodos para lo que iba a ser un viaje de diez horas a Londres. Javier tomaría luego un vuelo a Roma, como estaba planeado, y yo tomaría un Uber hasta casa de Emma. Solo dormí tres horas la noche anterior, así que imaginé que caería dormida de inmediato, especialmente con el Ambien que llevaba conmigo. No hubo suerte. Dormí quizá dos horas, y no bien dormidas. Vi Moulin Rouge, una de mis películas favoritas y charlé con la gente en los asientos a mi lado, preguntándoles adónde creían que debía ir. Javier se pasó casi todo el viaje durmiendo. Lo ridícula que era la situación no se me escapaba. Estaba sentada al lado de mi ya exnovio en un vuelo de diez horas a una ciudad donde supuestamente íbamos a hacer escala juntos. Pero aun así, todo parecía totalmente normal entre nosotros. Cuando se acercó la hora del descenso, Javier me miró.

—Entonces nos vemos en Amalfi antes de regresar —afirmó.

—Bueno, quizá... ya veremos —repliqué.

—Gaby, los dos vamos a estar aquí. ¿No esperarás que solo te vea y te salude de lejos? —dijo, y nos reímos juntos. El avión aterrizó y agarramos nuestras cosas. Mientras esperábamos en línea para salir, me rodeó con su brazo. Sentí que estaba nervioso. Yo también lo estaba.

Caminó conmigo hasta la línea de aduanas y nos dimos un abrazo.

—Dime cuándo hayas recogido tu equipaje y cuando llegues a casa de Emma —dijo, muy serio.

—Así lo haré.

—Cuídate, ¿de acuerdo? —agregó.

—Tú también —le contesté. Nos abrazamos de nuevo y nos dimos un rápido beso. Me di media vuelta y empecé a caminar sin dejar que mis pies se detuviesen. Sabía que si no seguía caminando existía la posibilidad de que nunca llegara la zona de recogida de equipajes. En cuanto pasé por aduanas y recogí mi mochila, subí en un Uber y emprendí camino a casa de Emma. Es increíble lo útil que puede llegar a ser Uber en todo el mundo. Javier y yo seguimos enviándonos mensajes hasta que su vuelo hacia Roma despegó. Sorprendentemente, despedirme de él no fue tan complicado como esperaba. Me sentí extrañamente liberada por dar este alocado salto a lo desconocido por mi cuenta.

Javier: Que tengas un fantástico viaje, Gaby. Cuídate y si necesitas cualquier cosa, llámame.

Yo: Igualmente, cariño. Estoy orgullosa de ti. Nos vemos pronto. Dime cuando llegues al hotel.

Javier: Lo haré. Envíame un mensaje cuando llegues a casa de tu amiga.

Yo: Seguro.

Javier: Voy a embarcar. Nos vemos al final del viaje, Ciruela.

Yo: Buen viaje, Veto.

Cuando llegué a casa de Emma y la vi salir a darme la bienvenida, solté un suspiro de alivio. Era como si un pedazo de casa estuviera presente aquí, en la otra punta del mundo. Me agradó mucho verla a ella y a su novio, Mark, y de inmediato empezamos a ponernos al día. No sé si hubiese sido capaz de hacer este viaje sin Emma. Contar con un lugar acogedor y reconfortante para empezar de cero, ahora que todo se había caído en pedazos en mi vida pocos días antes, tenía un valor incalculable para mí. Ella me había apoyado enormemente durante las últimas setenta y dos horas, y estaba muy agradecida de tener a una de mis amigas a mi lado. Salimos a cenar y a tomar una cerveza en un pub de Londres y reímos y charlamos durante horas. Cuando regresamos a su apartamento, Javier me llamó por FaceTime. Ya había llegado a Roma y estaba instalado. Nos dimos las buenas noches y me preparé para ir a dormir. Como Emma y Mark trabajaban los dos días siguientes, me quedaba sola para explorar la ciudad. De nuevo escuché las palabras de la médium en mi cabeza: "Los próximos seis o siete meses van a ser muy complicados para ti". Mierda. Eso me lo dijo en junio. ¿De veras que todavía quedaban otros cuatro meses de... esto? No estaba segura de poder aguantar mucho más después de los últimos tres meses... Caí muerta en la cama. Seguro que hoy iba a dormir como un lirón después de las pocas horas de sueño que acumulaba las dos últimas noches. Pues aparentemente existe una cosa llamada "jet lag inverso". ¡Sorpresa, Gabrielle! Solo vas a dormir dos horitas esta noche. ¡Qué descanses!

A la mierda
con las reacciones

(Se trata de averiguar qué las provoca).

Recientemente me di cuenta de que, para verdaderamente entrar en contacto con tus propios sentimientos, tienes que estar dispuesta a conocerte auténticamente, en el punto exacto de tu vida en el que estés. Solo entonces te permitirás y te darás la oportunidad de abordar y comprender los sentimientos que estás experimentando. Así que, decidí comprometerme y permitirme el conocerme... ejem... a mí misma, en el punto exacto de esta aventura en el que me encuentre, día a día. Tan fácil decirlo... y tan difícil hacerlo. ¿Por qué? Porque significa que a veces tienes que sentarte en la mierda. Metafóricamente. Y muy a menudo, eso es superjodidamente incómodo.

DÍA UNO.

Me gustaría decir que me levanté cargada de energía. Pero el jet lag era demasiado real y había estado levantada escribiendo hasta las 02:00 AM, tras tan solo dos horas de dueño. Una vez Emma y Mark se levantaron para ir al trabajo y la luz del nuevo día empezó a colarse por mi ventana, supuse que iba siendo hora de levantarse y atacar el día uno. Si he de ser honesta, estaba un poco preocupada por si caía muerta a mitad de día por falta de sueño, pero en realidad me sentí realmente... bien. Toma ya, soy una tipa dura. Me arreglé mientras cantaba al son de una de esas emisoras de Spotify que te animan a ponerte en marcha. Y luego llegó la hora... la hora de explorar por mi cuenta. Caminé los diez minutos de distancia hasta la estación de tren, usé la tarjeta Oyster de Emma y me subí al tren en dirección a Waterloo Station. El trayecto de veinticinco minutos transcurrió con tranquilidad. Saqué el primero de los tres libros que me había llevado al viaje: El alquimista, de Paulo Coelho. En serio, diez personas me dijeron que este libro les había cambiado la vida y ayudado a superar momentos difíciles. Y llegados a este punto, hubiese sido capaz de tragarme incluso uno de esos horrendos brebajes de Fear Factor y tener sexo con un elefante, si de esa manera lograba que las cosas mejoraran. No soy alguien que lea mucho por gusto. Como actriz me veo obligada a leer muchos guiones, así que rara vez pienso "¡Oh, voy a acurrucarme y a leer un poco más!" Pero bueno, me propuse hacer lo que haga falta (¡ay, Dios mío!). Leí hasta que llegamos a mi estación.

En cuanto salí a la ciudad, al aire libre, sentí una abrumadora sensación de... libertad. Me sentí liberada, aunque solo fuera porque había conseguido llegar desde casa de Emma a la ciudad. Caminé por un lindo parque de camino a London Eye, una noria gigante desde la que tienes una vista aérea de 360° de la ciudad. Compré un ticket y caminé hasta la entrada de la noria, donde había un puesto de fotos por el que todo el mundo pasaba antes de subir. Delante mío, en la cola, había una joven pareja.

—¡Beso! —dijo el fotógrafo, incitándoles a besarse... Cosa que hicieron. Un pequeño recordatorio de que yo no estaba ahí con Javier.

—¡Siguiente! —dijo el fotógrafo, devolviéndome a la realidad. Caminé hacia delante—. ¿Viene sola? —preguntó. Sí, amigo, sí. Gracias por hacer que el momento fuese un poco más embarazoso. Sonreí para esa foto que no tenía intención de comprar. Subí en la cabina con otras quince personas, más o menos; todo eran parejas y una familia. Mirando afuera y admirando la vista, de repente el hecho de que yo era la única persona sola se hizo muy evidente. Hice fotos de las fantásticas vistas de Londres. Había algo extrañamente poético acerca de estar a tal altura, por encima del resto del mundo, literalmente forzándote a asumir una nueva perspectiva. Estando ahí arriba y viendo ese panorama tan extenso me sentí tan pequeña. Siendo honesta, una de las razones por las que nunca me siento y me pregunto "que hay ahí fuera" y pienso en la ciencia del universo, es porque me hace darme cuenta de lo pequeños e insignificantes que somos en este mundo. Es algo que me abruma.

Tienes que hacerte una foto aquí arriba, Gabrielle, me dije. No me considero una persona tímida en absoluto. Soy bastante extrovertida y normalmente soy la valiente del grupo. Entonces, ¿por qué sentía de repente que no era capaz de preguntar a ninguna de esas otras quince personas que me hiciese una foto? ¿Era porque me avergonzaba de estar sola? ¿Estaba preocupada de que otra gente me juzgara por estar ahí yo sola? ¡Vaya pensamiento más superficial! Échale un par y hazlo, Gabrielle, me dije. Pregunté a una de las parejas y el hombre, como es normal, me hizo el favor. Ahí estaba: mi primera foto en solitario.

Al salir del Eye sentí un enorme entusiasmo. Podía, literalmente, ir a cualquier sitio y hacer cualquier cosa. No había ningún plan que seguir ni nadie con quien debatir la decisión. Así que comencé a caminar, por mi cuenta, con todo en mi mano.

Unos dos minutos después, miré a la izquierda y vi un stand que decía (no es broma): "Empanadas argentinas". Literalmente me eché a reír a carcajadas. Ahí estaba yo, en pleno Londres, y lo primero que veo es un maldito stand de empanadas ARGENTINAS. Como es lógico, compré una.

Conforme caminaba por el enorme puente, disfrutando de esa deliciosa empanada de pollo, miré arriba hacia el Big Ben. El tiempo. Qué cosa más extraña es, el tiempo. Siempre sentimos que nos falta tiempo. Excepto cuando estamos aburridos, entusiasmados o nerviosos; entonces, nos sobra. ¿Es posible conseguir sentir que el tiempo que tenemos es exactamente la cantidad correcta? Oh, me temo que no tengo respuesta a esa pregunta. Pero de veras que me gustaría saberlo. En las películas siempre dicen: "Si es nuestro destino estar juntos en el futuro, nuestros caminos se cruzarán y nos encontraremos". ¿Qué demonios significa eso? ¿Y si no quiero esperar? ¿Y si no quiero dejar que pasen días, meses, años? Ese tiempo no lo puedes recuperar, ¿sabes?

Seguí paseando por las concurridas calles de la ciudad. Había tanto que asimilar, tantos edificios asombrosos a mi alrededor. Me sentí como si estuviese caminando por la locación de un film en Hollywood. Ni siquiera parecía real.

Y entonces me paré ahí en seco. Las concurridas calles siguiendo con su ajetreo a mi alrededor, pero yo no me podía mover. Delante mío estaba la Abadía de Westminster. No lo podía explicar, pero sentí una profunda atracción emocional hacia esa enorme estructura. Aunque no tenía ni idea de lo que era, tenía que entrar. Caminé a través del jardín de la entrada y paseé por delante del edificio, sin quitarle los ojos. Me detuve ante la enorme entrada. ¿Qué demonios era lo que me hacía sentir tan atraída hacia este sitio? Vi a una mujer cerca y le pregunté si me podía hacer una foto.

—¡Sonría! —dijo. Pero yo me di la vuelta, dándole la espalda, y miré hacia arriba. Sabía que fuera lo que fuera que iba a experimentar dentro iba a ser algo... impactante. Quería que este momento quedase inmortalizado de la forma más genuina: conmigo mirando hacia arriba con puro asombro. Entré y compré un ticket. Tuve que acordarme de respirar. Una mujer me indicó una zona donde había auriculares que te podías poner para escuchar la información de la visita guiada. Caminé sin hacer caso a los auriculares y comencé a absorber la belleza emocional del lugar en el que estaba. Una arquitectura indescriptible. Imponentes vidrios de colores. Pensándolo ahora, es como si algo o alguien estuviera guiando mi cuerpo por ese lugar. Caminé directa hacia un gran altar adornado con velas. Se trataba de un espacio para rezar. Había un signo que explicaba que los visitantes podían encender una vela y escribir una plegaria en una de las tarjetas, y que un sacerdote las ofrecería ese mismo día. Desearía poder decir que pensé en dedicar la plegaria a mi increíble madre o a mis amigas, que tanto se lo merecían. Pero no me detuve ni para un momento de contemplación. Tomé una tarjeta y escribí:

Estimado Dios:
Te pido que por favor ayudes a que la familia Álvarez encuentre paz tras la muerte de Chris. Por favor,

libera a Javier de sus sentimientos de culpa, pesar y sufrimiento. Llena a esa familia de luz y amor. Gracias.

Llevé la tarjeta al altar, encendí una vela y leí lo que había escrito. Al colocar la tarjeta en la urna, mis ojos se inundaron de lágrimas. Una parte de mí quería agarrar todo el pesar que había acumulado esa familia, quitárselo y cargarlo a mis espaldas.

Conforme seguí caminando por la abadía, sentí muchas cosas espiritualmente. Fue algo indescriptible, si he de ser honesta. Entonces, escuché la voz de un sacerdote a través de un parlante. Dijo que íbamos a tener un momento de silencio para orar juntos por el mundo. Me detuve donde estaba, cerré los ojos y escuché sus palabras. Las lágrimas empezaron a caer por mis mejillas. Lloré por Javier. Por su familia. Por mi madre. Por mi padre. Por el mundo.

Me senté con mi diario, lo abrí y escribí acerca de lo que acababa de experimentar.

Al salir de la abadía de Westminster, sentí que acababa de vivir una experiencia espiritual. Había algo muy profundo en ese espacio y en cómo me hizo sentir. Pero no me sentí triste. Me sentí conmovida. Y viva.

Poco después me topé con una cafetería y decidí entrar. Pedí un café con leche de coco. Me senté junto a la ventana y escribí un mensaje a mi madre en una postal que había comprado en la tienda de regalos de la abadía. Envié una foto de la página del diario que había escrito en la abadía a Ana, la madre de Javier.

Yo: No se lo he dicho a Javier, pero sentí que tenía que compartirlo contigo por alguna razón.

Ana: Gracias por compartir esto conmigo. Significa mucho.

Di un descanso a mis pies durante un rato y después continué con mi caminata por las calles de Londres, esta vez yendo en dirección a Buckingham Palace. Estaba a una milla y media de distancia, y me enorgullezco de decir que fui capaz de llegar hasta ahí por mi cuenta.

Este lugar no tuvo el mismo tipo de efecto que Westminster, pero sin duda se trataba de un palacio asombroso. Preciosos candelabros, opulentas escalinatas y cientos de regalos para la reina provenientes de todo el mundo. Las esculturas parecían contener almas de verdad. Se podía percibir la gran historia que acumulaba el lugar solo con pasear por sus pasillos, salas y jardines. Creo que los jardines fueron mi parte favorita, con sus lindos estanques rodeados de toda clase de árboles, como los sauces con sus ramas suspendidas sobre la apacible agua de los estanques. Sentí como si ese fuese uno de los pocos sitios en el mundo donde aún había paz y quietud absolutas.

Salí del palacio por una calle totalmente distinta a la calle por la que entré. Decidí ir hacia la izquierda y comencé a caminar. De inmediato, pasé por delante de un mensaje que alguien escribió en un cartel y había colgado en un contenedor. El cartel decía: "El camino difícil está repleto de lecciones. —Notas para los forasteros". Sí, no jodamos.

Seguí caminando por las calles sin un rumbo fijo, intentando adivinar qué camino me llevaría de vuelta. Más o menos una hora más tarde, decidí darme por vencida (es decir, llamar a un Uber). Justo cuando mi propio cerebro estaba a punto de decir "Gabrielle, te has perdido, joder", miré al otro lado de la calle y vi... ¡sorpresa! La misma cafetería en la que escribí la postal. ¡Ajá! Toma ya, cerebro. Aquí mando yo.

Entré en la cafetería, agarré un tentempié y me conecté al Wi-Fi. Es increíble cómo estés donde estés en el mundo, aún puedes seguir conectada. Publiqué mi foto afuera de la abadía de Westminster. Pocos minutos después, recibí varios mensajes de Javier, comentando mi story de Instagram.

Javier: ¡Madre mía, qué vista!
Javier: ¡¿¡¿Y la empanada?!?! ¡De locos, jaja!

Yo: Ha sido un día increíble.

Javier: Me alegro mucho por ti.

Yo: He estado sola todo el día. Y ha sido increíble.

Javier: Hasta que te molesté.

Yo: Correcto.
Yo: Es broma, lol.
Yo: Pero he comenzado mi libro.

Javier: Yo también.

Yo: ¿También? ¿Tu libro?

Javier: No es un libro, sino un diario... algo que jamás he hecho en mi vida.

Yo: Bien.
Yo: Solo saldrán cosas positivas de ello.

Y entonces sucedió. Llegaron veintidós fotos. Veintidós fotos de la escalinata de la Piazza di Spagna, las calles de Roma, el coliseo y, por último, y no por eso menos, de Javier en el centro con esa preciosa sonrisa capaz de provocar desmayos. Perdí. Los. Estribos.

Fue la avalancha, multiplicada por veinte. El pecho se me tensó, el estómago se me encogió y me empezó a doler el corazón mismo. Mierda, ¿de verdad me dolía el corazón? ¿Por qué? Porque delante de mis ojos estaban las fotos del viaje que supuestamente yo debía estar haciendo. Las románticas calles por las que ambos teníamos que estar paseando. La escalinata en la que Javier tenía que haberme besado. Pero yo estaba en Londres. Sin dar tiempo a mi cerebro a reaccionar, mis dedos comenzaron a escribir:

Yo: ¡Guau!

Agarré mi bolso y caminé hasta la estación de tren, intentando entender lo que acababa de suceder.

Maldita sea, Gabrielle. ¿Qué sucede contigo? Estabas bien. Estabas más que bien. Pasaste cuatro horas en el aeropuerto y compartiste un vuelo de diez horas con él. Y le dijiste adiós. Y estabas bien. Fuiste fuerte y chingona todo el día. Qué. Mierda. Sucede. Gabrielle.

Bueno, ahora que te has gritado a ti misma y has pataleado un rato, ¿qué te parece si averiguamos por qué has tenido esta reacción? (Mi yo antiguo dice "Madre mía" en mi cabeza). Sí, sí que quiero. Es evidente que ya sabes que Javier está en Roma. Sabes que está ahí sin ti. Así que no son las fotos las que te están afectando de esa manera.

Aquí fue cuando se me ocurrió lo que me gusta llamar la "cebolla de pensamientos". Es una herramienta que se usa para escarbar y llegar más a fondo en lo que uno siente, para llegar a la raíz de todo. La "cebolla de pensamientos" tiene capas, como una cebolla; las capas superficiales tapan el núcleo, el problema central de raíz. La capa más exterior es el pensamiento superficial, el pensamiento que tenemos automáticamente cuando reaccionamos a algo. La siguiente capa es la que me gusta llamar el pensamiento auténtico; se trata de la emoción que hay detrás de la reacción. Y por último, tenemos el pensamiento subconsciente, que es la clave del asunto, lo que de verdad está en el centro de todo. Y ahí, caminando por las calles de Londres, me dije a mí misma: Muy bien, Gabrielle. Usa la cebolla de pensamientos. Veamos... ¿cuál es el pensamiento superficial?

• ¿QUÉ CARAJO PASA CONTIGO, JAVIER?

No, no... eso es un poco excesivo. Veamos, ahora de verdad, Gabrielle. ¿Cuál es el pensamiento superficial?

• Hay algo en esta situación que no estoy afrontando.

Sí. Claramente, por más Zen y "woosah" que fingiese sentirme las últimas setenta y dos horas, hay definitivamente algo en torno a la situación con Javier que no estoy afrontando. De acuerdo. Entonces, ¿cuál es el pensamiento auténtico?

• Una parte de mí, en el fondo no cree que el cambio en sus sentimientos por mí se pueda deber a su aflicción.

Hmmm. ¿Es esto porque cuando mis amigas sufren el típico "no eres tú, soy yo" de los hombres, yo soy siempre la primera en decir que es una excusa barata, típica de los hombres? No, porque sé que esta situación es distinta. Pero sin duda hay una pequeña parte de mí que no se lo acaba de creer del todo. Bien. Y ahora, ¿cuál es el pensamiento subconsciente? ¿Qué hay en el núcleo de esto?

• Tengo que aceptar que estoy enojada con él (y permitirme estarlo).

Puta madre. Parece obvio, ¿verdad? Pues, aun así, durante los últimos cinco días había estado defendiéndole, protegiéndole, asegurándome de que los míos no le juzgaran. Amándole, tratando de cuidar de él, todo eso mientras no me daba ni cuenta de que estaba enojadísima con él. Darme cuenta de eso hizo que pensara "¡Ajá! Estoy curada". De hecho, me entristeció. No quería estar enojada con él. No quería sentir enojo. No le culpaba, no creía que él "me hubiera hecho esto a mí". No quería sentir nada negativo hacia la persona a la que amaba.

Cuando finalmente llegué a casa de Emma, me senté en mi cama y escribí lo que había averiguado de camino a casa. Me sentí liberada, libre y empoderada. Había explorado, me había aventurado, había experimentado y había deambulado por la ciudad. Y ahora sentía las lágrimas abriéndose camino hacia mis ojos y mi pecho encogiéndose. Me estiré, sola, y comencé a llorar. Dios mío. Y este solo era el día uno.

A la mierda
con las emociones

(A veces son un asco).

DÍA DOS

"Si existe la más mínima posibilidad de conseguir algo que te haga feliz, arriésgate. La vida es demasiado corta y la felicidad rara vez se encuentra." –A. R. Lucas.

Estaba sentada en la cama y publiqué esta cita en mis *Stories* de Instagram. Me comunicaba algo especial, aunque no sabía exactamente qué era. Había dormido un total de cinco horas, pero aun así me desperté antes de que saliera el sol. Así que decidí aplicar la "cebolla de pensamientos" a esta cita que me había llamado la atención. Pensamiento superficial:

• ¿Por qué no lucho por el amor que estaba experimentando de forma tan clara y poderosa? ¿Por qué no estoy volando a Roma para abofetear a Javier y decirle que despierte y se dé cuenta de que podríamos estar juntos?

Bien, Gabrielle, en primer lugar porque no estás como una puta cabra; y en segundo lugar porque eres una mujer y ya decidiste estar a su lado cuando él decidió que solo sentía "amistad" hacia ti. Sí, para mí que eso es una puta mentira, pero en cualquier caso esas fueron sus palabras. ¿Quién soy yo para decir qué siente él o no? Pasemos al pensamiento auténtico.

74

• ¿Por qué no está él luchando por lo que claramente experimentamos ambos? ¿Por qué no lucha por... por mí?

Esta capa de la "cebolla" despertó *enojo* en mí. Y frustración. He experimentado enormes cantidades de pesar y aflicción en mi vida, pero nunca encontré nada que me hiciera cambiar de forma tan repentina como Javier. ¿Cómo habíamos pasado de planificar muchos meses en adelante a, de repente, nada de nada? No tenía sentido ni para mí, ni para su familia, ni para nuestros amigos... nadie le encontraba sentido. Bien, ¿cuál es el pensamiento subconsciente?

• ¿Será que me niego a ver que quizá lo que todo el mundo me dice es verdad? ¿Ha estado Javier jugando conmigo?

No. Me negaba a creer eso. Había visto lágrimas cayendo por sus mejillas cuando me dijo "No entiendo por qué está pasando esto, todo ha sido tan perfecto entre nosotros". Vi cómo se le partió el corazón cuando me dijo que tenía que ir por su cuenta. No era posible, por muy buen actor que fuera (y lo es), que todo eso no fuera real. No soy una mujer estúpida. En la parte lógica de mi mente, sentía que Javier estaba huyendo de algo muy evidente: del amor. Así que, si todo era real, pero de repente no me quería, ¿qué podía hacer yo? Quedarme aquí sentada con esa nueva y jodida comprensión de la situación, supongo.

Saber que no tenía que seguir los planes de nadie más conllevaba una cierta sensación de libertad. El único plan que tenía para el día era ir a verme con los gemelos, dos actores de Londres que había conocido y con los que congenié en EE. UU. algunos meses atrás, ese mismo año. Más allá de eso, se trataba de otro día de aventuras.

Puse a reproducir la estación de los 90 en Pandora y comencé a prepararme. En serio, esa estación me puede sacar de cualquier depresión. Ya no se hace música como esa. Empezó a sonar "Work It" de Missy Elliott, y comencé a bailar yo solita mientras me maquillaba. Estaba decidida a sacar el máximo de este nuevo día.

Salí de casa y fui a la estación de tren. Me senté y abrí *El alquimista* para continuar por donde lo había dejado. Miré hacia arriba y vi un cartel en una de las paredes del tren. Decía lo siguiente:

Cómo hacer amigos en el tren
1. Mira a alguien a los ojos.
2. Oh no, ¡has mirado a alguien a los ojos!
3. ¿En qué estabas pensando?
4. Cuánto sudor.
5. ¡POR EL AMOR DE DIOS, MIRA A TU CELULAR!

No pude evitar soltar una carcajada. Era triste pero cierto a la vez. Nuestro mundo de hoy nos tiene a todos completamente absortos en nuestros celulares y en la tecnología, hasta tal punto que nos hemos olvidado de interactuar con la gente, de sonreír a ese desconocido sin razón aparente, de hablar de cosas triviales con la persona que está a tu lado. Es realmente triste si te paras a pensarlo.

Mi primera parada del día fue una visita a la Torre de Londres. Fue como entrar en un cuento de hadas. Mientras admiraba el gigantesco castillo, no pude evitar darme cuenta de que me sentía... como mal. El primer día me sentí fuerte, empoderada y entusiasmada. Hoy, ya no sentía esa misma emoción. Quizá era porque estaba cansada. O quizá porque no podía dejar de pensar en las fotos de Roma que Javier me había enviado y en cómo me hacían sentir todavía.

Cuando terminé de ver todo lo que había por ver ahí, paseé por la vera del río hasta que encontré una cafetería donde entrar un poquito en calor. Doy gracias a Dios de que Emma y yo tengamos la misma talla en todo, porque *sin duda* no empaqué mi ropa pensando en el clima de Londres. También ayudó que no tuve que ensuciar la limitada ropa que traje hasta mi siguiente destino.

Estando ahí de pie en la cola de la cafetería, mirando el menú, un barista muy bien parecido me dijo si tenía alguna pregunta.

—¿Cuál es tu bebida favorita del menú? —le pregunté.

—Oh, fácil. Te la preparo —respondió, con una sonrisa.

Me dio lo que fuera que había preparado sin ni tan solo decirme lo que era. Agarré la bebida y saqué la cartera para pagar.

—Tienes unos ojos preciosos —dijo él, con una encantadora sonrisa de oreja a oreja—. Invito yo.

—Gracias —dije, devolviéndole la sonrisa. Ese cumplido fue de agradecer después de toda la mierda que estaba sintiendo y aguantando. Me senté en la cafetería y comencé a escribir. DÍA UNO. Desde el mismo momento en que comencé a escribir, sentí que escribir ese libro era exactamente lo que tenía que hacer. Sentí que era una de las grandes razones por las que estaba pasando por todo esto. Y entonces recordé la sesión que tuve con la médium antes de que todo con Daniel se cayese a pedazos.

—Tienes que escribir. De veras que tienes que escribir —dijo. ¡Dices bien, señorita médium! Vuelves a tener razón.

Tras aproximadamente una hora en la cafetería y una buena cantidad de páginas redactadas, salí para ir a ver a los gemelos. Me sentía un poco deprimida, así que tenía ganas de estar acompañada y ver algunas caras conocidas. Con mucha suerte y un poco de ayuda por parte de algunos desconocidos, conseguí entrar al metro y llegar a mi destino: la estación de Russell Square. Salí del metro y ahí estaban las caras sonrientes de los gemelos, listas para recibirme.

Fuimos juntos a un restaurante y comenzamos a ponernos al día. Fue muy agradable disfrutar de una buena conversación sobre nuestro mundillo y hablar de las locas peripecias y altibajos que habíamos estado viviendo. Al final, como es lógico, tuve que explicarles lo de Daniel, a quien ambos habían conocido previamente. Y también tuve que contarles la situación con Javier, que era la razón de que estuviera en esos momentos comiendo en un restaurante de Londres con ellos.

—¡Vaya! No tenía ni idea —dijo uno de los gemelos—. O sea, sabía que algo estaba pasando por tus publicaciones en redes sociales, pero no tenía ni idea de que fuera... eso.

Hablamos un rato sobre cómo las redes sociales pueden dar una impresión muy distinta de la realidad. Comimos y charlamos durante tres horas. El tiempo voló y hablamos de un millón de temas distintos, algunos de ellos bastante profundos. Sin duda alguna los conocí mucho más a fondo durante el transcurso de esa comida. Son dos seres humanos fantásticos.

Cuando nos dimos cuenta de lo tarde que era, me acompañaron a la entrada del metro. Nos hicimos una foto juntos antes de despedirnos, y yo volví a casa de Emma. Decidimos quedarnos en casa y relajarnos. Emma había conseguido que le dieran el día libre al día siguiente (decir a tu jefe que tu mejor amiga acaba de pasar por un horrible divorcio y ha volado a Londres para estar contigo funciona, al parecer) y teníamos pensado pasar el día entero fuera.

—¿Tienes noticias de Javier? —me preguntó Emma, sabiendo claramente lo que pasó el día anterior.

—No —contesté. Eran las 10 PM y era el primer día desde que Javier y yo salimos a bailar esa primera noche en que no habíamos hablado. Ni una sola palabra.

—¡Guau! —dijo Emma.

Sí. ¡Guau! Este no era más que el segundo día esta loca aventura, ¿y ya no sintió la necesidad de preguntarme cómo estaba? O sea, vale, había estado viendo todas mis *Stories* de Instagram y sabía que estaba viva. Pero no jodamos. Acabas de partirme el corazón, me has puesto en un avión y me has dicho que eres mi mejor amigo. ¿DÓNDE DIABLOS ESTÁS?

Decidí tomar una pastilla de Ambien y rezar porque alguien ahí arriba me escuchase, me diese un descanso y me dejase dormir. Me metí en la cama y terminé de pulir lo que había escrito, a la vez que traté de no pensar en lo raro que era que no hubiésemos hablado en todo el día. Y entonces, justo a tiempo, mis súplicas fueron escuchadas: la mágica pastillita hizo efecto. Lo siento, cerebro: tendrás que seguir pensando demasiado mañana, porque ahora mismo me toca dormir de una puta vez.

A la mierda
con las apariencias

(Sé transparente: es la única forma de ser útil a ti misma y a los demás).

DÍA TRES

Dormí. Por fin dormí de una puta vez. Gracias, Dios mío, ya iba siendo hora. Sí, me desperté dos veces durante la noche y no pude dormirme otra vez de inmediato, pero aún así dormí hasta las 9:30 AM. Y eso, amigos y amigas, es un triunfo.

Me acurruqué gustosamente en la cama, permitiendo que mi cuerpo disfrutara del hecho de que no era una hora intempestiva, y empecé a pensar sobre la charla que tuve con los gemelos sobre las redes sociales. Cuando salí de viaje y publiqué el *post* en el que anuncié mi divorcio y el viaje en el que me embarcaba, recibí un montón de mensajes. La gente me dijo que sentían una conexión con lo que yo estaba pasando; que leer mi post les había ayudado a seguir adelante; y que les encantó haber leído un mensaje así de abierto y honesto. Así que pensé que, aunque hasta ahora había estado compartiendo todas las cosas fantásticas que estaba haciendo en el viaje a través de mis *Stories* de Instagram, también tendría que seguir siendo honesta sobre dónde estaba yo en esta aventura. Y así lo hice.

"Ayer charlé con dos personas sobre las apariencias en redes sociales. Tengo intención de seguir siendo honesta y transparente, y por lo tanto voy a ser clara: No estoy 'bien'. Hay días en los que te sentirás como en una nube, y otros días en los que te sentirás horrible. Es todo parte del proceso y seguro que pronto llegarás al otro lado, entendiendo por qué todo fue como fue. No tengas miedo de aceptar cómo te sientes, aunque parezca que estés en un túnel oscuro y sin salida. Hay una luz al fondo del túnel y al final llegarás a ella".

Listo. Publicado. Comencé a prepararme para el día con Emma cuando mi celular comenzó a vibrar. Recibí una foto. *De Javier.* Ahí, en mi pantalla de WhatsApp, estaba el diario que le regalé y su habitual juego de mate, con un mensaje:

Javier: Precioso post, Gab. Literalmente estaba escribiendo sobre algo similar. Que tengas un día fantástico.

¡Ahh! Hola, avalancha. Qué *pocas ganas* tenía de verte de nuevo... Honestamente, no sabía cómo responder. Así que no contesté de inmediato. De hecho, me llevó unas cuatro horas decidir qué decirle como respuesta.

—¿Por qué no le dices "Gracias, te deseo lo mismo" con un *smiley* de sonrisa y listos? —sugirió Emma.

—Porque no estoy feliz. Estoy enojada. E irritada —repliqué.

Estaba en terreno desconocido emocionalmente para mí en lo que respectaba a Javier. Hasta ahora había sido cariñosa y compasiva con él y solo quería que él estuviera bien. Pero me estaba empezando a dar cuenta de lo poco bien que estaba *yo*. La revelación que había tenido el primer día en Londres cuando él me envió todas sus fotos en Roma fue realmente... *real.* Estaba enojada. Y ese enojo se había recrudecido durante el día de ayer en el que no tuve noticias de él. Y ahora, les prometo que no sabía cómo contestar. Finalmente, tras posponer la respuesta durante horas, le escribí:

Yo: Que tengas un buen día tú también. Sigue escribiendo.

Siendo honesta, eso es todo lo que pude decirle con todo lo que sentía. Ni que decir tiene que no me respondió. Salimos a disfrutar de nuestro día de "solo chicas".

Estaba lloviendo a cántaros. A cántaros, pero de verdad. Pero, tal y como se puede leer en mi perfil de Twitter, la vida es demasiado corta para no bailar bajo la lluvia. Dimos vueltas y nos hicimos fotos en Trafalgar Square frente a las fuentes y las estatuas gigantes antes de comprar unos paraguas... que sin duda nos hacían mucha falta. Una vez más, gracias a Dios que pude usar la ropa de Emma. Caminamos un rato antes de protegernos de la lluvia en un pub subterráneo que estaba muy vacío, como era de esperar a la una de la tarde. Nos pedimos dos sidras (porque, obviamente, en algún sitio seguro que son las cinco de la tarde) y nos sentamos ahí charlando durante una hora. Me sentía tan complacida. Era genial estar ahí con mi mejor amiga, a quien no había visto desde hacía tanto tiempo, y sin nada planificado excepto charlar y explorar Londres a nuestro gusto. Decidí que Ámsterdam sería mi siguiente parada. Un amigo de mi familia se puso en contacto conmigo por Facebook y me dijo que tenía una amiga que vivía ahí y se había ofrecido para hospedarme en su apartamento. Emma me ayudó a reservar mi billete de avión, y ¡boom! Ya tenía siguiente destino.

En cuanto nos acabamos las sidras, fuimos de paseo por la ciudad. Por suerte la lluvia paró para entonces. Caminando por la calle giramos en cierto momento a la izquierda y vimos un deslumbrante expositor con imágenes de helados Magnum. Era una tienda de helados Magnum y gracias a Dios que la vimos, porque los helados eran una delicia. Dentro de esa pequeña y deliciosa heladería había un cartel fluorescente que decía: *Un día sin placer es un día perdido.* ¡Claro que sí, joder! Elegimos nuestros helados entre los distintos sabores y la interminable variedad de aderezos disponibles. Estábamos en el séptimo cielo de los azúcares... Y cada puta caloría que nos metimos entre pecho y espalda mereció la pena.

Llegado este punto estábamos empachadas. Caminamos por la ciudad, pasando por varias plazas y visitando varias tiendas al aire libre. Decidí comprarme un palo para selfis barato porque Emma se había portado genial ese día y queríamos hacernos algunas fotos juntas. Emma no paró de hablarme de un sitio llamado Dirty Martini (y, o sea, solo el nombre ya me daba ganas de ir al sitio) así que decidimos ir y disfrutar de algunos brebajes más, ahora que *de verdad* eran las cinco de la tarde.

Dirty Martini era un sitio muy chingón. Daba la sensación de ser un bar clandestino y su amplio menú contaba con un montón de combinados de lo más increíbles. Me tomé literalmente, se lo juro a ustedes, la mejor bebida de mi vida. Nos tomamos tres cada una. Pero no nos juzguen mal, ¿eh? Era la *happy hour*. Sentadas ahí charlamos sobre la interminable saga de Javier y lo inútil que era intentar analizar lo que estaba sucediendo. Durante esa conversación, recibí un mensaje de su madre.

Ana: Hola, Gabrielle! Cómo estás? Te está gustando Londres? Disfruta de cada momento de este viaje!

Sí, supongo que me está encantando Londres, aun dadas las circunstancias. Estaba un poquito tomada a esas alturas, así que me aseguré de filtrar lo que sentía de verdad. Ana había sido muy dulce y honesta conmigo durante todo este tiempo.

Yo: Hola! Ha sido increíble, pero he pasado muchos altibajos emocionales. Estoy tratando de encauzar todos los sentimientos en torno a Javier. Ha sido difícil. Pero me lo estoy pasando genial. Salir de aventura por mí misma ha sido liberador y maravilloso. Ayer vi a dos amigos actores y hoy he salido con la amiga con la que me hospedo.

Le envié un par de fotos que hice en Londres.

Ana: Lindas fotos! Gracias por compartirlas! Que tengas un día maravilloso, cariño!

Emma y yo rematamos la deliciosa tercera ronda de bebidas y partimos de vuelta a casa. La constante energía y conversación fue un agradable descanso respecto a los interminables pensamientos que rondaban a mi cerebro, siempre pensando demasiado. Una vez de vuelta en casa, di las buenas noches a Emma y me acomodé en la que era entonces mi propio cuartito. Comencé a escribir.

Era realmente de locos. En los últimos dos meses y medio, había descubierto que mi marido tenía un *affaire*, le di los papeles del divorcio, me enamoré locamente de otro hombre, este me partió el corazón como mi marido jamás podría haber hecho, y ahí estaba yo, en la otra punta del mundo como resultado de todo ello. Si alguien me hubiese explicado esto a principios de junio, me hubiese reído en su cara. Es de locos cómo el universo es capaz de sorprenderte. Bien, siendo honesta, no era del todo una sorpresa. Era como si estuviese de pie sobre una pelota de basquetbol haciendo equilibrios en una silla sobre una mesa asentada sobre un tapete... y de repente alguien tira con fuerza del tapete y me hace caer de bruces, dando con mi puta cara de pleno en el piso. Aun así, esbocé una sonrisa. Porque, aun después de que esos dos tornados llamados Daniel y Javier arrasaran mi vida por completo, dejando pedazos y restos por todas partes, yo todavía estaba ahí en pie. Y eso era chingón.

A la mierda
con las coincidencias

(Las coincidencias no existen).

DÍA CUATRO

Me levanté esa mañana feliz de que el jet lag parecía estar desapareciendo. Aún no estaba durmiendo ni por asomo tanto como solía dormir en casa, pero al menos ya podía dormir más que unas pocas horas cada noche. Era sábado y el tiempo afortunadamente era mucho mejor para el día que teníamos planeado Emma y yo.

Estirada en la cama leí otro capítulo de *El alquimista* antes de levantarme. Una de las líneas del libro me dio el equivalente a una bofetada en la cara. Así que, como es natural, la publiqué en una *Story* de Instagram.

"Nadie siente miedo de lo desconocido porque cualquier persona es capaz de conquistar todo lo que quiere y necesita".

Literalmente todo en mi vida me parecía desconocido en esos momentos. No sabía que iba a ir en este viaje yo sola. No sabía en qué otras ciudades iba a acabar. No sabía qué diablos estaba pasando entre Javier y yo. Esto es un problemón para alguien con mi tipo de personalidad. Soy una planificadora. Mis amigos y amigas se ríen de mí por cuánto tiempo antes llego a planificar una sencilla noche de fiesta. Pero oigan, culpen a mi madre. En cualquier caso, estar en "lo desconocido" era *verdadera y jodidamente* incómodo para mí. Siempre he tenido problemas con la autoridad y el control. No me gusta no tener control sobre las cosas en mi vida, especialmente sobre las cosas importantes. Este viaje estaba claramente haciéndome dejar de intentar controlarlo todo (o al menos intentarlo).

Emma seguía dormida, así que bajé a la calle y fui a una pequeñita y adorable cafetería y me senté para escribir un rato y disfrutar de un delicioso café con leche. En cuanto terminé el capítulo en el que estaba trabajando, volví de vuelta a casa de Emma para prepararme de cara al día que nos esperaba. ¿Primera parada? La hora del té: un auténtico *Afternoon Tea* británico.

Encontramos un sitio bien lindo donde ofrecían un té completo con todos los aderezos. Nos pasamos dos horas hablando, riendo y atiborrándonos de minibocadillos y bollos ingleses. Probablemente había comida para cuatro personas, pero entre las dos dimos buena cuenta de las tres bandejas que nos sirvieron.

—Bueno, ¿cómo te sientes sobre lo de Javier? ¿Crees que acabarás viéndole? —preguntó Emma.

—A estas alturas, no lo sé. O sea, en el avión fue él quien decía que ese era el plan, pero tras no saber nada de él... no sé —dije.

—¿Crees que existe alguna posibilidad de que volváis a estar juntos? O sea, él sin duda siente algo hacia ti. Eso no desaparece sin más —continuó Emma.

—No lo sé. Lo que sí sé es que no he de dejar que eso ni entre en mi cabeza. No puedo tener esperanzas, hacer planes ni pensar que algo va a cambiar o que va a funcionar de esta u otra manera. Tengo que seguir adelante con mi vida —repliqué, tratando de convencerme a mí misma.

—Sí, no puedes andar esperándole. Es todo un verdadero lío. Tú disfruta de tu viaje, diviértete y enróllate con algunos tipos bien atractivos —dijo riendo.

—Eso es literalmente lo último que tengo en la cabeza —respondí entre risas. Varias de mis amigas me dijeron que lo que tenía que hacer era encontrar a un italiano bien atractivo y olvidarme de toda la mierda que estaba pasando. A mí nunca me gustaron los líos de una noche. Solo tuve uno en mis veintiocho años de vida, y posteriormente seguimos en contacto. Rollos informales sí, claro, pero lo que está claro es que no sentía ningún impulso de "coger hasta olvidar mis desengaños amorosos". Además, la idea de este viaje era que fuese un nuevo comienzo y cambiar viejos patrones de comportamiento, no ir en busca de un hombre que me ayude a superar mis sentimientos.

Tras el té, necesitábamos de veras caminar un rato para bajar el atiborramiento de comida que nos metimos, así que tomamos el largo camino hasta Camden.

Camden era como un mundo totalmente distinto. ¿Alguna vez han estado en Venice Beach, California? Pues es así... pero a lo bestia. Era una calle de una milla con una interminable retahíla de tiendas en ambas aceras, luego un montón de pasajes y callejones que abren camino a más y más tiendas y restaurantes increíbles. Era interminable y jodidamente genial.

Decidí que necesitaba algún tipo de recuerdo de cada país que visitara. Como viajaba solo con mi gigante (y absolutamente llena) única mochila, no tenía demasiado espacio para souvenirs. Así que decidí comprarme una pulsera que representase a cada lugar que visitase en el viaje. Como cada una de esas pulseras iría directamente a mi muñeca en cuanto la comprara, no ocuparían espacio en mi mochila. Y serían una representación muy chingona de cada lugar.

Caminamos por filas y más filas de stands hasta que un stand de joyería me llamó la atención. Cada pieza tenía un papel con un dicho escrito que explicaba el significado de la joya. Encontré una joya que tenía dos pequeños corazones de plata de ley incrustados en dos bandas negras. El papel decía "La aventura te espera". Listo. Esa sería mi pulsera de Londres. Compré también dos pequeños anillos de oro de otro stand distinto. Uno era un símbolo de infinito, que inconscientemente me puse en el dedo anular.

Tras un rato de compras, nos topamos con un stand que tenía un montón de piedras distintas. De inmediato me sentí atraída hacia el stand y supe que quería comprar algunas piedras para llevarlas conmigo el resto del viaje.

—Elige las que te atraigan. Todas tienen distintos significados, pero es mejor que las elijas sin saberlos —me dijo la señora del stand.

Me quedé ahí de pie por un momento, mirando las distintas piedras. Mi madre es sanadora y yo soy una persona muy espiritual, así que no me pareció algo raro que las piedras te pudiesen "elegir a ti" espiritualmente. Elegí cuatro piedras y ella empezó a decirme lo que eran y sus significados. Y vean: no se van a creer esta mierda.

> Calcita naranja: Equilibra las emociones. (¡Ja! Vaya sorpresa...)
> Calcita verde: Abre y limpia el chakra del corazón. (Que está más que cerrado ahora mismo).
> Cuarzo rosa: La "piedra del corazón"; amor, compasión, confianza. (Oh, qué irónico).
> Pirita: Protección y "poner los pies en el suelo". (Dios mío, vaya si necesito esta mierda ahora mismo).

O sea... NO ME JODAS. ¿Cómo puede ser tan apropiado? Emma y yo nos miramos y nos echamos a reír. Me alegró enormemente tener esas piedras conmigo, y en las semanas siguientes resultarían ser de mucha ayuda.

Emma y yo volvimos a su casa y nos relajamos un rato antes de salir a cenar en un delicioso restaurante Thai cerca del río. Era mi última noche en Londres. Mi última noche con Emma. Mi última noche en cualquier tipo de zona de confort.

Hablamos sobre Ámsterdam y lo que había planeado hacer ahí hasta ahora. Una chica que trabajó conmigo en una película me escribió un mensaje para decirme que su hermana pequeña estaba de viaje sola por Ámsterdam y me envío sus datos de contacto. Se llamaba Cally. Chateamos un poco y decidimos que haríamos una visita a pubs juntas en mi segunda noche en la ciudad, la que sería para ella su última noche. Eso es todo lo que tenía planeado; ni que decir tiene que no era mi estilo en absoluto ir con tan poco plan por adelantado. Hablamos sobre dónde podría ir después de Ámsterdam. Yo sabía que quería visitar Barcelona. Sentía que algo me atraía hacia Barcelona y le dije a Emma que sentía que algo importante iba a suceder ahí. Aunque no sabía cuándo iría ahí, sin duda estaba en mi lista.

—Te diste cuenta de que pusiste ese anillo infinito en tu dedo anular, ¿no? —indicó Emma.

—Mierda. Eso parece —dije, dándome cuenta en ese momento. No lo hice intencionadamente, pero así es: puse ese pequeño anillo de oro directamente en *ese* dedo—. Bien —dije—, será un buen recordatorio para nunca se me olvide amarme a mí misma —concluí. A partir de entonces, cada vez que vi ese anillo, me acordé de eso mismo.

Esa noche, cuando me metí en la cama, mi cerebro rebosaba pensamientos. No había hablado con Javier en casi tres días enteros. Sabía que él estaba viendo todo lo que publicaba sobre mi viaje en mis *Stories* de Instagram, pero que no me hubiera dicho nada en estos días me parecía de locos. ¿No quería oír mi voz y preguntarme si estaba bien? ¿O directamente no quería ni tan solo hablar conmigo? ¿O quizá es que no le importaba un bledo? Una vez más, tratar de analizar a este ser humano era literalmente imposible. Aun así, sabía que aplicar la "cebolla de pensamientos" a esta situación me ayudaría a aclarar un poco cómo me sentía *yo*. ¿Cuál es el pensamiento superficial aquí?

• ¿Le parece normal esto a él? ¿Piensa que todo el mundo es como él y puede huir hacia adelante con una puta mochila y ser fuerte y saber que todo irá bien? Porque *esto*... esto no es normal, joder. Especialmente para mí.

Y no lo era. Sí, sin duda, soy una mujer jodidamente fuerte. Mi madre lo diría, mis amigas lo dirían... Joder, hasta mi ex marido lo diría. Pero mi madre tenía razón cuando agarró a Javier por banda el día que me trajo de vuelta de la acampada. Yo era frágil. Yo era jodidamente frágil en esos momentos. Y sí: soy fuerte y he logrado algunas cosas increíbles en mi vida. ¿Pero agarrar y salir del país para viajar *por mi cuenta* durante un mes sin investigar ni hacer planes por adelantado? No. Esa no soy yo. Ni es algo normal. Y me daba un miedo de cagarse. Veamos, ¿cuál es el pensamiento auténtico?

• ¿Por qué no le importo yo? Y si realmente sí le importo, ¿por qué diablos no hace nada para mostrarlo?

O sea... Aquí estaba yo, pensando que este hombre me amaba. Y quiero decir que *realmente* me amaba, tal y como yo le amaba a él. Pero es imposible echar de tu vida así a alguien que amas, como tirándolo al océano y esperando que flote, joder. Al menos podrías darme un chaleco salvavidas. ¡Santo Dios! Y finalmente, ¿cuál es el pensamiento subconsciente?

• ¿Por qué necesito un hombre en mi vida? ¿Por qué no puedo cuidar yo de mí misma, ¡joder!?

¡BINGO! Ahí estaba la respuesta. Esto es lo que pasa cuando tu padre muere a tus seis años y tu novio a los dieciocho. En cuanto perdí a mi padre, sentí que necesitaba esa figura masculina en mi vida. Cuando crecí, esa figura masculina pasó a ser de forma natural un novio. Cuando perdí a Jake, todo se volvió aún más real. No estaba a salvo si no tenía a un hombre en mi vida. Es como si hubiese un agujero en mi corazón y yo estuviese intentando taparlo con diferentes hombres. Siendo honesta, no soy capaz de recordar la última vez que estuve sin pareja durante más de un mes. ¿Por qué no soy capaz de estar bien *por mi cuenta*? ¿Por qué no soy suficiente *yo* solita? Ahí estaba el núcleo en sí de mi composición genética, y eso es lo que tenía que arreglar y curar. ¡Ja! Del dicho al hecho...

Estaba más que un poquito asustada. Honestamente, estaba casi en estado de pánico. Me tomé un Xanax, en parte para no tener un ataque de pánico, y en parte para dormir. O sea, sí, es cierto que estaba dando este atrevido paso de viajar por mi cuenta, pero honestamente: hasta este momento había tenido a una de mis mejores amigas a mi lado para darme apoyo y seguridad. Mañana, todo eso iba a cambiar. Iba a estar de veras por mi cuenta. Sin Emma, y sin Javier.

Todo este pensar-pensar-pensar puso mis emociones a flor de piel. Ahí estaba yo, estirada en la cama de invitados en mi última noche en Londres, con lágrimas cayendo por mis mejillas. Solo quería agarrar el celular y llamar a Javier. Solo quería oír su voz y oírle diciéndome que todo iba a salir bien, que él estaba ahí. Pero no lo hice. En lugar de eso llamé a mi madre, la única constante en mi vida. Hablar con ella me hizo sentirme mejor, aunque noté en su voz que ella *esperaba* que yo estuviera bien, y eso era nuevo para ella.

Tras colgar, tomé tres respiraciones profundas, intentando calmarme. Ámsterdam va a ser increíble, pensé. *Va a ser una aventura*. Pensé en lo que haría en este siguiente país. Necesitaba algún tipo de reequilibrio. Quería encontrar un centro de meditación, tomar clases de yoga, reconectar conmigo misma. Oh, Gabrielle, qué tonta eres. Eso sin duda *no* es lo que acabarías haciendo en Ámsterdam.

A la mierda
con las redes de seguridad

(Lo que has de hacer es atreverte y saltar).

DÍA CINCO

Di un abrazo a Emma y a Mark, les agradecí todo lo que hicieron por mí, y cargué a mis espaldas mi ridículamente pesada mochila. Tomé una respiración profunda y me alejé... me alejé del confort de mi amiga, del confort de lo familiar, del confort de Londres. Todavía no había hablado con Javier. Ya hacía tres días enteros que no hablábamos, y me estaba volviendo loca.

En cuanto facturé mi mochila y pasé el control de seguridad, comí algo y escribí durante un rato. Completé un capítulo justo a tiempo para embarcar. Ámsterdam: ¡allá voy!

Iba a conocer a la mujer que gentilmente aceptó hospedarme en su casa. Incluso se ofreció para recogerme en el aeropuerto esa noche. Cuando llegué, agarré mi mochila y salí por puerta de llegadas. Ahí estaba Ineke, una señora de sesenta años ataviada con un vestido de lunares y medias largas, el pelo recogido en un moño y con flequillo en la frente, y unas gafas tan gruesas que podrían servir de escudo.

Me saludó con una sonrisa de oreja a oreja y caminé hacia ella. Me dio un gran abrazo y al instante me sentí a salvo y un poco más relajada. Ineke parecía un adorable personaje de dibujos animados, pero en la vida real; es como si hubiese salido de la letra de tu canción infantil favorita.

Volvimos en su coche al apartamento que sería mi hogar durante los siguientes días. Era un apartamento distinto a todo lo que había visto en mi vida. Repleto de colores, el salón de estar rebosaba tonalidades de rojo, naranja y rosa. Los artículos de cocina eran de plástico coloreados, lo que te daba la sensación de estar en la casa de Minnie Mouse en Disneyland. Había una enorme heladera antigua de color rojo, una mesa con asientos en la cocina y un lindo caos de colores brillantes en pilas de objetos ordenados. Casi era digno de una acaparadora, pero a la vez era tan alegre y vibrante que... quedaba bien. La sala de estar contaba con una fila de pequeñas sillas juntitas con cojines de color rojo, naranja y rosa, como formando una especie de sofá. Ese sofá apuntaba hacia una ventana a modo de mirador que daba al patio más perfecto que jamás haya visto, con una pintoresca mesa y dos sillas desde las que se podía ver un sorprendente edificio de ladrillo rodeado de enormes y majestuosos árboles. Era una vista preciosa. Esa ventana se convertiría en mi lugar favorito durante los siguientes días.

Después de acomodarme en mi cuarto —que extrañamente era totalmente blanca y tenía una serie de muñecas de tamaño casi real en la esquina (a día de hoy no sé para quién eran)—, Ineke me ofreció llevarme a cenar.

Fuimos a uno de sus lugares favoritos que estaba literalmente en el patio trasero del edificio de su apartamento. Se trataba de una antigua fábrica que había sido reconvertida a restaurante.

Ineke pidió una copa de vino para cada una y una especie extraña de salchicha que accedí a probar, todo en holandés. Qué idioma más interesante. Me contó que las salchichas estaban hechas con sangre, así que intenté no pensar mucho en lo que estaba consumiendo. Aunque la verdad es que estaban deliciosas.

Mientras esperábamos a que llegasen nuestros entremeses, le pregunté cómo es que conocía a mi amiga de los Estados Unidos. Y menuda historia increíble comenzó a explicarme. Ella y una amiga suya habían dejado sus casas para viajar a Estados Unidos durante un año. Durante el viaje, una amiga la puso en contacto con la madre de mi amiga en Los Ángeles. Acabó haciéndose amiga de la madre y el padre, a menudo haciendo de nana para mi amiga (que por aquel entonces tenía dos años de edad y ahora tenía algo más de cuarenta) y quedándose en EE. UU. más tiempo del que pensaba inicialmente. Vivió con ellos durante bastante tiempo, trabajando y disfrutando de L.A., y desde entonces fueron amigas íntimas. Me quedé ensimismada escuchando su historia. Qué aventura y qué valentía experimentar todo eso así de joven. O sea, yo estaba en un viaje a la otra punta del mundo, pero realmente no fue mi elección. De una manera u otra, es algo que *me sucedió* sin yo buscarlo. No creo que yo jamás hubiese tenido la valentía de Ineke y salir de casa sin un plan claro durante todo ese tiempo. Pero bueno, ahí estaba yo, en mi propia y más diminuta versión del "autodescubrimiento". ¿Por qué admiraba su historia y no daba reconocimiento a la mía?

—¿Y qué hay de ti, Gabrielle?

Ah, sí. Mis últimos tres meses de locura. Le expliqué la versión semi-larga, atragantándome un poco un par de veces mientras se lo contaba. No me interrumpió, no me hizo preguntas, solo escuchó con intención, solidaridad y compasión en la mirada. Acabé de explicarle los eventos más recientes: las fotos que Javier me envió mientras estaba en Londres y el hecho de que no habíamos hablado desde hacía tres días. Cuando terminé, Ineke me miró y, tras un alargado silencio, me dijo: "Eres muy fuerte. Ahora tienes que hacer lo que sea mejor para ti". No paraba de escuchar eso de la gente, y sabía que tenían razón. Pero saberlo no era el problema. Lo difícil era saber *qué diablos hacer.*

Ineke insistió amablemente en pagar por la cena. De vuelta en el apartamento me dio un juego de llaves y me indicó qué autobús tomar para llegar a la ciudad. Tras darnos las buenas noches, me fui a mi cuarto a desestresarme un poco antes de echarme a dormir.

No podía parar de pensar. ¿Por qué Javier no se había puesto en contacto conmigo? ¿Por qué no me había preguntado cómo estaba? Las incontables posibilidades que aparecían al analizar la situación eran extenuantes. A la mierda con esto. Le envié un mensaje a su madre.

Yo: No hemos hablado en tres días. Me está costando mucho lidiar con todas estas emociones y con cómo me siento respecto a...

todo. Y ahora con la distancia y sin saber nada de él, no sé si debería tratar de mostrarle mi amor y apoyo aún, o si debería darle espacio para que los dos estemos por nuestra cuenta cada uno.

Ana respondió de inmediato.

Ana: Bien, es interesante cómo las cosas se pueden interpretar de forma distinta dependiendo del punto de vista. Javier me dijo que te envió un mensaje y tu cortante respuesta le hizo pensar que necesitabas espacio, que no era buena idea preguntarte cómo estabas. Creo que tienes que hacer lo que sea mejor para ti, y si contactar con él te entristece, no lo hagas. Pero yo me niego a creer que la conexión que teníais ambos haya desaparecido sin más. Es imposible pasar del todo a la nada; pero si hay algo que te causa daño o te impide disfrutar de este viaje, ya sabes qué hacer.

Vale... así que *se debía* a que él se dio cuenta de que las fotos me afectaron. Pero aun así... ¿silencio durante tres días? Le expliqué a Ana lo que sentí en Londres cuando vi todas sus fotos y cómo me di cuenta de que en el fondo estaba enojada con él.

Yo: Y cuando me pregunté a mí misma "Veamos, ¿por qué estoy enojada?" es porque alguna parte de mí, por pequeña que sea, no se cree que Javier pueda dejar de estar enamorado de mí así de rápido. Da igual cuál sea la razón que dé. Pero sé que no es algo que dependa de mí. Solo estoy diciendo de dónde venía todo eso. Pero le quiero tanto que aparté todo porque quiero que Javier esté bien. Contactar con él no me entristece. No he dejado de pensar en él ni un solo minuto. Es solo que no sé cómo empezar a curar mi corazón, porque él me hizo sentir que lo único que seremos es amigos.

Ana: Querida Gabrielle, Javier es mi hijo y le amo con todo mi corazón. Pero también soy mujer y sé exactamente cómo te sientes, y creo todo lo que me dices. Javi tuvo novias que no me gustaban. Aun así, abrí mi casa e hice todo lo posible para aceptarlas. Contigo sentí exactamente lo opuesto. Estaba feliz por él. Me sentí aliviada de que alguien fuese a cuidar de él. Cuando Javier vino a casa llorando, nos dijo que tenía que creer que sería capaz de ser feliz sin sentirse culpable. Dijo que estaba vacío, desconectado de la vida. Su padre y yo sentimos un dolor indescriptible. Quiero que Javi esté bien, y siento que al final se arrepentirá de haberte apartado de su vida para curarse a sí mismo y estar solo. Entiendo lo que sientes, más de lo que te imaginas, pero si fueras mi hija, te diría que en primer lugar te ames y cuides de ti misma. No puedo pedirte que seas su amiga o que le esperes. Eres una persona maravillosa y bondadosa, y mereces a alguien que te ame sin condiciones. Lo que estoy intentando decirte es: no dejes que nadie, ni tan solo mi hijo, te trate o se preocupe por ti menos de lo que te mereces.

Jo-der. Ana siempre me suelta todo lo que siente sin tapujos cuando me escribe. Me dejó tan impresionada con lo imparcial que fue en lo que respecta a su hijo.

Yo: Lo sé. Yo siento lo mismo acerca de ti. No te lo imaginas. Y créeme, una gran parte de mi cerebro y una parte aún mayor de mi corazón quieren aferrarse a la idea de que esto quizá acabe arreglándose, quizá Javier pase a través de lo que tenga que pasar y todos esos lindos sentimientos que vi en sus ojos vuelvan a aflorar. Pero la forma en que me lo explicó todo... cuando le pregunté directamente si sentía algo más que amistad hacia mí, y él me contestó con un frío "No"... No alcanzo a entender cómo es posible. Una cosa es mostrarte amor a ti mismo y encontrar el camino hacia tu propia paz interior. Pero es otra cosa bien distinta dejar de amar a alguien y considerarla una simple amiga. Y aunque mi corazón me pide esperar con la esperanza de "y si...", sé que no voy a poder esperar en el limbo con la esperanza de que algo cambie. Esta es sin duda una de las experiencias más complicadas con las que he tenido que lidiar en toda mi vida. Y he vivido experiencias de todo tipo. Mi ser entero quiere volver a lo que teníamos hace tres semanas. Pero mi cerebro me dice que tengo que protegerme y tratar de seguir adelante con mi vida. Pero es que literalmente no sé cómo hacerlo. La idea de encontrarme con él al final del viaje me confunde completamente. Pero estaría mintiendo si no dijera que parte de mí piensa que debería luchar por él, porque sé que eso es lo que él hace cuando siente dolor. No soy capaz de describir el conflicto que tengo en la cabeza desde hace una semana.

Ana: Siento mucho que estés sufriendo. Sé que no te ayudo diciéndote todo esto, pero yo también me quedé en shock cuando me lo dijo. Hay gente que hace daño a otros a propósito, o a quienes simplemente les da igual si causan daño o no. Javier es exactamente lo contrario, y él pensaba, o piensa, que ha de ser honesto; porque se preocupa por ti. No quiere que sufras todos los altibajos de su aflicción. Sé que sus buenas intenciones no te hacen las cosas más sencillas, no ahora al menos. De verdad que quiero que él Y tú estéis bien. No quiero que el precio de su bienestar sea tu dolor. No sé cómo ayudar, y deseo que sea él quien encuentre su camino de vuelta a tus brazos. Pero tú no has de esperarle, tú has de vivir tu vida al máximo. Para ti y solo para ti.

Yo: No me hace las cosas más fáciles, pero me ayuda. Nunca dejaré de ser su amiga. Eso ya se lo he dicho. Es solo que no sé qué hacer ahora mismo. Sé que no hay nada que tú puedas decir o hacer. Es su vida y nadie sabe realmente lo que está pasando y cómo se siente. No sé cómo agradecerte tus palabras de apoyo. Realmente significan muchísimo para mí. Solo he pasado dos días contigo, pero para mí eres como una madre.

Ana: Y para mí eres como una hija. Quizá tengas que estar enojada con él para ser capaz de seguir adelante. Con esto no digo que el enojo sea algo bueno, pero puede que sea una fase necesaria para llegar a ser fuerte y creer que alguien de veras te amará incondicionalmente. No aceptes menos, jamás.

Yo: No lo haré. De eso estoy totalmente segura. Gracias por ayudarme a resolver una parte de todo esto. Lo valoro más de lo que imaginas. Son las 3 AM aquí, voy a intentar dormir un rato.

Ana: Siempre puedes contar conmigo.

Yo: Lo sé.

Y ahí mismo abandoné otra red de seguridad. Envié un mensaje de texto a Javier.

Yo: ¿Podemos hablar mañana?

A la mierda
con el limbo

(La paz comienza cuando tomas una decisión).

DÍA SEIS

Acababa de colgar. Literalmente acababa de presionar el botón para terminar la llamada de FaceTime. ¿Por qué ya había olvidado todo lo que habíamos dicho? ¿Por qué me parece todo borroso? No puedo decir que haya logrado ningún tipo de claridad en absoluto. Pero sí que me sentía un poquito... mejor. Bueno. Intentemos recordar la conversación de una hora y cuarenta y cinco minutos.

Entró la llamada. Respondí. Su cara parecía tan distinta, aun siendo exactamente la misma. Su barba era mucho más densa. Llevaba una gorra de béisbol azul y su corazón abatido me mirada con ojos tristes. Quería saltar a través del celular y abrazarle con todas mis fuerzas. Estaba sentado en el suelo en un centro comercial de algún sitio en un pueblecito de montaña en Italia. Estábamos tan lejos, pero yo me sentía tan cerca de él. Después de que me hablara sobre la casa de la mujer rusa donde estaba hospedado y de lo mal que iba el Wi-Fi, le di una miradita al ecléctico apartamento de Ineke, en el que yo ya me sentía como en casa.

—Tu madre es... absolutamente increíble —le dije. Él asintió. Pero no tenía idea de las conversaciones que habíamos tenido y de cómo nuestra conexión había aumentado. Me dijo que sabía que yo estaba disgustada cuando le comencé a responder de forma cortante, y le expliqué lo que le había dicho a su madre solo hacía unas horas.

Solo que esta vez se me escaparon algunas lágrimas al instante. Traté de retenerlas lo mejor que pude. Estaba muy preocupada de que él sintiese culpa o dolor al saber lo que yo estaba pasando y al oír de lo que me di cuenta ese primer día en Londres, y eso es lo último que quería. Apenas podía mirar a la pantalla mientras hablaba. Sabía que si veía dolor en su cara, no sería capaz de acabar o de decir las cosas cómo se tenían que decir. Me dijo que ya lo sabía. Justo después de enviarme las primeras veintidós fotos, lo supo. Y una vez más cuando me envió la foto del diario y el mate.

"¿Por qué le envías eso?", me dijo que pensó al hacerlo. Él sabía que a mí me había afectado mucho todo. Le dije que los últimos tres días sin hablar con él habían sido horribles. Le expliqué que, tras las primeras veintidós fotos, el primer día sin hablar con él hizo que mis emociones se enconasen y aumentase, lo que hizo que respondiera de forma cortante. "Fría" fue como él describió mi respuesta. Le dije que no quería ser fría, sencillamente no sabía cómo gestionar todo lo que estaba sintiendo. Y que durante los siguientes tres días, estuve dándole vueltas a si "debería contactar con él" y "este cabrón ni siquiera se ha preocupado de preguntarme cómo estoy".

—¡Sí que me preocupo! —dijo, cortándome—. He estado siguiendo tu viaje entero. Enviaste esa postal a tu madre... —añadió. Eso ya lo sabía, claro. Podía ver quién había estado mirando cada una de mis publicaciones en Instagram.

—No es lo mismo —repliqué. Él asintió. Dijo que se merecía que yo estuviera enojada y que entendía todo lo que le dije.

—Tuve que abrir la carta que me diste —dijo. *Oh*, pensé. En mi corazón sabía que durante esos tres días él me necesitaba, y eso me causaba dolor—. Gracias, *muchas* gracias por eso —dije. Javier me explicó que una noche se fue con su hamaca bosque adentro y que hizo una intensa sesión de meditación al atardecer. Casi se congeló, pero hacerlo le ayudó a pasar a través de muchas cosas.

Hablamos de nuestra conexión y de lo distinta que era. Lo *instantánea* que era. Lo poderosa que era.

—Vi tus publicaciones y parecía que lo estabas pasando bien, así que pensé "Bien, está feliz. Está bien" —dijo—. Y luego cuando vi otras cosas me sentí muy mal. Quise dejar de lado todo lo que estaba haciendo y ayudarte. Me preocupo mucho por ti.

—Detente ahí —dije—. Esa es la razón de que me llevara tres días decidir si te debía explicar todo esto. Porque lo último que quería era que pusieras tus planes en espera o que sintieras más culpa. *No quiero eso.* Lo mejor que podrías hacer por mí es curar tus heridas y aprender a amarte a ti mismo. Y no hacerlo por mí o por lo que eso significaría para "nosotros". Por ti. Porque yo quiero eso para *ti*.

Ahí fue cuando me di cuenta de que todo esto, esta situación en la que estaba metida hasta las rodillas, rebosaba amor *desinteresado*.

Y ahí fue cuando lo dijo por primera vez.

—Te amo, Gaby —dijo. Y se hizo una pausa.

—Lo sé —repliqué. Y así era. Lo supe cuando nos despertamos en la acampada en la playa. Lo supe cuando me envío un mensaje de texto desde Argentina diciendo "No me puedo creer que esté contigo". Lo supe cuando no pudo dejarme ir el día que estuve en casa de su madre por primera vez. Lo supe cuando dijo "Esta es mi novia, Gabrielle" a cada uno de sus amigos que conocí en la boda. Lo supe la primera vez que hicimos el amor y cada vez después de esa. Lo supe cuando estábamos en Las Vegas, estirados en la bañera juntos. Lo supe cuando se sentó en mi cama con los ojos llenos de lágrimas explicándome lo injusto que era que estuviese experimentando esos sentimientos. Y lo supe incluso ese viernes por la noche en que le pregunté por teléfono si sentía en esos momentos algo por mí más allá de amistad. Lo supe en todo momento. Me gustaría poder decir que no sentí nada al escucharle decirlo por primera vez en voz alta. Oh, ojalá. Pero eso sería demasiado sencillo. En lugar de eso, sentí la avalancha. La misma avalancha que sentí cuando me respondió "no" a la pregunta de antes. La misma avalancha que sentí cuando vi las fotos. Estaba tan jodidamente harta de esta puta avalancha.

Pasamos a hablar de mi libro. De su diario. De todo.

—Todavía hay algo dentro de mí que me dice que todo esto son excusas baratas —le dije finalmente. Su cara quedó hecha un poema. Aunque era capaz de verlo desde esa perspectiva, creo que aun así le dolió escucharlo de mis labios.

—No estoy intentando escaparme —respondió.

—De acuerdo —concluí. Hablamos sobre nuestros planes (o la ausencia de estos) para el resto de nuestros respectivos viajes—. ¿Cuándo vas a ir a San Vito a visitar a los chicos? —pregunté.

—El día veinte, durante diez días —dijo. Bingo. La avalancha. ¿Por qué pensaba yo que iba a ir mucho antes ahí, saliendo una semana antes al menos? Eso dejaba solo dos o tres días antes de nuestro vuelo de vuelta a casa. Incluso con mi decisión consciente de no fantasear y crear situaciones en mi cabeza, aparentemente la idea de estar una semana juntos de alguna manera se había abierto camino e instalado en mi maldito cerebro. Bueno, es hora de vivir realmente lo que estuve predicando a Emma la semana pasada. No puedo planear, esperar, desear, decidir ni pensar en esa posibilidad. Ni una semana ni tres días ni un solo día. Y con eso, los últimos restos de cualquier cuento de hadas que quedaban en mi cabeza, desaparecieron como el humo. Y *dolió*.

Le dije que no quería que tuviera cuidado a la hora de enviarme cosas. Si quería hablar conmigo, podía hacerlo. Porque en mi alma yo sabía que él me necesitaba, aunque ni él mismo lo supiera... pero yo creía que sí lo sabía. Él asintió.

—Me queda un 8 % de batería —dijo con una mirada algo nostálgica que demostraba que esta charla le había aportado cierto confort.

—De acuerdo —repliqué. Nuestras charlas siempre parecían durar más de lo necesario, pero siempre me quedaba con la sensación de que eran excesivamente cortas.

—Me alegro de que hayamos hablado. Me siento orgullosa de ti. Te echo de menos. Cuídate, por favor —le dije.

—Cuídate tú también, por favor —dijo Javier, con voz entrecortada.

—Te amo —dije.

—Te amo —replicó él. Pulsé el botón de terminar llamada. Unos minutos después le envié una imagen con un mensaje: "El miedo puede resultar en dos cosas: (1) olvidarlo todo y huir; o (2) hacer frente a todo y crecer".

Yo: No huyas.

Javier: No lo haré.

Me recosté en el sofá y miré afuera, hacia los verdes árboles azotados por el viento. Puta. Madre.

A la mierda con ¿cómo se llamaba?

(Sí... Fue **esa** clase de noche).

DÍA SIETE

Me pasé el día entero escribiendo después de hablar con Javier por FaceTime. Durante seis horas, me quedé sentada en el lindo apartamento de Ineke, disfrutando de la vista que ofrecía le ventana-mirador, con toda esa vibrante vegetación y la lluvia cayendo rítmicamente entre los rayos de sol. En cierto momento, salí al balcón y me senté en la cornisa con mis cuatro piedras y una taza de té que degusté pausadamente a sorbos. Cuando me levanté para volver adentro, escuché que algo cayó del balcón. Se me había caído una de mis piedras. Miré adonde cayó y me di cuenta de que sería imposible recuperarla. Se trataba de la piedra de equilibrio emocional. Qué increíblemente irónico. Seguí escribiendo. Cada vez que terminaba un capítulo me sentía un poco más... completa. Necesitaba un día así. Estuve despierta hasta las 3 AM hablando con la madre de Javier y luego me desperté a las 6 AM antes de hablar con él. Todas las emociones y la falta de horas de sueño empezaban a tener un impacto negativo en mí. Pero relajarme ahí, en ese pedacito de cielo, leyendo y escribiendo, me sentó muy bien.

Hacia las 3 PM, me entró una llamada por FaceTime de la hermana de Javier, Sophia. Ver su cara puso una sonrisa inmediatamente en lo más hondo de mi ser. Sophia irradiaba siempre una energía increíble, y se percibía con solo ver su cara. Le di detalles de lo que había sucedido en Londres y que llevó a que Javier y yo no hablásemos, y de la charla que habíamos tenido esa misma mañana.

—Javi es un jodido cabezota —dijo ella. Siempre decía las cosas como las pensaba. Le dije que, en el fondo, mi enojo se derivaba de no creerme que él pudiese pasar así, sin más, de estar locamente enamorado de mí a de repente no sentir nada.

—No nos lo creemos ninguno —dijo, concordando conmigo—. Es imposible. No deberías creer nada de lo que diga ahora mismo. Ni siquiera *yo* me creo lo que dice ahora. Está desvariando... —concluyó ella. Bien, de acuerdo, al menos no era solo yo. Le dije que tenía que visitar la abadía de Westminster cuando fuese a Londres. Me contó sobre una aventura amorosa que tuvo con una chica alemana en España y reímos juntas como si fuéramos amigas íntimas desde hacía años. ¿Cómo es que todos en la familia de Javier parecían conectar conmigo instantáneamente? Era exactamente lo contrario que experimenté con la familia de Daniel. Yo solía decirme a mí misma: "Te vas a casar con él, no con su familia". No. A la mierda con eso. Nunca me alegré tanto de desconectar de una familia entera. Puede sonar duro, pero estoy segura que todos los que lean este libro y conozcan a los padres de Daniel están ahora mismo asintiendo con la cabeza. Nunca más me adentraré en una relación de profundo compromiso con alguien a cuya familia yo no quiera pertenecer.

Durante mi conversación de una hora con Sophia, ella me dijo algo que realmente me pareció muy real. Le expliqué que yo no podía quedarme esperando en el limbo a que Javier, con algo de suerte, se despertara y redescubriera sus sentimientos por mí; a lo que ella replicó: "¿Por qué?"

¡¿Por qué?! Porque me ha partido el maldito corazón. Porque es lo más inteligente. Porque... *a la mierda* con eso.

—No tienes que quedarte sentada esperándole, Gabrielle. Pero tampoco es necesario que cortes toda conexión y cierres cualquier posibilidad de cara al futuro. Si lo haces, siempre te quedará en el fondo la idea de "¿Y si...?"

Veamos... Sí, Sophia tenía razón. Pero yo también sabía que no podía seguir sintiéndome así. Era sencillamente demasiado doloroso. ¿Cómo podía decidir qué camino emprender?

—Tienes que guardar duelo por esta relación. Lo que vivisteis este último mes y medio fue, y es, muy real. No importa lo que pase en el futuro, si acabáis solo como amigos o juntos en una relación, nunca volverá a ser como fue este último mes —dijo.

¡Guau! Vaya afirmación más jodidamente correcta. Pero tenía que admitir que, aunque sabía en el fondo que eso era verdad, no tenía claro qué es lo que tenía que hacer en consecuencia. Pero estaba segura de que era una parte importante de este insondable y complicado rompecabezas.

—¿Vais a veros? —me preguntó. Joder, qué buena pregunta. Por lo que hablamos esta mañana, yo diría que no. Mientras que tras hablar en el avión de llegada a Londres, pensaba que sí. Hablé con ella del tema.

—No me parece correcto que todo esto haya sucedido y que sencillamente vayamos a... ¿hacer qué? ¿Volar de vuelta a casa y decirnos "nos vemos en cuatro meses cuando vuelvas de rodar en México"? ¿Qué forma es esa de concluir un periodo así? Voy a tener que trabajar mucho para conseguir concluir este periodo de forma adecuada, pero siento que después de todo esto, de todo lo que hemos pasado juntos (y que aún estamos pasando juntos) hace falta *algo más* —expliqué.

—Tienes toda la razón. Te lo mereces al 100 % —dijo ella.

—¿Pero por qué soy yo quien ha de originar la idea de vernos? ¿Y si eso no es lo que él quiere o necesita? —pregunté.

—¿A quién le importa eso? —replicó ella de forma directa—. Tienes que hacer lo mejor para ti. Si eso es algo que quieres y necesitas, tienes que decirlo y punto. Así al menos habrás hecho todo lo posible por tu parte. Lo demás, no está en tus manos —dijo Sophia. En serio. Esta chica es como el puto Yoda.

* * * * *

Después de charlar con Sophia, me di una ducha y me preparé para salir por la noche. Me puse jeans, un bañador de una pieza que hacía a las veces de body y top al mismo tiempo, unos *flats* que compré con Emma en Londres y una chaqueta ligera. No está mal como fondo de armario, si tenemos en cuenta que todo salió de la única mochila que llevaba conmigo. Salí del apartamento, cerrando la puerta con llave, y me monté en un Uber en dirección a la plaza Dam.

Me encontré con Cally, la chica con la que había estado intercambiando mensajes a través de Facebook durante los últimos días, y fuimos a cenar a un pequeño y adorable restaurante. Nos sentamos en una mesa que daba a una ventana desde donde se podían ver las calles de la ciudad. Cally tenía tan solo veinte años y hablar con ella me hizo darme cuenta de lo increíblemente lejana que me parecía esa etapa de mi vida. Me sentía como si hubiera vivido diez vidas desde que cumplí los veinte años. Disfrutamos de una comida deliciosa y le expliqué mi "historia", que a estas alturas ya llamaba "el ridículo show de Netflix en el que se ha convertido mi vida".

Tras la cena nos quedaron treinta minutos antes de que comenzara la visita a pubs que habíamos reservado. Decidimos ir a una cafetería, tomar un café con leche y compartir un porro. O sea, estábamos en Ámsterdam... Yo no fumo, aunque sí lo haya hecho socialmente en el pasado, más bien en mis años de fiesta juveniles. Pero la hierba siempre hacía que quisiera comer todo lo que veía y echarme a dormir, lo que se convierte en un círculo vicioso para alguien que adora esas dos actividades (comer y dormir) en primer lugar.

Acto seguido, fuimos a la plaza donde teníamos que encontrarnos con el resto de personas que venían a la visita de pubs. Cuando llegamos, estaba lloviendo a cántaros, y mi ligera chaqueta (ideal para el clima de Los Angeles) se podría haber escurrido como una toalla empapada. Estábamos en época del monzón, y ambas acabamos empapadas como una sopa. Ahí conocimos a uno de los dos guías que trabajaban para la empresa de visitas a pubs. A fines de este capítulo, nos referiremos a ambos guías por el nombre de su país de origen, para que se hagan ustedes una idea mental de los pintorescos acentos con los que hablaban.

—¿Han venido para la visita a pubs? —dijo Australia.

—¡Así es! —afirmamos con la voz temblorosa por el frío. Éramos los dos únicas personas que decidimos encontrarnos con el guía en el momento al aire libre. El resto de integrantes del grupo, digamos que los más inteligentes, aparentemente habían decidido ir directamente al primer bar.

—¡Genial! Vamos allá... —dijo él—. Estamos a unos quince minutos a pie del primer pub —afirmó. ¡Espero que estés de broma!, pensé. Pues no. No era broma.

Por suerte, a mitad de camino la lluvia paró un poco. Cuando finalmente llegamos al primer bar, estaba casi segura de que acabaría con los pies totalmente congelados. El segundo guía nos recibió en el pub. Irlanda. Se trataba de un tipo alto, con el pelo moreno claro y ojos azules cristalinos. Nos pidió nuestros tickets. Le dimos los tickets y entramos al pub.

—Qué guapo es —dijo Cally. Efectivamente, era muy atractivo. Pero lo último en lo que pensaba en esos momentos era en los hombres. Puah, hombres.

Fuimos a la barra. En cada pub, nos daban tickets para una cerveza o una copa de vino. Ambas pedimos una Heineken (la única cerveza que ofrecían) y de inmediato me vi en las típicas fiestas universitarias jugando al "beer pong". Conocimos a un grupo que vino desde Jersey. No Jersey Shore, sino Jersey, en Normandía, la costa de Francia. Las dos chicas eran encantadoras y comenzamos a charlar. Los dos chicos con las que viajaban se unieron a la charla y nos reímos todos juntos un rato. También estaban Josh y Yeung, dos que se conocieron en el albergue donde ambos se hospedaban. Josh era de San Francisco y Yeung de Nueva York. Charlé con Yeung un rato, ya que ambos viajábamos solos por primera vez. Era un tipo muy chingón y real. Le pregunté cuántos años tenía y me dijo que cumpliría veinticinco pocos días después. *Dios mío, soy vieja,* pensé. Y estoy divorciada. Me reí por dentro.

Australia comenzó a dar vueltas con una botella gigante de vodka aguado con zumo de arándanos. La visita a pubs incluía tragos ilimitados de ese brebaje de vodka durante la primera media hora. Ahora bien, aunque en el pasado solía beber y disfrutar de la fiesta al máximo, ya no era lo mismo *en absoluto*. Más de cinco tragos y seguro que acabo vomitando el día siguiente. Mis resacas *no* son ninguna broma. Da igual si tengo programada una visita con el presidente de EE. UU. al día siguiente: si estoy de resaca, no voy. Sabía que tenía que ir con cuidado con lo que bebía y evitar mezclar muchos tipos de alcohol. Cally y yo habíamos bebido ginebra en la cena. Pero Australia era incansable, no paró de servir tragos de vodka a todos, uno tras otro. Nos tomamos al menos, no sé... ¿ocho? Eso sí, estoy un 99 % segura de que una tercera parte de esa botella la había rellenado con agua, pero aun así...

Nos dieron a todos unas camisetas un poco penosas, pero que eran supercómodas y, aún más importante: estaban secas. Casi todos los del grupo nos las pusimos, incluida yo misma. Y entonces fuimos al segundo bar.

Llegamos al segundo bar e Irlanda nos repartió los tickets para bebidas. Se trataba más bien de un club pequeño, más que un bar. Tenían una máquina de humo o niebla y (muy buena) música a todo volumen. Fuimos a la barra y Yeung nos dijo que había oído de unos tragos que llamaban Harry Potter a los que prendían fuego.

—¡Me encanta *Harry Potter*! —gritó Cally. En fin, ahí vamos. Pedimos tres de esos tragos al odiosa y exageradamente atractivo barman que nos atendió. A día de hoy sigo sin saber qué había exactamente *en* esos tragos, ¡pero menudo show! Después de servirlos, el barman les prendió fuego (¡a los tragos y a parte de la barra!). Luego espolvoreó una especie de polvos por encima, lo que hizo que saltasen chispas y se avivase aún más las llamas. Fue un show de lo más chingón. Después de ese despliegue de magia, volvimos adonde el grupo de Jersey y Josh estaba bailando, cuando comenzó a sonar "Despacito". A menos que vivieses debajo de una roca durante el verano de 2017, seguro que tuviste que escuchar esta famosa canción latina, que se popularizó aún más cuando Justin Bieber se encargó de hacer el remix.

—Estoy deseando que llegue el día en que no me eche a llorar cada vez que oigo esta canción —le dije a Cally, riendo, solo medio en broma. Bailamos durante un rato y entonces vi un menú en una pantalla con todos los diferentes tipos de tragos que tenían en el bar. Veamos, ¿recuerdan cuando les dije que mi madre era actriz? Bien, uno de los papeles más famosos que interpretó fue el de madre en *E.T.* ¿Y que había en el menú? Un "Trago de E.T." ¡JA!

—¡Tenemos que probar el trago de E.T.! —le dije a mi nuevo grupo de amigos.

—¡De acuerdo! —dijo una de las chicas—. ¿Por qué?

—¿Has visto la película *E.T., el extraterrestre*? —pregunté.

—Ejem, claro... —respondió alguien.

—Mi madre es la madre en la película —dije, echándome a reír. Todo el mundo se alborotó enormemente, porque estábamos ya medio borrachos o porque pensaron que eso me hacía algo famosa. En cualquier caso, nos tomamos los tragos, que eran una especie de líquido verde con sabor a menta y chocolate. Le envié un vídeo a mi madre.

Después de ese trago en la barra, se me acercó un tipo y se presentó. Era un tipo muy dulce y parecía divertido y natural. Déjenme ayudar a darles una idea mental del tipo:

-Brasileño

-Cabello moreno oscuro, piel oscura y barba

-Hablaba cinco idiomas

-Acento latino

Joder. ¿Suena familiar? Era literalmente una versión un poco menos atractiva de Javier. ¿En serio, universo? ¿Por qué? Se llamaba Paulo.

Hablé con Paulo sobre muchas cosas esa noche, temas que fueron desde nuestros países de origen hasta por qué estábamos ambos viajando solos o adónde teníamos pensado ir a continuación. Él también salía de una separación con alguien pocos meses antes. Paulo trabajaba en una empresa de cruceros siete meses al año. Le conté acerca de Daniel, Javier y los ridículos eventos en los últimos tres meses que me habían llevado ahí.

—¿Cómo podría alguien ser tan estúpido como para tener a alguien como tú y dejarte escapar? —preguntó con su acento brasileño. Una pregunta aparentemente sencilla, pero que me hacía sentir muchas cosas distintas. Aplicar la "cebolla de pensamiento" a ese sencilla afirmación me pareció bastante interesante. Pensamiento superficial:

• Es un idiota y ha cometido el mayor error de su vida.

Aunque eso implica que tengo una opinión de mí misma más elevada de la opinión que tengo realmente. Pensamiento auténtico:

• Claramente, no se merece ni a mí ni todo lo que yo puedo ofrecer.

Hmm... Me sentía así con respecto a Daniel; pero no con Javier. Y pensamiento subconsciente:

• Quizá sea que yo no valgo.

Mierda.

Fuimos caminando a los siguientes bares y Paulo estuvo a mi lado en todo momento. Le presenté al resto de integrantes de nuestro grupito.

—¡Búscame en Instagram! —gritó una de las muchachas de Jersey. Todos comenzaron a conectar unos con otros en las redes sociales antes de acabar más perjudicados por el alcohol. La muchacha me pasó su celular y escribí mi nombre.

—¡Dios mío, estás verificada! —dijo con voz chillona. De repente todos se alborotaron de nuevo. Comenzaron todos a preguntarme que quién era y qué hacía, y yo comencé a reír. Esa pequeña marquita azul de repente los llevó a todos a pensar que era importante, pero yo sabía que no lo era. No como ellos pensaban, al menos.

Todos querían saber dónde podían ver mis películas y dónde había estado. Nunca me he sentido muy cómoda hablando de mi carrera profesional, porque no siento que esté establecida en la industria como a mí me gustaría. La mayoría de las veces, cuando la gente me pregunta qué hago, ni tan solo se lo digo. Pero en este viaje, quería conocer a gente siendo lo más auténtica posible, sin reservas, sin encubrir nada. Y parte de esa autenticidad es que soy actriz.

Seguimos de bar en bar, bailando en todos los bares que pisábamos. Paulo y yo acabamos conversando sobre más de un tema profundo, a grito pelado por lo alta que estaba la música.

—Si alguna vez quieres venir en un crucero, solo me lo tienes que decir. Yo me encargaré de todo. Puedes quedarte conmigo. Una semana, doce días, lo que quieras —dijo Paulo. ¿Por qué todos estos tipos latinos parecían decididos a lanzarme a viajes y aventuras de todo tipo? Con los eventos recientes tan frescos aún, pensé que probablemente me acabaría dejando tirada en una isla en mitad del océano en el segundo día de viaje. Pero Paulo era en realidad un tipo muy dulce, y realmente me encantó charlar con él. Sentí una amistad con él muy similar a la que sentí la primera vez que conocí a Javier. Pero no había nada, más allá de eso.

—Te digo una cosa, Gabrielle. Sé que has pasado muchas cosas, pero siento una conexión contigo. Siento que tengo que decírtelo o me arrepentiré. Eres una mujer increíble —dijo, alzando la voz por encima de la música de fondo. *Mujer increíble*. Algo que también Javier me dice. ¿Pero qué diablos significa eso?

—Oh, estoy muy lejos de ser capaz de estar con alguien o tan solo pensar en la posibilidad ahora mismo —dije con una sonrisa, agradeciendo su encomiable honestidad y que fuese tan genuino conmigo—. Podemos ir a comer mañana si quieres —le ofrecí. Paulo sonrió y aceptó de buen grado.

Cuando salimos hacia el último bar, gracias a Dios ya había dejado de llover. Me acerqué a la barra a pedir un agua, algo que necesitaba urgentemente, y me encontré de pie junto a Irlanda.

—Agua, ¿eh? —dijo con voz burlona—. ¿Tan vieja eres? —dijo sonriendo.

—Sí. Soy jodidamente vieja —repliqué.

—Venga ya... No puedes ser más vieja que yo —respondió él.

—Te garantizo que lo soy —dije.

—Déjame ver tu ID —dijo, extendiendo la mano.

—Veintiocho —dije, sacándolo y poniéndolo en su mano de un palmetazo.

—Anda ya. No me lo creo —dijo, mirando el ID. Él tenía veintisiete años. Me devolvió el ID, me miró fijamente y sonrió.

—¿Qué? —pregunté.

—¿Lista para una noche de sexo desbocado? —dijo. Literalmente me eché a reír. Buen chiste, muchacho.

—Quizá mañana noche —dije, bromeando.

—¿Por qué? ¿Por qué no esta noche? —solo pude reírme. No podía decirlo en serio. Sentí los ojos de Paulo encima de mí, observando nuestra conversación. Bien, vaya situación... *incómoda*. Agarré mi agua y volví adonde Paulo. Josh y Cally se habían unido a él. La noche estaba acabando y estábamos hambrientos.

—¿Crêpes? —sugirió Cally. Entre el hambre y la borrachera, todos asentimos. Volví a caminar hasta donde estaba Irlanda y le pregunté dónde podíamos comer crêpes por ahí cerca.

—Aquí mismo —dijo, señalando hacia el otro lado de la calle, solo unas puertas más allá—. ¿Estás lista? —preguntó. ¿¡Para qué!? No podía estar hablando en serio.

—Si quieres te doy mi número de teléfono —le ofrecí, para esquivar esa increíblemente incómoda conversación.

—No, ven conmigo, sin más —dijo, persistente como él solo.

—¡Vamos a comer algo! —dije conforme comencé a caminar hacia los demás. Me agarró del brazo.

—Bien —dijo. Me dio su celular. Puse mi número en su WhatsApp y me fui con Paulo, Cally y Josh a la cafetería.

Pedimos dos "panqueques". En primer lugar, eso no eran panqueques. Eran tartas de postre tamaño pizza, un pedazo de cielo con "futura diabetes" escrito a letras grandes... figuradamente, claro. Nos sentamos, comimos, reímos y charlamos sobre la noche que acabábamos de vivir.

Todos comenzamos a decidir nuestras formas de volver a casa. Eran aproximadamente las 2:30 AM. Paulo me dio un abrazo y me preguntó a qué hora nos veríamos al día siguiente para comer.

—¿2 PM? —sugerí.

—Perfecto —dijo, conforme yo anotaba su número de teléfono en mi WhatsApp. Nos despedimos y me quedé con Cally y Josh. De repente apareció un mensaje en mi celular.

Irlanda: ¿Lista para divertirte?

Mierda. Me había olvidado por completo de Irlanda.

Yo: Sí señor.

Espera... ¿Qué? ¿Por qué le había ni siquiera contestado?

Irlanda: ¿Dónde estás ahora?

Yo: En la cafetería al otro lado de la calle que señalaste.

Irlanda: Jaja
Irlanda: ¿Quieres ir a ser mala conmigo?

Qué poco sexi que era eso, colega.

Yo: Eres horrible.
Yo: ¿No entiendes la palabra "mañana"? ¿No existe en Irlanda la palabra?

Irlanda: Pffff (acompañado de un emoji roncando)

Yo: ¿Y cómo esperas que vuelva a casa?
Yo: Voy a tomar un Uber, a menos que estés aún en el bar.

Irlanda: Estoy cerca. ¿Nos encontramos en frente del Burger King?

No, Gabrielle, tienes que irte a casa.

Yo: Estoy justo delante del Burger King.
Yo: ¿Para ir adónde?

Irlanda: A mi apartamento.

Yo: De acuerdo.

Irlanda: Dame 5 minutos.

Yo: Vale.

Mierda. ¿Qué cojones estoy haciendo? Estaba ahí de pie, teniendo una charla interna conmigo misma. Gabrielle. Vete a casa. No quieres tener sexo ahora mismo. No quieres hacerlo. Ya estás, literalmente, arrepintiéndote de esta decisión. Vete. A. Casa.

Llegó, se me acercó y agarró de la mano. Caminamos hacia la zona de los taxis. Le hizo al taxista unas pocas preguntas y a continuación abrió la puerta para que yo entrara.

Dile "no puedo" y vete a casa, sin más. Es así de sencillo.

Entré. El taxi comenzó a moverse e Irlanda me agarró de inmediato y comenzó a besarme. Me sentí como cuando estaba en la universidad. El pobre taxista... qué incómodo. Tras un minuto de enrollarnos, me aparté de él y solté una especie de risa mezclada con un suspiro.

—Venga, dame la versión de dos minutos de tu historia. ¿Por qué estás aquí? —dijo Irlanda. ¡JA! ¿Tienes idea de lo que acabas de preguntar, colega?

—Es... eh... complicado —dije.

—Bueno, tienes ciento veinte segundos. Dale.

Pausa.

—Hace tres meses descubrí que mi marido, con el que llevaba casada dos años, tuvo durante seis meses una aventura con una muchacha de diecinueve años. Le di los papeles del divorcio y me fui. Conocí a un tipo, nos enamoramos locamente el uno del otro, y me convenció para ir en un viaje de un mes a Italia con él. De repente él empezó a sentir un montón de aflicción por algo que le pasó, y dos días antes del viaje decidió que tenía que ir solo al viaje. Me partió el corazón. Así que decidí que podía quedarme plantada en casa con el corazón partido, o irme de viaje un mes por mi cuenta. Y aquí estoy.

Otra pausa.

—Joder —dijo.

—Sí —dije, asintiendo.

—Así que estás... bien jodida.

—Sip —dije, riendo—. Venga. Te toca a ti.

Procedió a explicarme con la misma rapidez cómo había salido de Irlanda a los diecisiete años para viajar. Me contó sobre todos los sitios distintos donde había estado y vivido, y sobre cómo se enamoró de una rubia de Chicago. Se trasladó a Chicago por ella, pero al final resultó que la tipa estaba loca de remate. Se rompió el ligamento anterior cruzado de la rodilla, así que tuvo que dejarlo todo y hacer rehabilitación, de cuerpo y mente. Acabó en Ámsterdam desde hacía un año y hacía años que no estaba en casa. Resultó una historia bastante profunda, dada la ridícula situación en el asiento trasero de un taxi en Ámsterdam y siendo tan solo ciento veinte segundos.

Salimos del taxi. Irlanda pagó al taxista.

—Seguro que ese taxista no se esperaba el *show* que le hemos dado... —dije entre risas. Seguí a Irlanda adentro y tomamos el elevador hasta su apartamento.

—Tengo que orinar —dije, claramente valiéndome madre si sonaba *sexi* o no. Irlanda me abrió la puerta del baño y entré a orinar, mientras mi diálogo interno seguía.

¿Por qué estás haciendo esto? No quieres hacerlo, Gabrielle. Además de que ya sabes que esto es lo último que necesitas, ¿lo estás haciendo porque todos te han estado diciendo que tendrías que soltarte la melena, hacer locuras y divertirte en el viaje? ¿Qué estás tratando de demostrar?

Salí del baño y subí por las escaleras en espiral tan típicas de Ámsterdam pero a la vez tan jodidamente poco prácticas. Ahí estaba él, estirado en la cama *queen size,* totalmente vestido. Dejé mi bolso y solté un suspiro.

—Estoy tratando de decidir si debería preguntarte tu nombre o si... mejor no —dije.

—No —respondió.

—Sí —dije, asintiendo.

Me subí a la cama y comenzamos a enrollarnos. Literalmente no fui capaz de convencerme para relajarme y dejarme llevar. Ya estaba esperando a que acabara, pensando en qué podría comer cuando finalmente llegara a casa. Irlanda me dio la vuelta y me quitó la ropa. Luego se levantó y se quitó la ropa. No me malinterpreten. Se trataba de un espécimen masculino de primer nivel, casi perfecto. O sea, mientras me gritaba a mí misma dentro de mi cabecita, hubo un momento en el que me detuve y me dije: "¡Bien hecho, Gabrielle!", aunque solo fuera por lo tremendamente bueno que estaba el tipo.

Vi cómo se ponía un condón a la vez que me decía a mí misma "madre mía…", pensando en cómo había permitido que la noche llegase hasta aquí. ¿Lo peor de todo? Que no podía parar de pensar en Javier.

Les evitaré las "cincuenta sombras de detalles", pero sí que les diré que fue extrañamente… tosco. O sea, si Irlanda no hubiese estado tan bueno y me hubiese parado a pensar que estaba en el extranjero con un desconocido cualquiera… hubiese sido no solo tosco sino hasta un poco espeluznante. Fingí un orgasmo porque solo Dios sabe que había un *cero* por ciento de posibilidades de alcanzarlo en la realidad… y miedo me daba solo pensar que le importase lo suficiente como para seguir hasta que llegase. Irlanda terminó y cayó tumbado de espaldas en la cama. Yo me levanté al instante y agarré mis jeans. Conforme me los ponía, le dije: "Bueno, me tengo que ir". Él se levantó lentamente y agarró unos pantalones de chándal. "¿Puedes llamarme un Uber desde mi teléfono? Esta la dirección a donde voy", dije, entregándole mi celular. Sonrió y lo hizo.

Bajamos por las escaleras y llegamos al elevador.

—¿Vas a estar bien? —preguntó.

No. Seguramente no.

—Sí —dije, forzando una sonrisita. Esperamos en la recepción a que llegara el Uber—. Bueno, dime. ¿Cómo te llamas? —le dije finalmente.

—¿De veras?

—Sí, eso me ayudará a sentirme menos terrible —dije riendo.

—Chase —dijo—. ¿Y tú?

—Gabrielle.

—¿Cuándo fue la última vez que hiciste el amor con alguien que no fuera tu marido y ese otro tipo? —dijo. Una pregunta muy interesante.

—Hace seis años —dije.

—¡Joder! —replicó Irlanda. Y chocamos los cinco. Y nos *reímos*. El Uber llegó e Irlanda me dio un rápido e incómodo abrazo a media gana.

—La pasamos bien... —dije, soltando una carcajada. Y salí por la puerta. Jamás volví a hablar con Irlanda.

FINALMENTE pude abrir la puerta de casa de Ineke después de dar vueltas con los jodidamente raros candados de la puerta durante cinco minutos. Una vez dentro, literalmente subí los dos pisos de escaleras holandesas de la muerte *arrastrándome*. Me dejé caer muerta sobre la cama de mi cuarto y me permití el lujo de analizar todos los sentimientos que tenía rondando dentro de mí. ¿El primero? Culpabilidad. Mucha culpabilidad. Asco. Decepción. Más asco. Bueno, Gabrielle, estás más borracha que una cuba, pero hagamos una "cebolla de pensamiento". Ñam, aros de cebolla. No, en serio, céntrate. ¿Pensamiento superficial?

• Eres una jodida puta.

Bueno, eso quizá sea *un poquito* excesivo. Válido, pero excesivo. ¿Pensamiento auténtico?

• ¿Por qué aceptaste voluntariamente llegar hasta el final cuando sabías que al final te sentirías así?

Buena pregunta, Gabrielle. Buena jodida pregunta. Por último, ¿pensamiento subconsciente?

• ¿Estabas *tan* dolida que te daba demasiado miedo abandonar viejos hábitos?

De acuerdo... Eso sí tenía sentido, hasta estando tomada lo pude ver. Siempre suelo huir en dirección a algún tipo cuando estoy dolida o cuando tengo miedo de algo, como si eso fuese a mejorar la situación. ¿Acaso esto ha mejorado *algo*? No, lo hizo diez veces peor. Un ejemplo perfecto de cómo mis viejos hábitos vienen a darme por culo. Pero esto no cambia mis sentimientos. No cambia el hecho de que estuve pensando en Javier durante todos y cada uno de los segundos en que estuve cogiendo. Dios, sigo estando tan jodida.

Comencé a repasar mis redes sociales sin rumbo fijo. Vi que Javier acababa de ver mi St*ory* en Instagram. Eran las 4:31 AM. Como es natural, mi borracho cerebro pensó que lo mejor será escribirle un mensaje.

Yo: Veto.
Yo: ¿Qué haces despierto?

Javier: Hey.
Javier: No sé.

Yo: ¿Estás bien?

Javier: Ayer fue un día intenso. Me fui a la cama a las 10 PM y me he levantado a las 4 AM.
Javier: Sí, estoy bien.
Javier: He descansado bien, pero es demasiado pronto.

Yo: Sí, me das envidia.

Javier: Voy a salir a hacer una excursión a pie esta mañana.

Yo: Anoche dormí dos horas.
Yo: Y aún no he dormido.

Javier: Suena a que te lo has pasado bien.

Yo: Divertido. Mucha gente chida.
Yo: Hablé por FaceTime durante una hora con Sophia.

Javier: Bien. Yo también hablé con ella ayer.

Yo: ¿Por qué fue un día intenso ayer?

Yo: De hecho, deberías decirme que me vaya a dormir.

Javier: Jaja deberías.

Yo: Antes de que te pregunte y te diga un millón de cosas de las que no deberíamos hablar ahora.

Javier: Descansa un rato, Ciruela. Voy a hacer mi excursión a pie.

Yo: Si me sigues llamando así, me será más fácil tenerte antipatía. Un poco.

Yo: Pásalo bien en tu excursión.

Cállate, Gabrielle, estás borracha.

Yo: Por último, hoy escribí un capítulo entero de mi libro. No salí de casa hasta las 5:30. Y siento que logré al menos un poco de claridad después de tomar algunas decisiones.

Yo: Vale, estoy un poco tomada. Disfruta de tu excursión. Te amo, bla bla bla. Buenas noches.

Javier: Yo también te amo, Ciruela.

Javier: Buenas noches.

¿Qué es esto? ¿Ahora dices siempre "te amo"? Puf. Debería haberlo dejado ahí. Pero, claro, no lo hice.

Yo: Una cosa más.

Yo: Y lo digo solo después de hablar con Sophia. Y porque si no lo digo ahora, siento que no lo diré jamás y esperaré a que lo digas tú, algo que probablemente nunca harás, porque tú eres tú.

Qué elocuente eres, Gabrielle. Madre mía.

Yo: Creo que quiero. O necesito. O quiero. Verte antes de que volvamos a casa. Los últimos días. Aunque solo sea para tener algo de discernimiento o una conclusión a todo o lo que sea, porque sé que cuando volvamos a casa, te vas a ir. Y estoy harta de intentar hacer lo que es bueno para todo el mundo y tratar de descubrir cuál es la mejor solución. Solo quiero ser. Y donde quiero estar al final de este RIDÍCULO viaje en el que nunca imaginé en un millón de años que me embarcaría, es contigo, como lo que seamos, pero juntos, joder.

Yo: Bueno, ahora sí me voy a dormir. Disfruta de tu excursión. Ahora mismo estoy literalmente comiendo, rezando y jodiendo mi vida. Y deja de reírte de mí.

Quizá me hizo falta tomar esta mala decisión para darme cuenta de que Sophia tenía razón. Lo único que quería hacer ahora mismo era decirle todo lo que había sucedido esa noche... ¿pero por qué necesitaba hacerlo? Él me dejó *a mí*. Él me partió el corazón *a mí*. Intencionadamente o no. Él me envío *a mí* a lo desconocido en este viaje. Yo sabía perfectamente que, si me enteraba de que él hacía algo, cualquier cosa, que me haría pedazos por completo. Pero él me había dicho ya que solo tenía sentimientos de amistad hacia mí. Así que, ¿por qué me sentía tan jodidamente culpable? Quizá era ese confuso *te amo*. Sea lo que fuere, yo ya dije lo que tenía que decir, y me sentó genial hacerlo. Ahora solo tenía que esperar a recibir su respuesta.

No esperes una respuesta rápida. No llegó.

Me limpié el maquillaje, subí como pude en la cama e intenté apartar mi mente de toda la mierda que había permitido que sucediese esa noche y que sabía que no podría afrontar. Di una vuelta en la cama y noté un pinchazo en la oreja. Los pendientes. Me quité el primer pendiente, pero el otro no estaba. ¿Dónde demonios estaba el otro? Oh. En la cama de Irlanda. La guinda del puto pastel. Buenas noches.

A la mierda con la mañana siguiente

(Cuanto antes afrontes las consecuencias... mejor)

DÍA OCHO

Abrí un ojo lentamente y *esperé*... Esperé a ver qué pedazo de resacón tenía y si aún me sentía tan horrible como cuando finalmente me fui a dormir. Tras unos momentos, abrí el otro ojo. Un leve dolor de cabeza... Podría soportar eso. Me tomé dos pastillas de Excedrin y miré mi celular. Eran las 9 AM. ¿Por qué era incapaz de dormir en todo este maldito viaje? ¿Cómo seguía viva? ¿Y qué *mierda* estaba pensando anoche?

Me llegó una llamada por WhatsApp. Era Jess. Pulsé en *Aceptar* y vi aparecer su cara sonriente en la pantalla. Ella, sin embargo, tuvo que ver en su pantalla mi desaliñada melena, una vista a la que se había acostumbrado después de tantos años.

—¡Buenos días, dormilona! —dijo con tono gracioso.

—Tierra, trágame —respondí. Charlamos durante unas dos horas mientras le expliqué la ridícula noche anterior y el montón de arrepentimientos que me inundaban en esos momentos.

—No entiendo por qué te sientes mal. Él cortó contigo y te envió de viaje por tu cuenta —dijo Jess. Ella era una de mis amigas que entendía en cierta medida la situación de Javier, pero para entonces ya estaba harta de la montaña rusa en la que Javier había convertido mi vida.

—Entonces, ¿por qué siento que tengo que decírselo? —pregunté.

—No tienes por qué —dijo. Claro que no tenía por qué decírselo. Ya sabía que no *tenía* por qué decírselo, pero la idea de ocultarle algo se me hacía difícil, me parecía incorrecto. Aun así, ella y Emma me convencieron de que no había ninguna razón por la que debiera decírselo. Este viaje y toda esta aventura tenían como fin encontrarme a mí misma y cometer mis propios errores. Y, ¿quién sabe? Quizá ni le importaría. Quizá realmente solo tenía sentimientos de amistad hacia mí. Y ellas tenían razón: yo estaba soltera. No. Todo eso era yo intentando convencerme para sentirme mejor. Era algo más que culpabilidad por Javier; era decepción hacia mí misma. Había empezado a sentir que estaba cambiando viejos patrones de comportamiento y comenzando a gestionar las cosas de forma tan distinta. Me sentía como un pedazo de mierda.

—¿Y ha leído el último mensaje que enviaste? —preguntó.

—No —contesté. Ese era el peligro de WhatsApp, lo que convertía esa app en una espada de doble filo. Podías ver si un mensaje había sido entregado, si el destinatario lo había leído y cuándo era la última vez que la persona había entrado en la app: todo lo necesario para volver a una mujer paranoica en una loca de remate.

—¿Adónde vas a ir a continuación? —preguntó ella con entusiasmo.

—Estoy pensando que a París. Voy a comprar mi billete de tren esta noche.

—¿Y luego adónde? Siempre quise visitar París. Qué envidia me das —replicó.

—No estoy segura... Sé que quiero ir a Barcelona. Así que probablemente ahí. Necesito algo de sol después de Londres y Ámsterdam —dije entre risas—. Voy a prepararme para el día de hoy, te llamo luego —dije. Nos despedimos.

Me vestí, agarré uno de los doscientos abrigos de Ineke y salí a la calle. Me llevó cerca de una hora atravesar el parque y las calles que llevaban a la ciudad. Fui girando por calles aleatoriamente y caminé por los canales. Ámsterdam es una ciudad cautivadora. Los edificios son distintos a todo lo que he visto en mi vida y los canales son deslumbrantes. Realmente una ciudad muy linda. Me detuve en una tienda cualquiera y compré tres postales: una para mí y dos para enviar.

Finalmente me encontré en la plaza Dam, el centro neurálgico de la ciudad. Me senté en una cafetería y me conecté al Wi-Fi. Javier había leído los mensajes. Me dije a mí misma que tenía que dejarlo ir y no obsesionarme. Sophia tenía razón: lo único que importaba era que yo había dicho lo que sentía y necesitaba decir. Eso es todo lo que podía hacer.

Eran las 3 PM más o menos. No tenía noticias de Paulo y decidí no enviarle ningún mensaje. Probablemente era lo mejor que podía pasar. No quería que nadie más quisiera de mí más de lo que podía dar; y en esos momentos, eso no era más que amistad. Me senté en la cafetería y terminé de leer el primer libro de mi lista. Bien, ¿ahora qué? Me puse los audífonos, elegí una dirección y sencillamente comencé a caminar. Es curioso cómo la música te llega de forma distinta dependiendo de tu situación puntual en la vida. Canciones que había oído un millón de veces de repente tenían significados totalmente distintos para mí. Canciones que nunca me habían afectado, ahora me daban ganas de llorar. Y ese día, no quería música alegre o canciones superficiales. Quería música emocional que encajara con lo que estaba sintiendo. Así que caminé durante horas escuchando "Stars" de Grace Potter y "Over the Love" de Florence and the Machine.

Comencé a pensar en la noche anterior. ¿Por qué fui incapaz de decir que no, sin más? Tener sexo con Irlanda era sin duda algo que no quería. Y, aun así, lo hice de todos modos. Comencé a echar un vistazo hacia atrás a mi historial con los hombres. ¿Alguna parte de mis problemas con el abandono estaba conectada a las relaciones íntimas? Hmm. Una parte de mí ni siquiera quería aplicar la "cebolla de pensamiento" a eso. Especialmente cuando aún estaba nadando mentalmente en este mar de jodidos arrepentimientos.

Cuando finalmente me cansé, me detuve en otra cafetería para comer algo. Después de pedir mi almuerzo, saqué las dos postales. Escribí una para mi madre y otra para la madre de Javier. Había sido vital ayudándome a navegar mis emociones la última semana. Por la razón que sea, realmente sentía que era una segunda madre para mí, y ese tipo de sentimiento era algo poco habitual en mí.

Cuando terminé de almorzar, el dolor de cabeza seguía ahí dando la lata, así que decidí volver al apartamento. Casi mágicamente me monté en el autobús correcto y llegué a casa. Tras darme unas palmaditas en la espalda por mi éxito, subí las escaleras y empecé a mirar mi página de Facebook en el celular… y me quedé helada. Lo primero que vi fue una publicación de uno de mis primos. Mi tío había fallecido.

Me quedé de pie en la cocina y de forma involuntaria me golpeé el pecho, como intentando frenar el dolor que sentía en el corazón. Ahí estaba yo, totalmente sola, en la otra punta del mundo. Me senté y me puse a llorar. No era el tipo de lloros como cuando las lágrimas caen como chorros por tus mejillas, sino el tipo de lloros que hacen que tengas que acordarte de seguir *respirando*; que hacen que sientas el dolor en cada una de tus lágrimas… y que te hace preguntar si ese dolor jamás acabará. Llevaba una semana y media reprimiendo esos lloros, así que por fin lo solté.

No supe nada de Javier durante ese día. Ni esa noche. Quería llamarle, oír de su boca que todo saldría bien, sentirme confortada. Pero en ese momento me di cuenta de que el único confort que necesitaba era el mío propio. Me tomé un Xanax, me metí en la cama a las 10 PM y lloré hasta quedarme dormida.

A la mierda con la montaña rusa

(Es mejor bajarse).

DÍA NUEVE

Por fin fui capaz de dormir *nueve* horas seguidas. Gracias a Dios, ya iba siendo hora. Mi cuerpo lo necesitaba. Mi alma lo necesitaba. Me preparé un bol de cereales y me senté en la sala de estar observando la lluvia desde mi nuevo sitio favorito. Me sentía... *ansiosa* quizá no sea la palabra correcta. *Inquieta*. Mi intuición normalmente es muy exacta. Esta vez no fue distinto. Llamé por FaceTime a Jess.

Nos pusimos al día y hablamos de lo que hicimos el día anterior. Le expliqué lo de mi tío. Aún tenía las emociones a flor de piel.

—¿Aún no te ha contestado? —me preguntó.

—Nop. Pero si todo el rollo con Irlanda me ha enseñado algo, es que realmente le quiero ver... por alguna razón que aún no tengo clara. Al menos me atreví a dar el paso y expresé mis sentimientos —razoné.

—Sí, sin duda. Tienes que hacer lo que te convenga a ti y centrarte en ti misma —dijo ella.

—Lo sé. Pero dentro de mi corazón siento que me va a decir que no quiere que nos veamos —y justo entonces, como la puta película en que se convirtió mi vida, me llegó un mensaje de Javier. Le dije a Jess que esperara.

Javier: Hola, Gab. Sé que quieres y necesitas una conclusión de algún tipo, pero siento que ese plan no sería lo más sano para mí ahora mismo. Preferiría volar a L.A. un fin de semana desde México y sentarme contigo y hablar las horas que hagan falta cuando acabemos el viaje. Mis emociones están descontroladas ahora mismo y no quiero cometer un error. Podemos hablar mañana por la noche cuando llegue a Nápoles, si quieres.

Toma ya. ¡Si lo había predicho! Y ahí estaba la avalancha. Le leí el mensaje a Jess. Ella ya estaba más que harta de esta maldita montaña rusa. ¿Y saben qué? Yo también. Al fin y al cabo, él fue quien habló específicamente en el avión de vernos al final del viaje. Cambia de opinión como una veleta. Aunque la verdad, teniendo en cuenta lo repentinamente que cambiaron sus sentimientos hacia mí, ¿por qué me sorprendía esto? Le dije a Jess que la llamaría más tarde. Escribí a Sophia.

Yo: Pues después de hablar de todo tú y yo, le dije a Javier que quería verle al final del viaje. Y cuando por fin me contesta, me dice esto: (le envié una captura de pantalla con el mensaje).
Yo: Tienes razón. Está desvariando. Tanto me dice te amo, como que no quiere verme. Así que yo tengo que seguir adelante con mi vida.

Tardó unos diez minutos en responder.

Sophia: De acuerdo, cariño. Lo siento. Está pasando por muchas cosas y tú no tienes obligación de entender y resolver sus líos. Eso es problema suyo. Tú decidiste que querías verle y se lo dijiste, ahora es cosa suya. Él ha decidido una cosa pero sé que está pensando al respecto. Es importante que tú dejes claro lo que necesitas y te despreocupes. Te quiero. Me tengo que ir, pero pensaré en ti. Tengo muchas cosas que decirte, pero no tengo tiempo ahora... Quiero, si tú lo quieres, aconsejarte sobre cómo yo procedería... pero Javi es un hombre increíble que está empezando a darse cuenta de que la autodestrucción puede llegar muy lejos... Si puedes, sé paciente y ámate a ti misma. Ten seguro que esto pasará.

Joder con la Yoda. En fin. Así que me di permiso a soltar mis emociones y mis pensamientos y vomitarlos en forma de palabras en mi diario. ¿Estás de puta broma? ¿No eres tú el que me dijo en el avión "Nos veremos al final del viaje en Amalfi y pasaremos un tiempo juntos"? Deja que conteste yo por ti: SÍ. ¿Tienes miedo de cometer un error? ¿Como el gigantesco puto error que ya has cometido? ¿Como qué? ¿Acostarte conmigo? ¿Besarme? ¿Hacer que te odie? ¿Qué diablos significa todo ese rollo? Si realmente me amaras, querrías estar conmigo. ¿O no es así de sencillo?

Y entonces, cuando no habían pasado ni tan solo veinte minutos después de que me llegara su mensaje, recibí una llamada por FaceTime. Era él.

¿Y ahora qué? Pensé. Bueno, probablemente vio mi publicación en Instagram sobre mi tío y se siente como un imbécil por enviarme eso antes de hablar conmigo. Pues no.

—¿Sí? —dije al contestar la llamada.

—Hey... eh... ¿puedes hablar? —dijo, tartamudeando.

—Sí, qué pasa —dije con la voz entrecortada.

—¿Qué te ocurre? —preguntó de inmediato, preocupado. Bueno, ¿además del mensaje que me acabas de enviar?

—Mi tío falleció ayer —dije, incapaz de reprimir las lágrimas.

—Oh, mierda —dijo. En su cara se pudieron leer todos los diferentes significados de su respuesta. No lo sabía. Y sabía que había enviado el mensaje en el peor momento posible—. Lo siento mucho.

—Sí —dije, intentando encontrar las palabras adecuadas... y solo encontrando lágrimas—. Mi corazón necesita un descanso, ¿sabes? —dije. Me miró como le miro yo a él cuando lo único que quiero es abrazarle y hacer que las cosas mejoren.

—¿Qué puedo hacer? —preguntó.

—Nada —dije, intentando recomponerme—. ¿Qué ocurre? —pregunté, en referencia a la razón de la llamada.

—Eh... lo siento. Estoy desvariando un poco, ¿pero podrías olvidar todo lo que dije en ese mensaje? —me preguntó. ¿Desvariando un poco? Premio al puto eufemismo del año.

—¿Qué quieres decir con eso? —le dije. Javier no era muy bueno a la hora de comunicar con claridad lo que pasaba por su cabeza, y él lo sabía.

—Sí, veamos —comenzó a explicarse—. Hablé con Sophia y le expliqué por qué estoy preocupado y no estoy seguro de verme contigo y ella me preguntó por qué solo me imaginaba los peores casos posibles. Dijo: "Veamos, ¿eres capaz de imaginar una situación positiva, en la que ambos lo pasen bien y surjan muchas cosas positivas de su encuentro?"

—Ajá... —seguí escuchándole.

—Y le dije que sí... y que creo que cuando tú me enviaste ese mensaje, me encerré en cierta manera en mi cabeza, en lugar de hablarlo contigo. Esa es la razón de que tardara tanto en responder. Así que creo que es mejor si comunicamos y hablamos por FaceTime, para verte y ver cómo estás en lugar de encerrarme en mi cabeza. Sí que quiero que pasemos tiempo juntos. Sé que lo pasaremos bien a pesar de todo. Así que lo siento. Siento que tengo que pedirte disculpas antes de decir o hacer nada más —nos echamos a reír. De una manera u otra, siempre acabábamos riendo en todas estas conversaciones tan pesadas que teníamos.

—De acuerdo. Pero de veras te digo que... basta ya —le dije, a falta de encontrar mejores palabras—. Te entiendo y sé que estás intentando superar muchas cosas ahora mismo, pero yo estoy harta del todo. Estoy harta de esta montaña rusa. No puedo más —le dije con firmeza.

—Lo sé —dijo asintiendo con la cabeza. Seguimos hablando durante un rato. Fui más firme que nunca con él. Cuando me decía algo vago o impreciso, le decía "Para. ¿Qué significa eso?" Y entonces él me lo explicaba con mayor claridad. He de decir que, cuando comunicábamos, lo hacíamos muy bien. El problema era cuando no comunicábamos. Ahí es cuando nos perdíamos y sobreanalizábamos las cosas.

Hablamos brevemente sobre dónde nos encontraríamos, pero para ser honesta, no sentí que la decisión estuviese tomada. En ese punto, sentía que Javier era capaz de cambiar de opinión otras cinco veces más durante las siguientes tres semanas. Solo me creería que nos íbamos a ver cuándo estuviese delante de él en Italia. *Si es que llegaba* a estar delante de él en Italia.

Acordamos que hablaríamos la noche siguiente, una vez llegara a París y él a Nápoles. Sentada en mi nuevo sitio favorito en mi último día en Ámsterdam, decidí que había llegado la hora. Era hora de bajarme de la montaña rusa. Era hora de centrarme sola y exclusivamente en mí y no permitir que lo que estaba afrontando Javier me afectase de forma tan enorme. Oh, Gabrielle, cariño. Como ya dijiste antes: del dicho al hecho...

A la mierda con la estrechez de miras

(Barrio rojo, marihuana, prostitutas y shows eróticos).

DÍA DIEZ

Después del torbellino emocional con Javier, era hora de escribir un poco. Escribí durante tres horas, bebiendo montones de té mientras disfrutaba del sonido del viento y la lluvia en el exterior. Cada vez que terminaba de escribir acerca de una experiencia, sentía una cierta cantidad de paz interior.

Hice planes con Yeung, de la visita a pubs, para hacer algo de turismo por Ámsterdam esa noche. Me preparé y bajé a la ciudad en autobús. El cielo por suerte se despejó y la ciudad estaba rebosante de gente. Me encontré con Yeung en el punto que acordamos y comenzamos la noche. ¿Primera parada? ¡El museo del sexo, por supuesto!

Solo tardamos unos veinticinco minutos en terminar la visita del museo. La verdad es que, andar mirando tantas cosas de contenido sexual con un asiático aparentemente reservado que acababa de conocer fue una experiencia diferente. Nos detuvimos ante dos estatuas gigantes de penes y él insistió en que mi hiciera una foto con ellas. En fin, ¿quién soy yo para negarme a una sesión de fotos con dos pitos? En ese sitio había *tantos y tantos* penes y vaginas. Tenían esos muñecos de animatrónica como los de Piratas del Caribe en Disneyland. Algunos salían de repente para sorprenderte; otros estaban en plena posición sexual; y algunos incluso estaban como luchando, golpeándose mutuamente. Había un poco de todo: pinturas, porno, estatuas de partes corporales; todo ello con montones de vello púbico. Aparentemente la depilación no estaba de moda antes. Perras suertudas. Nos pasamos la visita riéndonos por lo escandaloso que era todo lo que vimos.

Posteriormente nos detuvimos a compartir un plato de las famosas papas fritas de Ámsterdam. En realidad, las sirvieron en un cono de papel con las papas y empapadas en la salsa de tu elección. Elegimos alioli, mayonesa con ajo. ¡La puta madre! Podía sentir como mi culo crecía con cada mordisco a esas papas. Pero eran *tan* deliciosas que me daba igual. Compartimos las papas y caminamos por una de las preciosas y únicas calles de Ámsterdam, tan abundantes en la ciudad. Vimos una tienda y Yeung se detuvo y comenzó a apuntar a unas pulseras. Vi una de color rojo que me gustó, hecha con hilo y con un atrapasueños en la parte delantera. Era perfecta. Pagué los tres euros que valía y pedí al tipo con rastas que me lo vendió que me la pusiera.

Cenando, le dije a Yeung que me explicara su historia, ya que yo ya le había explicado los puntos salientes de la mía en la visita a los pubs. Esperé mientras él pensaba qué decirme.

—¿Mi historia? —dijo, dudando—. Hmm... —Tartamudeó un par de minutos y finalmente se rindió—. No sé que decirte... estoy en blanco —y se echó a reír.

¿Estás en blanco? Pensé. ¿Sobre tu vida? ¿Sobre lo que te ha sucedido en el primer cuarto de siglo de tu vida? Una parte de mí se sintió triste de que no tuviera historias que él considerase que le definían. Era como si hubiese pasado por la vida mecánicamente, haciendo lo que "se suponía" que debía hacer. Otra parte de mí sentía envidia de que su historia fuese así de simple. Nada de muertes, ni desagradables divorcios, ni amores arrancados de su vida con violencia. O quizá sencillamente no quería abrirse y compartirlo.

A continuación, fuimos a hacer el tour en bote por el canal, una forma fantástica de ver la ciudad. Nos llevó arriba y abajo por numerosas vías navegables, permitiéndonos admirar la increíble arquitectura de la ciudad. Fue verdaderamente lindo. Entendí por qué la gente adora esta ciudad. El sol se puso conforme navegábamos por las aguas y entonces una multitud de luces comenzó a alumbrar la ciudad.

La última parada en nuestra lista, aunque no por ello menos importante, era el famoso *Red Light District* o *barrio rojo*. Era una sección muy conocida de la ciudad, básicamente una calle enorme, donde había mujeres en cristaleras iluminadas con luces rojas, esperando a hombres que quisieran… ejem… pagar por sus servicios. Las ventanas se alquilaban como si fuesen stands en un mercadillo. Me parecía algo totalmente de locos. ¿Pero verlo en la vida real? Eso sí que fue alucinante. Y lo más increíble fue ver a hombres *entrar de verdad*. Sí, esto iba en serio. Algunas de las mujeres estaban de pie en actitud seductora en sus ventanales, otras golpeaban el cristal para obtener la atención de los hombres que pasaban por delante. Pero la mayoría estaban ahí sentadas usando sus celulares, con aspecto de estar más aburridas que en toda su vida, lo que me pareció increíblemente gracioso. Incluso vi a una comiendo una bolsa de Cheetos. Menuda imagen, no me podía creer que fuera real.

Paseamos por el barrio, absorbiendo toda la locura que nos rodeaba. Pasamos por delante de docenas de shows de sexo en vivo, donde según me dijeron las bananas se usaban muy a menudo. Era como caminar por un mundo totalmente nuevo.

Tras tomarnos algo, fuimos a caminar por "los callejones". Yeung lo sabía *todo* sobre los callejones y estaba extrañamente entusiasmado con la idea de ir a verlos. Se trataba de secciones concretas del barrio rojo, separadas específicamente para ciertas clases de mujeres. Había el "callejón de las gorditas" (nombre que me pareció un poco ofensivo), el "callejón de las travestis" (venga ya, Ámsterdam; es hora de entrar en este siglo), y atención: el "callejón de las abuelitas". Así es, señoras y señores. Por el precio justo, puedes disfrutar de un ratito picante con una señora de setenta y cinco años, o más incluso. Hasta si quieres se quitan la dentadura postiza para ti. En serio.

El primer callejón que encontramos fue el de las gorditas. ¿Saben?, *esto* es lo que va mal en nuestro mundo. ¿Chicas con curvas? Sí. ¿Voluptuosas? Sin duda. ¿Pero gordas? De eso nada. El nombre no hacía honor a la realidad. A continuación, llegamos al callejón de las travestis. Se olía en el ambiente que había algo... distinto. Pero difícilmente se daría uno cuenta si el nombre en sí del callejón no anunciara el "contenido". Francamente, todas me parecieron muy lindas. Felicitaciones, muchachas. No fuimos capaces de encontrar el callejón de las abuelitas. Y sinceramente, mejor así.

—¿Has oído hablar de los *peep shows*, los shows eróticos? —me preguntó Yeung mientras caminábamos por las locas calles del barrio rojo.

—Eh... ¿no? —dije, dudando a estas alturas.

—Entras en una cabina reservada, pagas dos euros y se abre una ventana, y puedes ver lo que pasa dentro —me explicó.

—Suena aterrador —dije con tono inexpresivo.

—Vamos allá —dijo.

—Madre mía... —dije, aceptando mi destino.

Mientras hacíamos cola para entrar a lo que parecía una de las atracciones más populares del barrio rojo, hice un comentario acerca de la chifladura de todo esto.

—¿De dónde son ustedes? —nos preguntó un muchacho que esperaba en la cola junto a nosotros.

—California —respondí.

—¿Dónde exactamente?

—Los Ángeles —dije.

—¿Dónde exactamente? —repitió de nuevo.

—Woodland Hills —contesté.

—¡Venga ya! Yo soy de Fullerton —dijo entre carcajadas. Les digo una cosa, la cantidad de americanos que había conocido en este viaje era de locos. Se llamaba Jason y estaba con un canadiense llamado Travis. Se habían conocido la noche anterior en su albergue y habían ido juntos a la misma visita de pubs que nosotros hicimos días antes. Los cuatro hablamos durante unos quince minutos mientras hacíamos cola.

Jason y Travis entraron justo antes que nosotros. Cuando salieron tras los dos minutos que pagaron, los dos se estaban partiendo de la risa.

—Voy a pegar mi oreja a la puerta para oír tu reacción —dijo

Jason. Se echó a reír al ver la confusión en mis ojos, fruto de la situación actual y del barrio rojo en general.

Yeung y yo entramos en un reservado del tamaño de una cabina telefónica. Yeung introdujo dos euros en la ranura y la ventana se abrió.

—¡DIOS MÍO! —solté involuntariamente y en voz muy alta. Pude oír a Jason y Travis partiéndose de risa por mi reacción detrás de la puerta. Ahí, delante nuestro, tan solo separados por una ventana, había un hombre y una mujer teniendo sexo en una cama circular rotatoria. Porno real, legítimo. Me quedé ahí totalmente anonadada con mi nuevo amigo, observando este... ¿show? Era una de las cosas más bizarras que jamás había visto. Para colmo, el hombre y la mujer miraban a los ojos de la gente que estaba observando el show. Raro no, lo siguiente. Fueron los dos minutos más largos de mi vida.

Salimos de la cabina y fuimos caminando hasta la calle, donde Jason y Travis nos estaban esperando. Pasamos cinco minutos hablando de la locura que acabábamos de ver.

—No me puedo creer que ese sea... o sea... su *trabajo*. Es como: "Bueno, voy a trabajar y a coger mientras otra gente me mira" —dije.

—¿Crees que se conocen? —preguntó Yeung.

—Bueno, él no llevaba condón —indicó Travis, con su acento canadiense. Así es, no llevaba condón. Su enorme e incircunciso pene estaba al aire libre para que todos lo pudiésemos ver en toda su gloria. ¡Dios santo!

—¿Quieren venir a tomar algo con nosotros? —preguntó Jason.

—Claro, vamos —dijimos Yeung y yo. Los cuatro fuimos caminando hasta un bar, donde nos sentamos en una mesa de la planta baja, alejada del bullicio y la gente.

Jason tenía veintidós años y estaba viajando solo también. Travis tenía veintiuno y viajaba con otro amigo canadiense que se había quedado en el albergue, enfermo.

—Así que estás viajando sola, ¿Gabrielle? ¿Cuál es tu historia? —preguntó Travis. Ay, Dios mío. La preguntita pesada de siempre.

—Bueno... es una historia más bien larga —dije soltando una risita y mirando de reojo a Yeung.

—Adelante, cuenta —dijo Jason.

Les di la versión breve, que para entonces ya tenía controlada a la perfección. Cuando terminé, todos estaban con la boca abierta de par en par. Parecía la típica reacción de todo el mundo.

—Guau, qué historia —comentó Jason.

Me hicieron algunas preguntas y hablamos de dónde había estado hasta ese momento. Los muchachos y yo parecíamos tener mucho en común, aun teniendo en cuenta la diferencia de edad, y realmente lo pasamos muy bien charlando. Intercambiamos Instagrams.

—No sé qué destinos tienen planeados después de este, pero tengo una enorme habitación en Mykonos si quieren venir a visitarme —nos dijo Jason a mí y a Travis mientras Yeung estaba en el baño. Había oído hablar de este tipo de cosas entre viajeros. Conoces a gente chida y ellos te ofrecen "Venga, ¡vente aquí después!" y tú vas y dices, ¿por qué no? Sin duda no me negué. Grecia siempre estuvo en mi lista de países a visitar.

Los cuatro salimos del bar y fuimos a un salón de esos típicos en Ámsterdam. Compartimos dos porros y seguimos charlando. Travis insistió en que pusiera el tráiler de alguna de mis películas. A esas alturas, estaba tan colocada que me reí y acepté. Todos insistieron en que verían la película cuando llegaran a casa.

Después de un rato, todos estábamos hambrientos y fuimos a por una nueva ración de las deliciosas papas fritas de Ámsterdam. Cuando terminamos, fuimos de vuelta en dirección a la entrada del barrio rojo.

—Tenemos que hacernos una foto —dije. Todos estuvieron de acuerdo. Bromearon acerca de mi palo paro selfis, antes de admitir que la foto que hice quedó genial, y acto seguido nos despedimos.

—Quizá los vea en Mykonos —dije a Jason y Travis mientras les daba un abrazo de despedida.

—En serio, avísame —dijo Jason.

Yeung y yo caminamos de vuelta a la estación central, desde donde llamé a un Uber. Era demasiado tarde y había fumado demasiada marihuana para descifrar qué autobús era el que me llevaría a casa.

Cuando llegó mi Uber, abracé a Yeung y me despedí de él.

—Pásalo genial en Munich. Estamos en contacto, colega. Ha sido genial conocerte —le dije.

—Lo mismo digo, Gabrielle. Quizá veré tu libro en las estanterías de una librería un día —dijo con una sonrisa.

—Lo verás.

A la mierda con las primeras impresiones

(Sé abierta siempre y decide por ti misma).

DÍA ONCE

Tras dormir por un descomunal espacio de dos horas, me levanté para despedirme de Ineke antes de que se fuera a trabajar. Ineke insistió en que me quedara con el abrigo que me dejó usar durante el tiempo que estuve allí (un abrigo que, por cierto, me salvó la vida; solo había empacado con la idea de viajar a Italia... ¡Ja!) y seguro que me vendría bien en París. Nos hicimos una foto juntas (y con un aspecto absolutamente terrorífico, todo sea dicho) y me pidió que firmara en su libro de invitados antes de irme. Me forcé a dormir un par de horas más antes de levantarme para ducharme, empacar y despedirme de Ámsterdam. Firmé en el libro de invitados de Ineke y le dejé una postal dedicada a ella junto al libro. Estaba un poquito triste por irme de este ecléctico pisito en el que tan a gusto me sentí durante mi estancia.

Tomé el bus hasta la estación central de trenes y encontré el primer tren que tomaría en Europa. Y en dirección a París me lancé. Disfruté mucho en el tren. Era cómodo, tranquilo y mucho menos estresante que volar. Escribí, leí y perdí la mirada en el bucólico paisaje a través de la ventana. Unas tres horas y media después, *bonjour Paris*. Llegué a mi destino.

Al llegar a mi primer albergue no tenía muy claro qué esperar. Muchos de mis amigos me sugirieron que me hospedara en albergues para disfrutar más de la experiencia en mi viaje. Los albergues son famosos por ser la mejor forma de conocer a gente nueva. Y son mucho más baratos que un hotel. Me registré en el albergue y subí a la planta más alta. Había *tantas* habitaciones. St Christopher's era parte de una cadena, y era famoso (sin yo saberlo) como un albergue "fiestero". Entré en mi habitación y era muy linda. Había seis camas (tres literas) cada una de ellas con pequeñas cortinas para abstraerte del resto de la habitación, si así lo deseabas. Teníamos dos baños privados en la habitación (gracias a Dios) y hasta teníamos una pequeña ventana con vistas a la torre Eiffel.

Bajé al bar/restaurante y pedí algo de comer mientras abría el libro número dos: *Los cuatro acuerdos*, de Don Miguel Ruiz. *Los cuatro acuerdos* era una precuela al libro *El quinto acuerdo*, que Javier *insistió* en que leyera. Tras solo treinta y cinco páginas de lectura ya tenía sentimientos opuestos acerca del libro. Algunas de las nociones propuestas parecían sugerir que uno no tenía que asumir responsabilidad por sus acciones, que, si otra persona tenía una reacción hacia ti o hacia algo que tú habías hecho, que esa era *su* elección. Si bien vi muchos puntos buenos y verdades en algunas partes del libro, no pude evitar pensar que la forma en que Javier abordaba las cosas estaba influenciada por estos "acuerdos" en los que creía ciegamente... y no necesariamente en sentido positivo. Por ejemplo, el acuerdo número dos: *"No te tomes nada personalmente. Nada de lo que los demás hacen es por ti. Lo que los demás hacen o dicen es una proyección de su propia realidad, sus propios sueños. Cuando seas inmune a las opiniones y acciones de los demás, dejarás de ser víctima de sufrimientos innecesarios"*. Veamos... ¿de veras? Corrígeme si me equivoco, pero no parece que esté diciendo: "No te preocupes si dañas a otros o les causas incomodidad o dolor, porque no tiene nada que ver contigo o lo que puedas haberles hecho. Ellos eligen sentir eso". No puedo decir que esté totalmente de acuerdo con eso en cualquier situación posible, y sin duda no en la que me veía envuelta actualmente. No estoy teniendo esta reacción porque me apetezca, Javier. La tengo porque tú decidiste poner mi corazón en una batidora y bebértelo como si de un batido se tratara. Una esperaría que se lo tomara personalmente. Fue toda una revelación y explicaba en parte cómo estaba (o como no estaba) gestionando toda esta situación Javier.

Después de comer, me eché un rato una siesta. Estaba exhausta. Cuando llegué a la habitación, un rubito neozelandés con carita de bebé sacó la cabeza desde la cama más alta de la litera.

—Hola, soy Gabrielle —dije.

—Greg —respondió él con una sonrisa y un cierto acento.

La gente de Nueva Zelanda, o *Kiwis* como a veces se les llama, son famosos por ser gente adorable. Pasé algún tiempo en Nueva Zelanda cuando era joven y mi madre estaba filmando ahí. Tenía muy buenos recuerdos de la gente que conocí allí. Greg tenía tan solo dieciocho años y había estado viajando durante casi tres meses. Charlamos un rato antes de subirme a mi cama y echarme un sueñecito.

Una llamada por FaceTime de Javier me despertó. Atontada, me puse los audífonos y salí afuera de la habitación para contestar. Ya estaba en Nápoles, planeando hacer un viaje de un día a una isla el día antes de salir hacia San Vito Lo Capo, donde vivían sus amigos. Parte de mí esperaba que encontrase algo de curación con sus amigos. La otra parte se preguntaba si saldrían todos de fiesta y se enrollaría con alguna chica. Y *todo mi ser* sabía que no me iba a permitir pensar al respecto.

Javier me contó una experiencia increíble que había vivido con un chico joven que jugaba al fútbol. Se había acercado a un muchachito que estaba pateando una pelota en una calle de tierra y comenzó a jugar con él mientras su madre miraba y sonreía. Después de jugar juntos un rato, Javier le dio un gran abrazo y le pregunto su nombre. Se llamaba Chris, como el hermano de Javier.

—Eso es increíble —dije.

—Sí. Y había una muchacha en un restaurante con la que charlé un rato. Cuando le pregunté por qué estaba de viaje, me dijo que su padre acababa de fallecer. Cuando me estaba levantando para irme, le pregunté cómo se llamaba su padre. Chris —me dijo.

—Estás de broma —dije casi riendo.

—De locos, ¿verdad? Parece que hay señales por todas partes —dijo.

—Bien. Me alegra ver que eliges verlo de esa forma —dije. Siempre creí en las señales de seres amados que ya no están con nosotros. Noté en su voz que todo eso había tenido un efecto positivo en él. Me alegró ver que estaba siendo capaz de encontrar el lado menos malo de toda esta aflicción.

Tras colgar, sentí que tenía que hacer algo en mi primera noche en París, así que decidí bajar al bar del albergue.

No era un bar. Era un club, con DJ incluido, y una cantidad ingente de personas, y mesas preparadas para hacer torneos de "beer pong". Di una vuelta entera al club y pensé... nop. Demasiado para esta noche. Decidí salir y encontrar alguna linda cafetería parisina, comer algo y escribir. Pero eso *no* es lo que acabó sucediendo.

Solo conseguí caminar dos bloques (en el barrio más bien sospechoso en el que se encontraba mi albergue) cuando un joven muchacho de baja altura que parecía provenir del medio oriente chocó conmigo accidentalmente.

—¡Oh, lo siento mucho! —dijo, con ese acento londinense tan familiar.

—No pasa nada —respondí con una sonrisa.

—No jodas, ¿eres americana? —preguntó.

—Sí.

—¿De dónde? —continuó.

—Los Ángeles —respondí.

—¡No me digas! ¿Adónde vas?

—A cenar por ahí —respondí.

—Camina conmigo. Deja que te lleve —dijo, ofreciéndome su brazo.

Vale, ya sé que todo eso suena muy sospechoso, pero el tipo era muy pequeño y parecía inofensivo. En retrospectiva, probablemente *no* fue la decisión más inteligente del mundo, pero en ese momento... no sé... no me pareció un problema. Comenzamos a caminar y hablamos sobre de dónde éramos cada uno y cosas básicas por el estilo. Él era de Londres y le dije que había iniciado mi viaje ahí, comentándole lo que había hecho durante mi estancia allí.

—Eres tan linda —decía repetidamente, cada pocos minutos. Yo me reía y seguía hablando de lo que fuera que estuviésemos hablando en ese momento. También parecía tener una predilección excesiva por la expresión "Juro por la vida de mi madre que…" y la usaba tan a menudo como un argentino usa la palabra *che*. Durante los primeros diez minutos me todo me pareció correcto. Dijo que me llevaría a comer y me enseñaría la ciudad un poco. Y entonces todo comenzó a tomar una deriva un poco… *extraña*.

—Deja que te diga lo que quiero, Gabrielle. Juro por la vida de mi madre que quiero casarme y tener hijos. Yo podría cuidar de ti… —dijo.

Veamos. En primer lugar, colega… va a ser que no. Aun así, me reí y no le di importancia, diciendo: "No estoy buscando pareja en estos momentos". Y era verdad.

Me invitó a un trozo de pizza de lo más mediocre y nos sentamos en una esquina mientras yo comía. Me preguntó cuál era mi historia y qué me llevaba allí. Ay, Dios mío. Bueno, para ti la versión mega-resumida, amigo. Nada más mencionar lo de mi exmarido poniéndome los cuernos, se levantó de un salto y exclamó (como si una respuesta así de típica fuese algo inesperado): "¡Estás de broma! Si yo te tuviera, yo…"

¿En serio? ¿Quieres llevar la conversación por *ahí*? En fin. Terminé mi historia, omitiendo la mayor parte de detalles importantes. Entonces él me preguntó, sin venir a cuento, cuánto costaba una cama en mi albergue.

—Eh, no lo sé… —le dije, confusa.

—Voy contigo al albergue.

—¡JA! No, al albergue vuelvo sola —respondí, ligeramente en shock.

—Hay otro albergue barato al que podemos ir y pasar la noche —dijo. Literalmente no me podía creer que este tipo creyese de verdad que podía comprarme un trozo de pizza barata y después llevarme a un albergue a dormir conmigo, aunque ya le había dicho con claridad meridiana que no buscaba nada más que un amigo. Era cómico.

—Te repito, no busco nada más que un amigo —dije con firmeza.

—De acuerdo, de acuerdo. Vamos a tomar un trago —dijo.

Para entonces ya me estaba arrepintiendo de haberme comprometido a salir en esta pequeña aventura en primer lugar y estaba deseando estar sola en una linda cafetería ingiriendo un montón de calorías, algo que merecería más la pena que lo que estaba haciendo. El tipo me agarró de la mano y comenzó a caminar, y cuando me quise dar cuenta estábamos en la zona de los camellos y drogadictos de París. Genial. Y así es como morí.

No, es broma. El tipo habló en francés con varias personas, pidió un cigarrillo a alguien y luego seguimos caminando (gracias a Dios).

—Me conocen todos —dijo. Genial. Ahora que sé que eres íntimo con todos los camellos de París, me siento mucho más tranquila, colega. Estoy caminando por la zona más peligrosa de París con un tipo que conoce a todos los que se ganan la vida aquí. Fantástico.

—¿Me puedes llevar de vuelta ahora? —pregunté conforme nos alejábamos de la "farmacia".

—¡Vamos a tomar un trago, Gabrielle, venga! —dijo, quejándose.

—Estoy muy cansada, quiero volver al albergue —le dije con firmeza. Por suerte, comenzamos a volver. Todo esto pasó de situación normal a situación muy incómoda y casi escalofriante muy rápido. Finalmente aceptó llevarme de vuelta, pero estaba totalmente decidido a conseguir mi información de contacto para poder "sacarme de fiesta" por París. Sí, claro.

—Mejor dame tu WhatsApp —le dije, insistiendo. Le añadí sin poner el código de país correcto. Se llamaba Sid. Sí, como el niño malévolo de *Toy Story*. ¿Hace falta soltar una broma al respecto a estas alturas?

—Por favor, Gabrielle. Llámame, por favor —dijo.

—Sí, vale. ¡Gracias por la pizza! —respondí, con unas ganas locas de quedarme sola. Me dio un incómodo abrazo y me apretó como si le estuviera diciendo adiós a un cachorrito que acababan de darle. Me volteé y caminé directa a mi albergue sin parar.

Cuando llegué había al menos cincuenta personas intentando entrar al club del albergue. Mientras evaluaba cómo entrar, sentí una mano tocándome la mano con la que sostenía el celular en el bolsillo de la chaqueta. ¡Joder! ¡Alguien estaba intentando robarme! Por suerte tenía el celular agarrado con la mano. Hubiera perdido la chaveta.

Finalmente llegué arriba, con una sensación desagradable e incómoda. Era la primera vez en este viaje que me había sentido insegura. Agarré el celular y llamé por FaceTime a Javier.

Le expliqué la noche que acababa de vivir y que solo necesitaba una cara familiar que me dijera que todo estaba bien, y él lo comprendió. No puedo decir que me ayudara mucho esa noche. Sí, estuvo ahí para responder a la llamada, pero algo era... distinto. Sentí que había menos amor y no mucha compasión, y esa fue la primera vez que sentí eso viniendo de él.

Me preparé para ir a dormir tras conocer a otro de mis compañeros de habitación, un hombre de treinta y dos años de San Francisco llamado Brad, que trabajaba en la industria tecnológica y era un tipo muy agradable.

Me subí a la litera, cerré mi cortina y me puse los audífonos. Miré la pantalla de mi celular y vi el mensaje que decía: "Tú puedes". Venga, Gabrielle... *tú puedes*. Joder, París. No seas así de mala conmigo, por favor.

A la mierda con el karma

(Es una puta perra... actúa en consecuencia).

DÍA DOCE

Me desperté al son de un sinfín de mensajes en mi celular. Atontada aún, me volteé en la cama para ver qué estaba pasando, y me levanté de repente con los ojos abiertos como platos. Era un amigo mutuo de Daniel y mío. Habían despedido a Daniel. ¡Guau! Este era el trabajo por el que tan duro había trabajado y que iba a ser su carrera profesional el resto de su vida. ¿Cómo es posible que permitiera que se malograra? Escribí a Emma y Jess. Respondieron rápidamente.

Emma/Jess: El karma es una perra.

Así es. De veras que lo es. Aun así, después de todo lo que Daniel había hecho, lo violada que me hizo sentir y lo increíblemente irrespetuoso que decidió deliberadamente ser conmigo durante tanto tiempo, y lo verdaderamente agradecida que estaba de salir de una relación así de tóxica, me sentí mal por él. Nunca inicié el divorcio pensando "Voy a arruinarte y a quitarte todo por lo que has trabajado". Si hubiese querido hacer eso, hubiera entrado a su lugar de trabajo y le hubiese pegado plantado en público el gigante paquete de pruebas que tenía en mis manos. Nunca quise arruinarle o destruir su carrera profesional. Solo quería divorciarme y recibir lo que me tocaba. Llamé a la amiga que me dio la noticia.

—Los guardias de seguridad tuvieron que escoltarle fuera de las instalaciones. Estaba lanzando cosas y gritando como un loco. Es como si alguien o algo le hubiese poseído —dijo.

—No lo entiendo. ¿Qué razón le dieron? —pregunté.

—Gabrielle, había estado llegando tarde al trabajo continuamente porque estaba con Laurel. Le dijeron que dejara de publicar tonterías en las redes sociales, pero él siguió haciéndolo igualmente. Incluso le dijeron que no podía estar con Laurel en las instalaciones y le vieron enrollándose con ella a través de las cámaras de seguridad, justo a la salida de las instalaciones. Había un millón de razones. Estaba siendo un empleado horrible —me comentó.

—Pues no lo entiendo. Se esforzó tanto por ese trabajo, era lo que más le importaba —dije, conforme escuchaba, asombrada. Por supuesto, Daniel y su abogado afirmarían que le despidieron a causa de un e-mail que envié a las quince personas del mundo de los deportes con las que entablé amistad, las que vinieron a mi boda. Un e-mail bastante suave, maduro y contenido, dicho sea de paso. Ese e-mail lo había enviado hacía ya dos meses, y hasta ahora no había tenido problemas para mantener su trabajo. Pero lo entiendo: cuando eres incapaz de asumir responsabilidad por cualquier cosa en tu vida, tienes que encontrar un culpable. Puede que Daniel se convenciese a sí mismo de que era todo mi culpa, y no puedo hacer nada al respecto. Pero buena suerte intentando convencer a un juez o a cualquier persona que realmente importe en esta situación. Aun así, me sentí mal por él. Supongo que eso significa que soy un ser humano y no una mala persona. Pero Emma y Jess tenían razón. El karma es una puta perra.

Pero ya basta del drama en casa. Estaba en París, ¡joder! La ciudad del *glamour*, donde se filmaron grandes películas, donde la gente cenaba café y crêpes, y paseaba por parques admirando la torre Eiffel. Conforme me preparaba para el nuevo día, Greg, el joven kiwi, asomó su cabecita desde su cama.

—¡Buenos días! —dijo, medio dormido.

—¡Buenos días! —respondí.

—Creo que voy a ir a Versalles mañana. Hay un servicio de enlace que va directo y sale desde la entrada del hotel.

—¡Bien! Estaba pensando en ir a Versalles mañana, también. Podemos ir juntos si quieres —le ofrecí.

—Genial, buena idea.

—Perfecto —dije sonriendo. Era un espíritu joven. Me sentí como una hermana mayor de inmediato. Terminé de prepararme, ahora que ya teníamos planes para mañana.

Esa noche iba a ir a cenar con un amigo. Durante nuestra estancia en el St. Regis de Bora Bora en nuestra increíble luna de miel, Daniel y yo nos hicimos amigos del sumiller (un experto en vinos) del mejor restaurante del lugar. Su nombre era Timothée y era de París. Cuando dejó de trabajar en Bora Bora, él y su esposa, Alice (se conocieron trabajando allí, qué adorable), se trasladaron de vuelta a París. Incluso hicieron una parada en Los Ángeles, y Daniel y yo les llevamos a cenar. Timothée era una persona muy dulce y estaba deseando ver una cara familiar esa noche.

Agarré el abrigo de Ineke y salí a explorar París de día. La primera parada: tomar un autobús hacia la torre Eiffel. Me bajé en una estación cualquiera y paseé por las calles de la ciudad. Estaba buscando una cafetería donde tomar un desayuno y leer un rato. Mientras caminaba, me topé de bruces con la torre Eiffel. Miré hacia arriba y admiré la gigantesca estructura metálica y una vez más me sentí tan tremendamente pequeña. Esa sensación parecía ser un tema recurrente en este viaje. Me hacía sentir indefensa, si he de ser honesta. No soy más que un ser humano en un océano con miles de millones de personas. ¿Dónde exactamente encajaba yo? En fin, la vista era realmente increíble. Paseé por el parque que había justo en frente e hice una foto (una vez más, el palo de selfi vino al rescate). Publiqué la foto con un mensaje: "En francés no se dice 'te echo de menos'. Se dice 'tu me manques', que significa 'me faltas tú'". Me pareció muy apropiado teniendo en cuenta cómo me había estado sintiendo con todo este lío de amor y desamor en el que me veía envuelta. No echaba de menos a Javier. Literalmente me sentía como si alguien me faltara, como si me hubiesen quitado un pedacito de mi corazón.

Encontré una cafetería cerca de la torre Eiffel y me senté en una pequeña mesa en la terraza. Qué lindo todo. Pedí un café con leche y una crêpe con mermelada de fresas. Estaba jodidamente deliciosa y me recordó a mi infancia. Mi madre a veces preparaba crêpes los fines de semana cuando yo era niña y cuando le di el primer mordisco fue como trasladarme a través de los sentidos a una memoria de cuando las cosas eran mucho más sencillas. Saqué *Los cuatro acuerdos* y seguí leyendo donde lo había dejado el día anterior.

Terminé la deliciosa crêpe y caminé hacia la torre Eiffel de nuevo. Había dos formas de llegar a la parte alta de la torre: caminando por la escalinata con cientos de escalones o tomando el elevador. Con todo lo que había estado comiendo, pensé que un poco de ejercicio no le vendría mal a mi cuerpo (ni a mi culo). Comencé la larga escalada hacia arriba. En el primer nivel había un restaurante, un stand de café y helados y un montón de puntos desde los que disfrutar de las vistas. Y les digo una cosa: esas vistas eran absolutamente increíbles. Se podía ver la ciudad entera, en todas direcciones. Era realmente una vista preciosa. Me pasé quince minutos caminando y disfrutando de la ciudad desde ese punto panorámico, y acto seguido continué con la siguiente tanda de escaleras. El siguiente nivel era aún más lindo, algo que no pensé que fuera posible. Por suerte, no tengo problemas con las alturas, porque la verdad es que eso estaba muy *alto*. Había una tienda de macarrones en ese nivel, así que compré unos cuantos, y caminé agarrada a la baranda, disfrutando de esos increíblemente deliciosos dulces. Llegados a ese nivel, la única forma de llegar a la cumbre de la torre era tomar un elevador. Esperé en la cola y me monté en el elevador para llegar arriba del todo. La sensación arriba del todo era excepcional. Te sentías tan pequeña mirando hacia abajo. Era como ser un pájaro encaramado arriba de una montaña. Encendí los datos de mi celular rápidamente y llamé a mi madre por FaceTime. No contestó, así que llamé a mi padrastro y le mostré las vistas. De nuevo, la tecnología es algo increíble. El hecho de que pueda estar en la cumbre de la torre Eiffel y a la vez ver la cara de mi padrastro en Taos, New Mexico, me parecía alucinante. Creo que a menudo no sabemos valorar lo increíblemente conectados que podemos estar, aunque estemos en la otra punta del mundo. Pasé un rato disfrutando de las vistas antes de iniciar el largo descenso.

Tomé las escaleras desde el segundo nivel y bajé hasta poner pie a tierra.

A continuación, fui hacia el Palais de Chaillot, donde debía encontrarme con Timothée. Hice fotos de las majestuosas estatuas y de la torre Eiffel desde diferentes perspectivas. Era realmente lindo. Estaba nerviosa por si no iba a ser capaz de encontrar a Timothée en esa esquina a la hora que habíamos quedado. Había mucha gente en la calle. Entonces, entre la muchedumbre, oí una voz familiar con un fuerte acento francés:

—¡Gabrielle!

—¡Hola! —grité en respuesta, a la vez que corrí a abrazarle. Timothée era un hombre de complexión pequeña, con tez oscura y ojos claros, y una sonrisa de lo más dulce. Tenía un aspecto muy francés. Su inglés era bueno, solo usando alguna que otra palabra incorrecta ocasionalmente; si bien a veces necesito que repita algo tres veces antes de descifrar el significado, por su acento. Estaba trabajando de gerente en el Aquarium de Paris Cinéaqua y me ofreció un recorrido privado del lugar.

Caminamos por el acuario, que estaba vacío porque ya habían cerrado, y admiramos la gran variedad de peces, tiburones y otras criaturas marinas. Lo más chido del acuario es que también era uno de los clubs nocturnos más populares de la ciudad. Timothée me llevó a una enorme habitación donde se encontraba la pista de baile. Detrás de las mesas de servicio de botellas había una gigantesca cristalera con peces nadando al otro lado. Era *realmente* chido. Le daba mil vueltas a cualquier club de Las Vegas que yo haya visitado.

—Normalmente tenemos una sirena que nada ahí dentro cuando el club está abierto —dijo.

—Perdona, ¿cómo? —pregunté.

—Una sirena —repitió.

—¿¡Una puta sirena de verdad?!

—Bueno, es un ser humano, pero vestida de sirena —dijo riendo.

—¡Claro! ¡Eso es super chido!

Qué sitio más chido para montar un club nocturno, y qué genial era que un amigo que hice en Bora Bora en mi luna de miel fuera el gerente. Qué cosas tiene la vida.

—Podemos venir al club mañana si quieres —me ofreció.

—Ejem... ¡SÍ! —dije sin dudar.

—Bien, reservaré una mesa —dijo, como quien no quiere la cosa. Genial.

Salimos y paseamos por la ciudad durante un rato, a lo largo de la famosa calle comercial de los Campos Elíseos, con Timothée señalando las tiendas más famosas. Y llegó la hora de recoger a la mujer de Timothée, Alice, en el precioso hotel en el que trabajaba. La recogimos y fuimos a cenar en un pequeño restaurante llamado Shirvan Café Métisse. La comida y las bebidas en el sitio eran una absoluta delicia. Nos pasamos horas hablando, comiendo y bebiendo. Me encantaba cómo en Europa nada se hacía con prisas. Disfrutar de una comida durante horas y horas era algo totalmente normal. Les di detalles de lo de Daniel, algo que estoy segura que se morían por oír pero eran demasiado educados para preguntar. Les hablé de Javier y de cómo acabé en esta gran aventura por Europa por mi cuenta. Alice dijo rápidamente que era una locura, pero a la vez increíble que decidiese venir igualmente por mi cuenta.

—Realmente es prueba de tu fortaleza. Es increíble —dijo. Había oído eso muchas veces en este viaje. Y, o sea, sí, supongo que es un hecho. Solo desearía sentirlo más a menudo. Una parte de mí sin duda sentía que era tipa dura y atrevida por decidir ir en este viaje; y la otra parte de mí se sentía tan destrozada y derrotada. Hmm... Creo que hay una "cebolla de pensamiento" aquí. ¿Pensamiento superficial?

• La gente debe pensar que mi vida es una broma.

Siendo honestos, todo el mundo había visto que me habían mentido y engañado, que me había divorciado, enamorado de nuevo y que me habían echo pedazos el corazón, todo en tan solo tres meses. ¿Pensamiento auténtico?

• Siento que soy un fracaso.

Sí. Definitivamente me sentía así, y mucho. Un matrimonio fracasado. Una relación fracasada. Fracaso al intentar no recaer en viejos hábitos. Todo fracasos. Bueno, ¿cuál es el pensamiento subconsciente?

• Pero aún sigues aquí.

Y ahí estaba. La perla de sabiduría subconsciente. ¿Qué importaba si me habían mentido y engañado y habían roto conmigo? Nada de eso estaba bajo mi control. ¿Qué estaba bajo mi control? Tener el coraje para *seguir adelante*. Hacer este viaje. No derrumbarme y caer en mil pedazos. Así que, sin importar lo derrotada y destrozada que me sintiera, sabía que era una mujer fuerte.

Tras una extensa y fantástica cena, y con los estómagos tan llenos que nos costaba respirar, Timothée y Alice se ofrecieron a llevarme de vuelta a mi albergue. Me sentí aliviada por no tener que ponerme a rebuscar entre las líneas de tren y autobús en una ciudad que no me parecía la más segura del mundo por la noche. Alice se ofreció a lavar en su casa por mí la ropa que necesitara, un detalle muy lindo por su parte... y algo muy necesario para mí, también. Subí a la habitación y agarré la bolsa de ropa sucia, se la entregué y me despedí de ambos, tras quedar con Timothée la noche siguiente en el club.

Entré de nuevo en el albergue y charlé un rato con Greg y Brad antes de meterme en mi cama. Por fin una noche que me voy a dormir antes de la 1 AM, pensé. Eché un vistazo a mis e-mails y vi que había uno de mi abogado. La avalancha. Me venía cada vez que veía un e-mail de él. No porque tuviera ningún tipo de sentimiento hacia Daniel, porque créanme: no lo tenía. Era porque era un recordatorio de lo que tendría que afrontar cuando volviera a casa. Abrí el e-mail a regañadientes para ver qué estaba pasando en ese circo que era nuestro divorcio.

El abogado de Daniel (que era un abogado de derecho penal, no de derecho familiar) escribió un e-mail a mi abogado (que era, como tocaba, abogado de derecho familiar) que solo podría describir como un email que escribiría un niño de cinco años después de ver demasiados episodios de *La ley y el orden*. En su mensaje, que lo retrataba como un verdadero imbécil, despotricaba y se quejaba de que *yo* era la razón de que Daniel perdiera su trabajo (¿ven cómo soy pitonisa?) y decía que se iban a querellar contra mí por difamación. Momento educativo breve: la definición de difamación es "la acción o crimen de realizar una declaración *verbal* falsa y que daña la reputación de una persona". ¿Ven el problema ahí? Yo no fui por ahí hablando con la comunidad deportiva y diciéndoles que Daniel se había estado acostando con una niña. Simplemente escribí un e-mail a un pequeño grupo de gente que había conocido personalmente en los últimos cinco años, explicando solo que nos separábamos porque Daniel había tenido un *affaire* durante seis meses. Nunca deja de asombrarme cómo un adulto bien crecidito puede actuar como un niño malcriado y temperamental. Tras leer el largo, amenazante e impertinente e-mail del abogado de Daniel, de repente ya no me sentí tan mal. Me tapé bajo las mantas de la cama, me puse los audífonos y encendí la aplicación de ruido blanco de fondo (que literalmente me salvó durante este viaje). Tomé una profunda y reparadora respiración, sonreí y pensé: sí. El karma *es* una puta perra.

A la mierda con los sueños hechos realidad

(Cumple todos los que puedas… aunque sea por tu puta cuenta).

DÍA TRECE

Me levanté descansada, rejuvenecida y lista para el épico día que tenía planeado. Greg y yo planeábamos ir de aventura por Versalles durante el día, y al atardecer tenía una entrada para el Moulin Rouge. Los que me conocen saben lo increíblemente alucinante que eso era para mí. *Moulin Rouge* es una de mis películas favoritas de la historia y estaba superexcitada ante la idea de estar *en* París y poder ir a ver el show *de verdad*. Tras el show, la idea era ir al acuario y encontrarme con Timothée en el club nocturno. Un programa bastante épico para el día, o eso al menos me dije a mí misma.

Greg y yo bajamos de nuestra habitación y tomamos el servicio de enlace que nos llevó de nuestro albergue al palacio de Versalles. En la furgoneta conocimos a un tipo muy chido de Uruguay que estaba hospedado justo en la habitación al lado de la nuestra. Charlamos los tres durante el viaje de treinta minutos hasta Versalles. Cuando salimos de la furgoneta, nos quedamos todos boquiabiertos. El palacio realmente era indescriptible. La gigantesca estructura del palacio era verdaderamente impresionante a la vista y estaba *recubierta* en oro. No creo haber visto más oro en vida que ese día.

Una vez dentro, nos aventuramos a explorar el enorme palacio. En cada habitación en la que entramos, Greg y yo nos quedamos con los ojos abiertos como platos, y uno o el otro diciendo algo como:

"¡Joder!". Después de un rato, tras ver más oro y más habitaciones de lo que hubiésemos creído posible a priori, decidimos ir a ver los famosos jardines. Yo había estado esperando a que llegara el momento de caminar por los jardines en busca del lugar perfecto para ponerme a escribir. Les aseguro una cosa: no decepcionaron.

Los jardines se extendían a lo largo de millas y estaban repletos de fuentes, árboles, estatuas, flores y lindos paisajes. Te podías perder ahí durante horas, y eso hicimos, charlando sobre nuestros viajes conforme paseábamos. De repente, por sorpresa, se puso a llover a cántaros. La gente empezó a sacar paraguas y a resguardarse de la lluvia y yo le di a Greg mi celular.

—¡Hazme una foto! —dije, a la vez que corría hasta la fuente y empecé a bailar bajo la lluvia. Totalmente empapados, nos resguardamos de la lluvia bajo una hilera de enormes árboles que teníamos cerca.

Una vez la lluvia cesó y después de caminar por los jardines cerca de una hora, volvimos a la entrada. Decidimos ir cada uno por nuestro lado y encontrarnos en el punto de recogida de la furgoneta en un par de horas. Encontré una cornisa desde la que se podía admirar el paisaje, que me recordaba a un laberinto. Me sentía optimista e inspirada. Sentada en esa cornisa, hice una foto y la publiqué. Añadí el siguiente texto a la foto: "Hoy elijo la vida. Cada mañana cuando me levanto, puedo elegir júbilo, alegría, negatividad, dolor... Para sentir la libertad que se deriva de ser capaz de seguir cometiendo errores y tomando decisiones, hoy elijo sentir la vida; no para negar mi humanidad, sino para abrazarla". Esto era algo que tenía que practicar de forma continua. *Elegir* lo que quería sentir en lugar de sencillamente dejar que fuerzas externas dictasen mis sentimientos. No dejar que me afecte ninguna noticia de Daniel, la saga de Javier ni cualquier otra variable que estuviese fuera de mi control. Aunque del dicho al hecho, hay un trecho. Sentada en mi pequeña cornisa particular y escribí un capítulo de mi libro. Este era un sitio creativo, mágico.

Pasaron dos horas volando y volví para encontrarme con Greg en la furgoneta. Cuando llegamos al albergue, era hora de prepararme para la larga noche que me esperaba. Antes de prepararme, reservé mi estancia para el siguiente destino. Decidí que iría adonde mi corazón me estaba diciendo que fuera todo este tiempo. *Barcelona*. Todavía estaba dudando si ir con un breve vuelo de una hora o en tren, que serían seis horas y media de viaje. Como no me iba de París hasta el lunes y aún era sábado, tenía todo el día siguiente para decidirme y hacer la reserva para mi plan de viaje. Eso es lo mejor de Europa: puedes hacer reservas en el último minuto, por capricho. Llevaba empacados dos vestidos y decidí que esta era la noche adecuada para ponerme uno de ellos. Hacía un frío polar en la calle, así que una vez más di las gracias a Dios por tener el abrigo de Ineke. Una vez lista, bajé con Greg, Brad y nuestro vecino uruguayo a tomar un trago antes de irme al Moulin Rouge. Charlamos sobre nuestros planes de viaje, dónde habíamos estado y adónde íbamos a ir después.

—¿Cuál será tu próximo destino, Gabrielle? —preguntó Uruguay.

—Barcelona.

—Ah, te encantará. Es preciosa —dijo. Él venía de España y se paró en varias ciudades distintas, entre ellas Barcelona. Estábamos viajando todos por nuestra cuenta, lo cual era chido. Uno por uno explicamos por qué habíamos decidido viajar solos. Y llegó mi turno. Solté la versión extra-breve. Y otra vez, bocas abiertas.

—¡Guau! —dijo Brad.

—En serio, ¡guau! —añadió Greg—. ¿El libro trata de eso?

—Sip —dije, asintiendo.

—¡Joder! —dijo Brad—. ¡Un brindis por eso! —y todos brindamos. Hice una foto de los cuatro para mis *Stories* de Instagram y añadí un hashtag por cada integrante de la mesa: L.A., Uruguay, San Francisco y Nueva Zelanda.

Era hora de llamar a mi Uber e ir a ver el show. Salí del albergue y me subí en el coche. El conductor me dejó justo delante del gigantesco molino con luces y un nombre inconfundible: el Moulin Rouge. Me detuve un momento en un stand donde vendían crêpes y le pedí al tipo que me hiciera para llevar su crêpe favorita, la que fuera. Me dio una crêpe increíblemente deliciosa, con Nutella, banana y una especie de mezcla de canela y azúcar. Sentí cómo mi culo crecía en el minivestido que llevaba, pero la crêpe estaba tan deliciosa que me dio igual.

Pregunté a una muchacha por la calle si me podía hacer una foto delante de la entrada del show. Sonreí en la esquina con mi gigante crêpe en las manos y de fondo la preciosa imagen de este icónico lugar. Y entonces me di cuenta de una cosa: no tuve ningún tipo de reserva a la hora de pedirle que me hiciera una foto, al contrario de lo que me pasó en Londres. Ya no estaba avergonzada de ir sola. De hecho, estaba orgullosa.

Tras terminar lo que técnicamente fue mi cena, me uní a la cola y publiqué la foto con un sencillo texto: "Sueño. Hecho. Realidad." Estaba tan jodidamente emocionada... incluso estando yo sola. Entré al precioso teatro, que estaba repleto de mesas tenuemente iluminadas, deslumbrantes cortinas y luz ambiental de color púrpura y rojo. Le di mi entrada al hombre francés que sentaba a la gente.

—¿Usted sola? —preguntó.

—Yo sola —dije, con una sonrisa. Pareció sorprendido por ver que iba sola, pero esta vez no me sentí ni rara ni incómoda. Me sentí *poderosa*. Me llevó a una de las mesas delanteras y me guiñó el ojo. Los camareros me trajeron champán gratuito para el resto de la noche. Supongo que vale la pena ir sola. De hecho, sin prisa, pero sin pausa estaba aprendiendo que ir sola por la vida valía la pena en muchos sentidos. Especialmente en lo que respecta a tu pareja.

El show fue una locura. Siendo honestos, la actuación de baile fue más bien mediocre, especialmente por parte de los bailarines masculinos. No obstante, los vestidos tan increíbles que llevaban puestos lo compensaron. No sabía que el show era estilo cabaret de verdad. La mayoría de las mujeres estuvieron en *top less* durante todo el show. Admirando sus perfectos cuerpos, pensé en lo horrible que iba a ser tener que ir al gimnasio cuando volviera a casa después de comer como una cerda durante un mes. En fin, qué le vamos a hacer... Los actos circenses fueron increíbles. Había asistido a muchos shows circenses a lo largo de mi vida, pero este tenía actos que no había visto nunca antes. En cierto momento, una enorme pecera de cristal surgió del piso del escenario con gigantescas serpientes de tres metros nadando en ella. Una mujer se tiró de cabeza a la pecera nadó con las serpientes. Era absolutamente de locos. Hubo incluso un acto basado en la versión cinematográfica de Roxanne, que yo misma coreografié y bailé en secundaria. Fue algo increíble disfrutar de esto en París. Me terminé el champán gratuito justo cuando el show acabó y el adorable camarero que me había estado sirviendo el champán se me acercó cuando yo ya iba en dirección a la salida.

—¿Adónde vas esta noche? —dijo con su acento francés.

—A salir con unos amigos —respondí con una sonrisa.

—Amigos afortunados —dijo. Muy dulce el muchacho, pero no tenía intención de repetir lo de Irlanda.

Subí a mi segundo Uber de la noche y fui a encontrarme con Timothée en el club. Ya era casi la 1 AM cuando llegué, y el club estaba empezando a llenarse. El acuario se había transformado completamente en un club nocturno de primerísimo nivel. Bajamos a la zona de servicio de botellas, donde los peces nadaban tras la descomunal cristalera, mientras todo el mundo bailaba y se lo pasaba bien. Timothée y yo hablamos y bebimos... ¡y bebimos! El lado malo de estar en un club en París (y en la mayoría de los sitios de Europa, dicho sea de paso) es que literalmente *todo el mundo* fuma. Era como si hubiese una máquina generadora de smog dentro del acuario; tanto humo de cigarrillo había. Bailé junto a nuestra mesa y hablé con toda la gente que vino a saludar a Timothée. Cuando me quise dar cuenta, eran las 6 AM. Tomamos un último trago y decidimos irnos.

—Voy a pasar por la oficina rápidamente —dijo un Timothée tan borracho como yo. Fuimos hacia la entrada trasera del acuario, donde se encontraban las oficinas.

—Creo que me quiero ir a Barcelona hoy. Como que no quiero esperar a mañana —dije con la borrachera.

—¿Quieres ver los horarios de los trenes? —ofreció Timothée encendiendo su ordenador. Echamos un vistazo y vimos que había un tren que salía a las 10 AM, solo unas horas más tarde. Los dos estábamos tan borrachos que nos pareció que era totalmente lógico y factible salir a toda prisa, pasar por su casa a recoger mi bolsa de ropa limpia, volver al albergue para empacar todo y cambiarme, y llegar a las 10 AM para tomar el tren de las 10 AM dirección Barcelona.

Intentamos comprar el ticket a través del ordenador, pero no hubo manera; así que decidimos que compraría el billete en la estación.

Eran las 6:45 AM y nos subimos a un Uber en dirección a su casa para recoger mi ropa. A mitad de camino mi espíritu decidió abandonar mi cuerpo y me di con un muro... *bien duro.*

—Necesito dormir —le dije.

—Seguramente es mejor —dijo, mostrando su acuerdo. Gracias a Dios que no fuimos capaces de comprar el ticket. Cuando llegamos a su apartamento esperé en el Uber y él me trajo la bolsa con la ropa limpia. El Uber me llevó de vuelta a mi albergue, adonde entré tambaleándome (de la forma más ordinaria que se puedan imaginar) con mi minivestido y abrigo a las 7:30 AM, oliendo como un cigarrillo gigante. Ni tan solo me lavé la cara, *así* de cansada estaba. Me puse unos pantalones de pijama, miré de pasada a mis dos compañeros de litera que ya se estaban levantando para empezar el día, y caí desplomada en mi cama. No, no me iba a ser posible agarrar un tren en dos horas. De hecho, durante las doce siguientes horas iba a estar fuera de servicio. París 1, Gabrielle 0.

A la mierda con el alcohol

(Soy demasiado vieja para vivir de resacas).

DÍA CATORCE

¿Recuerdan el capítulo de Ámsterdam en el que les dije que las resacas no van conmigo? ¿Que da igual que tenga una cita con el presidente... si estoy de resaca, no voy? Bueno, esta es la razón. Me levanté todavía medio dormida en la cama sin saber qué hora era. Lo que sí sabía es que tenía que vomitar. Por suerte fui lista y escogí un albergue con cuarto de baño en la habitación, porque ese día iba a consistir por completo en viajes de la litera al cuarto de baño y viceversa. Estaba con el ánimo por los suelos. El hecho de que unas pocas horas antes hubiese pensado que estaría en un estado apto para viajar seis horas y media en tren era absolutamente cómico. Mis resacas son lo *peor de lo peor*.

Tras un largo día de vomitar, dormir y más vomitar, finalmente me desperté de una de mis mini-siestas sintiendo que por fin había pasado lo peor. Eran las 5:30 PM. Veamos, ¿en serio esperaban que me fuese de viaje a Europa por un mes y no tuviese *un* día de resaca? No jodan.

Por fin me quité el maquillaje y me lavé la cara. Me sentí como una persona nueva. Me cuesta mucho dormir con el maquillaje puesto. Salí del cuarto de baño y Greg asomó la cabeza desde su cama, la más alta de la litera.

—¿Volviste a la vida? —dijo riendo.

—Arghhh —gruñí en respuesta.

—¿A qué hora viniste?

—Hacia las 7:30... —contesté.

—¡Joder!

—Sí —dije, asintiendo.

Me estiré en la cama y me puse a revisar el celular ya que no lo había ni tocado en todo el día. Tenía un mensaje directo en mi Instagram de un amigo de Javier, Manny.

Manny: ¡Espero que lo estés pasando genial, Gabrielle! ¡Así lo parece!

Manny se estaba preparando para volar a San Vito Lo Capo donde se encontraría con Javier y el resto de amigos. Era de locos pensar que se suponía que yo debía estar ahí en vez de en París.

Yo: Muchos altibajos en el viaje, pero increíble todo en cualquier caso. Espero que te lo pases genial en San Vito! Cuida de él.

"Cuida de él". Dios mío, Gabrielle. Incluso después de todo esto, ¿aún te preocupas por él? ¿Quién cojones se preocupaba por mí? Supongo que eso demuestra lo mucho que importaba él para mí. Aún estaba preocupada por si no estaba bien.

Manny: Lo haré. Estará bien. Hacía tiempo que necesitaba esto.

Yo: Lo sé. Pero es que ha sido realmente difícil. No lo entiendo.

Manny: Créeme, vi cómo estaba contigo. Nunca ha estado así con alguien antes. Eso no puede desaparecer sin más.

Sí. Eso dices tú. Y también lo dicen su madre, Sofía, todas mis amigas... Desafortunadamente, en lo que a él respecta, sí puede.

Manny: Estoy aquí si alguna vez necesitas charlar.

Yo: Gracias. Aprecio más de lo que te imaginas tu apoyo. Buen viaje, Manny.

Manny: Besos.

Me parecía una locura. Todas y cada una de las personas en su vida me decía lo mismo. "Hemos visto cómo estaba contigo", "Nunca ha estado así de bien con nadie", "Sabíamos que esta era la relación que él buscaba". Y yo misma sentía todo eso, también. ¿Cómo puede uno levantarse un día y que todo eso haya desaparecido? Esa es la pregunta del millón de dólares.

Esa noche fue la noche que más pronto me fui a la cama en todo el viaje. Pasé un rato escribiendo y terminé de leer *Los cuatro acuerdos*. Me topé con una línea que me llamó la atención. Decía: "El primer paso hacia la libertad personal es la consciencia". Hmm. Qué interesante. ¿De qué no soy plenamente consciente ahora mismo?, pensé. Bien… recientemente había descubierto que no estaba verdaderamente enamorada de mi marido y que me había casado con él porque era la opción "segura". Había descubierto que me aterrorizaba la idea de estar sola, algo que este viaje me estaba obligando a superar a marchas forzadas. Era consciente de que había descubierto más sobre mí misma en los últimos tres meses que en veintiocho años. Así que, ¿de qué *no* era consciente? Apliqué la "cebolla de pensamientos" al problema general aquí para ver lo que podía averiguar. Pensamiento superficial:

• Siempre necesito/quiero tener un hombre en mi vida.

Una vez más, esto suena ridículo, pero cuando una niñita pierde a su padre y poco más tarde como jovencita pierde a su novio, el resultado es una monógama en serie con una pizca de "síndrome de abandono". Mi madre también es así. Necesitamos una relación, eso es todo. Sea sana o no. Ahora el pensamiento auténtico:

• No sé quién soy cuando no estoy en una relación.

Esto tenía sentido para mí. Siempre solía escoger tipos que necesitaban que yo los "reparara". Obviamente, esto no lo hacía conscientemente, pero está claro que lo hacía. En general me sentía más segura de mí misma, más empoderada y más motivada cuando estaba en una relación. Pero, ¿por qué? ¿Cuál era el pensamiento subconsciente en todo esto?

• Realmente no sé cómo amarme a mí misma.

Sí. Ahí estaba. Realmente no sabía cómo amarme a mí misma. Todo el mundo dice siempre "Tienes que amarte a ti misma antes de que puedas amar a otra persona" o "Amarse a una misma es lo más importante". ¿Pero qué demonios significa eso? ¿Y cómo aprende una a amarse a sí misma? O sea, ahí estaba yo, pensando: *De acuerdo, estoy lista ahora… ¿pero cómo demonios lo hago?* No tenía respuesta a esa pregunta en ese momento. Genuinamente, no tenía ni puta idea. Pero sin duda sabía que lo tenía que averiguar.

Hacía dos días que no sabía nada de Javier. La última vez que hablamos fue el día que llegué a París. Reservé mi billete de tren hacia Barcelona; saldría la mañana siguiente. Tras empacar todas mis cosas me acurruqué por última vez en mi cama, en la primera litera de albergue de mi vida. De acuerdo, universo. Muéstrame la razón por la que debo ir a Barcelona.

A la mierda con las expectativas

(Cuando no tienes expectativas, solo puedes superarlas).

DÍA QUINCE

Desde Londres, le dije a Emma que sentía que algo importante o increíble iba a suceder en Barcelona. Los siguientes capítulos van a demostrar que mi intuición es como un puto ninja, pero a lo bestia. No me quedaba tiempo ya en París, así que me conformé con comprar una pulsera de oro en una tienda en la estación de trenes, para añadirla a mi colección. En el viaje de seis horas y media de París a Barcelona tuve tiempo para escribir y reflexionar sobre la ciudad que estaba dejando.

Cuando llegué a Barcelona, el buen clima de la ciudad me dio la bienvenida, algo que sin duda agradecí después de las lluvias esporádicas y las bajas temperaturas de las primeras tres ciudades que había visitado. Esta era la primera ciudad sin Uber, así que me monté en un taxi y me dirigí a mi albergue.

Había leído muchas reseñas de lo más fantásticas sobre este albergue, lo especial que era, las cenas estilo familiar y las noches de fiesta en grupo. Es algo increíble la enorme cantidad de información que puedes encontrar en las apps hoy en día. "Hostelworld" es casi igualito que Airbnb y puedes ver reseñas, puntuaciones, fotos... todo.

Al registrarme en el albergue me apunté a la cena familiar de esa noche y a la fiesta posterior, que consistiría en ir a un bar y luego a un club llamado City Hall. Después de instalarme en mi habitación, que era compartida con otras ocho personas de ambos sexos, decidí enviar un mensaje de texto a Javier. No había oído de él en más de tres días. Me había cansado de esperar.

Yo: ¿Qué pasa contigo, Veto?

Javier: Hola Ciruela. Estoy aquí en San Vito.
Javier: Pareces estar pasándolo genial en París! Nuevo amigo! Buena comida.
Javier: Me alegra.

Yo: Estoy en Barcelona ahora.

Anda qué te preocupaste por preguntar... o por enterarte... No hemos hablado desde hace tres días y te valió madre saber qué era de mí... Disculpen, continuemos.

Javier: Oh, qué bien.
Javier: ¿Cuándo llegaste?

Yo: Hace unas horas, vine en tren.

Javier: ¿Albergue?

Yo: Sí.
Yo: No sé nada de ti desde hace tres días... Solo quería asegurarme de que estabas bien.

Como si fuera *yo* la que tendría que iniciar esta conversación.

Javier: Ah, sí, todo bien. Me llevó un día llegar aquí desde Nápoles. Es tan difícil llegar aquí. Hay pocos autobuses.

No captó la insinuación en absoluto.

Javier: Pero ya estoy con mis amigos. Lo necesitaba.

Yo: Bien.

Yo: Ayer recibí un e-mail de mi abogado.

Javier: ¿Sobre qué?

Yo: Han despedido a Daniel.

Javier: No me sorprende.

Sí, estoy bien, gracias por preguntar.

Yo: Una parte de mí piensa que el karma es una perra y la otra parte se siente... triste, supongo.
Yo: Pero supongo que eso sencillamente significa que soy humana.
Yo: En fin, pásalo bien con los chicos.

Javier: Por supuesto, tú no eres malvada.
Javier: Vale, hablemos uno de estos días. El Wi-Fi aquí es lo peor. Puedo escribir, pero las videollamadas dan asco.
Javier: Cuídate y pásalo bien.

Yo: Claro, cuando quieras.
Yo: Pásalo genial.

Siempre acababa diciendo "Hablemos pronto" y luego nunca iniciaba él la conversación. Tan típico de los hombres. Perdón; tan típico de él. Y claro, eso me sacaba de quicio. *En fin*, pensé, *por fin estoy en el sitio que tantas ganas tenía de visitar y voy a vivir este momento plenamente.*

Tras instalarme en mi nueva habitación, salí afuera, a la preciosa terraza. Pero antes: en este capítulo aparece mucha gente, así que voy a llamar a los personajes secundarios usando su estado/país y los personajes principales los llamaré por su nombre. Conocí inmediatamente a Arizona, que estaba en la misma habitación que yo. Me parecía tan divertido que estuviésemos en la otra punta del mundo y aun así pudiera conocer a alguien que vivía apenas a seis horas en coche de ti. Me senté y conversé largo y tendido con Quincy, una pequeña rubia teñida de Australia con un pendiente de aro en la nariz y enormes uñas de acrílico. Era una muchacha muy dulce y su energía era maravillosa. Ambas charlamos con Dinamarca, una muchacha de rasgos oscuros que estaba de viaje por su cuenta también.

Tras refrescarnos un poco, todos bajamos para acudir a la cena familiar. Había dos chicos del albergue que se mencionaban en todas las reseñas del albergue: Damián y Alejandro. Ambos eran latinos; Damián era argentino y Alejandro de México. Estaban cocinando y montando un gran alboroto en la cocina, donde nos reunimos unas veinte personas, aprovechando la sangría ilimitada y cena incluida por cinco euros.

Me senté en una mesa junto a Dinamarca, donde estaban sentados otros seis chicos. Tras saludar y conocer a todos, mis ojos se fijaron en el chico que estaba sentado directamente delante de mí. Iba bien vestido, tenía ojos claros y llevaba un corte de pelo de lo más *cool*. Sin duda tenía un *estilo especial*. De inmediato escuché a mi cerebro diciendo "Bueno, si ha de ser alguno, será él". Bufff, Gabrielle... ¿De dónde venía ese pensamiento? Otro viejo hábito saliendo a la luz. No necesitaba un chico para pasarlo bien en esta ciudad. Y tampoco necesitaba volver a tirarme en plancha a una piscina de remordimientos como hice en Ámsterdam.

—Soy Chris —dijo él—. Este es Jacob —dijo, presentándome a su amigo. Jacob era de piel bronceada y aunaba una onda extrovertida junto con una personalidad peculiar. Viajaban juntos desde (adivinen): California. Chris creció en Orange County (madre mía) pero ambos fueron juntos a la universidad y ahora vivían en San Francisco. Ambos tenían veintitrés años (de nuevo: ¿por qué soy tan vieja?).

Tras hablar durante un rato y disfrutar de la deliciosa comida que nos prepararon Damián y Alejandro, llegó la hora de salir. El grupo entero (unas quince personas, más o menos) nos dirigimos a la estación de metro. De camino al metro, una arrojada chica de Nueva York con pelo entre moreno y pelirrojo se me presentó.

—Hoya, soy Mallory —dijo, sonriendo.

Me presenté y le presenté a varios más de los que estaban alrededor. Mallory era de mi edad (por fin) y estaba viajando sola también. Estaba en su tercer mes de viaje y había estado en Israel,

Grecia, Italia, Croacia, Eslovenia, Hungría, República Checa, Alemania, Países Bajos, Bélgica y España. Para rematarlo, tras su loca aventura, iba a ir directa a Australia, adonde se iba a trasladar para trabajar y vivir durante un año. Me impresionó de inmediato su valentía. Estar alejada de casa y de la familia durante tanto tiempo no es fácil. Hablamos un rato mientras caminábamos por las cálidas calles de Barcelona, hasta que nos topamos con otra chica que parecía también ser de nuestra edad. Parecía un poco menos atrevida, así que Mallory y yo nos presentamos. Se llamaba Rhonda y tenía una onda muy de Eva Mendez/Rosario Dawson.

—¿De dónde eres? —pregunté.

—California —contestó. En serio, no sé ni por qué me sorprendo a estas alturas.

—¿Dónde exactamente?

—Los Ángeles —dijo, sonriendo.

—¿Dónde exactamente?

—Reseda —dijo, riendo.

—¡Venga ya! Yo estoy en Woodland Hills —dije. Vivíamos literalmente a quince minutos en coche. De nuevo, el mundo es un puto pañuelo.

Nos apelotonamos en el metro y fuimos hacia el primer bar. Como en Ámsterdam, no lo llamaría exactamente un bar. Era sin duda un pequeño club. Pedimos bebidas que eran literalmente del tamaño gigante que te dan en los clubs diurnos de Las Vegas. Nuestro grupo central (Chris, Jacob, Mallory, Rhonda, Quincy y yo) bailamos, bebimos y nos reímos. Se nos unieron dos canadienses francófonos, ambos con acento francés muy marcado, uno de ellos con ojos azules cristalinos, cabello moreno y una sonrisa muy dulce.

En cierto momento, me encontré de pie junto a Chris.

—Bueno, ¿cómo es que te has aventurado en este viaje? —gritó, para que le escuchara por encima de la música, que sonaba a todo trapo.

—Es una historia jodidamente larga… —dije, mientras él seguía mirándome y sonriendo, esperando que continuara con la explicación—. Bueno, te daré la versión resumen —y procedí a ello ahí, en medio de un bar con la música a tope.

—Joder, menuda historia. Bueno, por si te sirve de algo, pareces llevarlo genial —dijo. En verdad fue muy agradable oír eso. Varias personas me lo habían dicho a lo largo del viaje, pero por primera vez no me sentí un pelín exasperada ante la afirmación. Por primera vez. Chris me habló de su viaje por el sudeste asiático y cómo le había cambiado de verdad como persona.

—Tras un tiempo de vuelta en casa, me volví a convertir en el típico idiota de Orange County —dijo. Nos reímos juntos. Se percibía que cuando viajaba era sin duda una persona distinta, en comparación con cómo sería en casa. Y aunque se le escapaban de vez en cuando las expresiones típicas de un "bro californiano" o un "muchacho de fraternidad", claramente había algo más profundo en él que se podía percibir. Le hablé del libro que estaba escribiendo y le dije que el título era *Come, reza, mierda de vida*. Se echó a reír y me dijo lo genial que era que iba a tomar todas las insensateces que estaban ocurriendo en mi vida y las iba a transformar en algo útil. Incluso en medio de la locura del bar, nos vimos inmersos en una conversación bastante íntima.

Tras bailar un rato, fuimos al segundo sitio de la noche, un club mucho más grande, de dos plantas, llamado City Hall. Al parecer, City Hall era el sitio perfecto para los lunes por la noche con su fiesta titulada, apropiadamente, *"A la mierda los lunes"*.

Mientras esperábamos en la cola intercambiamos Instagrams para poder coordinar el resto del tiempo que estuviésemos ahí. Como ya pasó antes, todos se volvieron locos con la marquita azul, pero en este grupo se convirtió en una bromita continua. Jacob y yo charlamos mientras hacíamos cola.

—Mañana vamos a ver un partido de fútbol del Barcelona. Deberías venir con nosotros.

—¡Pues claro! —dije sin pensarlo. Javier y yo habíamos hablado de ir a ver un partido en Italia. Sería una experiencia memorable, especialmente en Barcelona.

Aquí todo empezaba *mucho* más tarde (como en muchos lugares de Europa), por lo que no llegamos a City Hall hasta la 1:45 AM. Después de pedir nuestras bebidas, nos dirigimos a la pista de baile.

He de admitir que, habiendo crecido como bailarina, soy muy rápida juzgando la habilidad para bailar de los demás. Si bien siempre aprecio y aplaudo los esfuerzos y las ganas de divertirse, realmente hay que hacerlo bastante bien para impresionarme. Y les digo una cosa: este chico Chris, para ser un blanquito, se movía jodidamente bien. Todos bailamos y nos emocionamos cuando el DJ ponía canciones chingonas, y todos rapeamos juntos "The Real Slim Shady" de Eminem. De repente, el franco-canadiense me agarró para salir a bailar. Tras un minuto o así, me agarró del brazo y gritó a viva voz: "¡Gabrielle, no te preocupes! ¡Soy gay!". Nos reímos juntos. Adoro a los gays, y estos me adoran a mí. Tengo muchos amigos que son gay y son algunas de las personas más increíbles que conozco. Juro que podría vivir en una casa solo con hombres gay y sería la persona más feliz del mundo. Nuestro nuevo grupito estaba tan contento en mitad de la saturada pista de baile. Cinco minutos más tarde, me giré y vi al aparentemente muy gay, y sin duda alguna muy borracho, francocanadiense enrollándose con una igualmente borracha *Mallory*. Oh, Barcelona.

Hacia las 4:30 AM vi a Chris, borracho, mirando a Jacob con ojos de "no puedo más" y ambos desaparecieron sin decir ni pío. Tampoco vi por ningún lado a Mallory, ni a los franco-canadienses, ni a nuestros guías, Damián y Alejandro.

Tras otros treinta minutos bailando, Rhonda, Quincy, otros cuantos y yo volvimos caminando a nuestro albergue hacia las 6 AM. Qué primera noche más divertida con un grupo de gente tan chida. Sentí que iban a ser unos cuatro días memorables. Oh, Gabrielle, no tienes *ni idea*.

A la mierda con las conexiones

(Cuando existen, su fuerza es innegable).

DÍA DIECISÉIS

El día antes, había comprado una entrada para ir al famoso Park Güell y hacer así una de mis obligadas visitas turísticas al principio del viaje. Tras irme a dormir a las 7 AM, levantarme a las 10 AM no era algo ideal, precisamente. Me puse unos pantalones cortos (por fin) y la camiseta que Javier me compró en Argentina. Sentí que encajaba con la ciudad. Y me fui camino del parque.

Resultó ser tan lindo e impresionante como decían todos los que lo recomendaban, con vistas a la ciudad entera. Podías sentir la cultura en las calles de la ciudad. La gente se sentaba en la calle a tocar música en vivo y el sonido de las guitarras españolas impregnaban el aire de la ciudad. Era verdaderamente algo mágico. Había vendedores con mantas en el suelo vendiendo todo tipo de baratijas. Uno que contaba con un montón de pulseras me llamó la atención; perfecto para seguir aumentando mi colección. Tenía una oferta de 6 pulseras por cinco euros, así que escogí una pulsera para cada una de mis amigas en casa y para mi madre. Para mí elegí una pulsera negra y turquesa con un amuleto en forma de búho y otro en forma de corazón, con la leyenda "Sé fiel a tu corazón". Los búhos han sido mis animales favoritos desde muy pequeña. Tras el fallecimiento de mi padre, plantamos un árbol en el patio trasero de casa el Día del Padre, en memoria de él. Esa misma noche vino un búho, se aposentó en una de las ramas, y vivió ahí durante meses. Desde entonces, he tenido muchas coincidencias con búhos, algo que tanto mi madre como yo consideramos señales de papá.

Caminé un rato por mi cuenta, absorbiendo la belleza que me rodeaba. En la parte más alta, disfruté de la épica vista. Una pareja me pidió que les hiciera una foto. Se la hice y ellos me hicieron una a mí. En la foto, me giré y posé mirando hacia la ciudad, mostrando mi apellido, que iba escrito en la espalda de la camiseta que Javier me había comprado. La foto quedó bastante impactante. La publiqué con este texto acompañándola: "Barcelona, mi corazón ya es tuyo". Y así era.

Bajé a la parte más decorada del parque. Lindas baldosas de cerámica adornaban arcos gigantes y los terrenos en sí estaban decorados con imponentes estructuras arquitectónicas. Me detuve para sentarme en un banco y escribí una página de mi diario.

> Caminando por el impresionante Park Güell siento mi corazón... lleno. Hay algo en la arquitectura, las extraordinarias vistas de Barcelona, la frondosa vegetación que rodea los sólidos elementos arquitectónicos realizados con piedra... algo de este sitio me hace sentir como en casa, como ese día en la playa con Javier. Caminando por el camino de tierra que atraviesa el parque, oí su idioma por todas partes. Había estado inmersa en su cultura durante un mes y medio, y no estaba preparada para abandonarlo. Había algo que me que hacía sentir despierta, viva; como Barcelona. Claramente, era por esa razón por la que tenía el corazón tan dolido, porque todo lo que veía aquí me hacía pensar en él. Estoy preparada para dejar que esto disminuya, que desaparezca. Para seguir con mi vida. Pero una parte de mí se niega a creer que sea necesario.

Bueno, está CLARO que aquí hay una jugosa "cebolla de pensamientos". ¿Pensamiento superficial?

• Algo me atrae a esta cultura.

Era verdad. Eché la mirada atrás a antes de caer en esa especie de "coma", la fase de mi vida en que me centré únicamente en chicos blancos y aburridos (disculpas a mis ex que no eran aburridos… ustedes saben quiénes son). Remontando la mirada, siempre me sentí atraída por los hombres latinos. Mi primer novio en serio fue mexicano. El chico con el que perdí la virginidad era de El Salvador. Otro de mis ex era peruano. Ahí había sin duda un patrón del que en cierto modo me había olvidado. ¿Cuál es el pensamiento auténtico?

• Javier me ha jodido de verdad.

Bien, eso puede sonar superficial, pero en realidad no lo es. Este hombre realmente me ha dejado por los suelos. Nunca antes había sentido tantas cicatrices por una relación con alguien. Y eso no es poca cosa, teniendo en cuenta mi considerablemente larga lista de relaciones, incluido un matrimonio y un divorcio. Y en este momento en Barcelona, solo se habían formado unas pocas cicatrices; otras más estaban por llegar. ¿Cuál es el pensamiento subconsciente?

• Mi corazón no está a salvo con un hombre latino.

Bien… déjenme recordarles que se llama pensamiento *SUB*consciente por una razón. No es que vaya por la vida diciendo que "nunca más voy a salir con un hombre latino", porque les aseguro que eso *no* es así, con casi toda seguridad volveré a salir con uno en el futuro. Hagamos una analogía aquí con… las naranjas. Lo que estos tres patrones de pensamiento componen es algo como: Adoro las naranjas. Siempre he adorado las naranjas. He comido una naranja en muy mal estado. Ahora ya no me gustan las naranjas.

O sea, tiene más o menos sentido, ¿no? Qué frustrante es tener este sentimiento hacia algo y que te lo arruinen. No es que fuera necesariamente culpa de Javier. Era yo quien me sentía así de forma subconsciente. Pero aun así, era un sentimiento real. No quería acarrear esto a ninguna relación futura. O sea, sería horrible intentar salir con alguien y no confiar en él por culpa de una naranja podrida, ¿no? Quizá tenga que acudir a una reunión de "Adictas (a los *latin lovers*) Anónimas".

Tras pasear por el parque, caminé veinte minutos hasta llegar a la Sagrada Familia. Es una iglesia muy famosa que aún está en construcción, y que probablemente lo siga estando para siempre. La diseñó Antonio Gaudí, el mismo responsable del precioso parque del que venía. Nunca había visto algo así de sobrecogedor y magnífico. No parecía ni siquiera real. Parecía algo sacado de la imaginación, como uno de esos castillos de arena que se crean dejando que caiga arena húmeda de una botella. Era algo impresionante. No entré, me quedé en la calle absorbiendo la grandiosidad de la vista que tenía ante mí. Me llegó entonces un mensaje de texto de Javier.

Javier: Cualquier foto es mejor con una camiseta de Argentina.

¡Ay! Siempre se las ingeniaba para aparecer en el momento en que por fin podía centrar mi mente en otra cosa. No obstante, estaba empezando a afectarme cada vez menos. Volví al albergue para darme una ducha y prepararme para el partido de fútbol.

Pensé en dónde iría después de Barcelona. Había seguido en contacto con Jason desde que nos conocimos en Ámsterdam y había estado pensando seriamente en ir a visitarle en Mykonos. Llegar ahí era sin duda caro, pero siempre había querido visitar Grecia, y él tenía un sitio donde podíamos estar gratis. Decidí que, ¿por qué no? Le envié un mensaje y le dije que iba a sacar mi billete de avión. Trevor, el canadiense, iba a unirse a nosotros durante una noche, también. Qué chido conocer por casualidad una noche en Ámsterdam a dos chicos y que nos fuésemos a reencontrar en Mykonos. Esta era una de las cosas fantásticas que tenía viajar por tu cuenta. ¿Ves, Gabrielle? Nunca hubieses sido capaz de hacer nuevos amigos si hubieses tenido que estar preocupándote de un hombre. Viajar sola es lo mejor. Y ahí, en las calles de Barcelona, reservé mi billete de avión a Mykonos.

Más tarde ese día me encontré con Mallory en la terraza y la ayudé a comprar una entrada para venir con nosotros al partido de fútbol. Ella planeaba ir a ver el Park Güell al anochecer y luego reunirse con nosotros. Vi a Chris y Jacob abajo y Arizona y un tipo nuevo de Culver City pidieron si podían unirse a nosotros para cenar, ya que ellos también iban a ir al partido más tarde. En la recepción del albergue estaba de pie una muchacha australiana, alta y de cabello oscuro.

—¡Karly! —gritaron Jacob y Chris, saludándola efusivamente. Me presentaron y ella sonrió de forma afectuosa. Los chicos habían conocido a Karly en Granada, donde pasaron juntos algo de tiempo antes de que ellos viajaran a Barcelona.

—Ven a cenar con nosotros —dijo Jacob—. Después vamos a ir al partido de fútbol si quieres venir con nosotros.

—¿Cuánto cuesta la entrada? —preguntó con su acento australiano.

—Unos setenta euros —contestó.

—¡Ja! Y una mierda —dijo, con risa burlona. Karly había estado viajando durante más de un mes y tenía que elegir con cuidado en qué se gastaba el dinero. Sí que aceptó venir con nosotros a cenar.

Chris se ganó rápidamente el mote de "TripAdvisor", porque conocía todos los sitios más increíbles a los que ir, algo de agradecer ya que yo obviamente no había hecho investigación alguna previa a este viaje. Y les digo una cosa: el restaurante al que fuimos fue *increíble*. Alucinantes mojitos de mora, entrantes totalmente deliciosos, incluidos ceviche, pulpo, alcachofa y panes varios. Luego dos paellas diferentes de segundo plato: una de marisco y otra de pato. La paella de pato era el plato por el que el restaurante era famoso. Hasta el ambiente era pura perfección.

Tras una cena increíblemente deliciosa, Karly y yo fuimos al baño. Charlamos un rato sobre el hecho de que ambas viajábamos solas y ella me preguntó si me parecía más fácil conectar con los chicos que con las chicas. Así era. ¿Se debía a que la sociedad espera que las mujeres compitan unas con otras y que automáticamente nos comparemos con otras mujeres? Eso es una puta injusticia. Decidimos que teníamos que romper con "eso", fuera lo que fuera, y que íbamos a empezar a ser más abiertas con otras mujeres.

Nos despedimos de Karly, Arizona y Culver City, y los chicos y yo nos dirigimos al autobús, donde nos encontramos con Mallory. La llegada al enorme estadio fue increíble. Se podía sentir la energía y el entusiasmo. Caminamos hasta el control de seguridad y nos revisaron las mochilas. Mi spray para el cabello de Marruecos seguía en mi bolso desde la noche anterior. El guarda de seguridad me dijo que no podía entrar con él y lo lanzó como si nada a la basura. Mi alma murió un poquito. Era literalmente el único producto para el cabello de que había traído a este viaje. Mallory se mostró compasiva conmigo mientras los chicos se partían de risa.

Fuimos a nuestros asientos y la vista que teníamos era irreal. Los vibrantes colores, los miles y miles de personas, las luces... era totalmente increíble. Vimos el partido entre una de las multitudes más apasionadas que jamás haya visto con mis ojos. Messi, uno de los jugadores más famosos del mundo, marcó cuatro goles esa noche, para un total de 6-1 a favor del Barcelona. Los chicos, Mallory y yo nos hicimos una foto con el épico estadio de fondo. Publiqué la foto con este texto: "Sueño hecho realidad en Barcelona". Vaya momento más alucinante. Y justo entonces, recibí un mensaje en mi celular.

Javier: Fuiste a ver un partido.
Javier: Genial. Pásalo fantástico!

Son comentarios así, que parecían extrañamente... amigables... Y nunca estaba segura de cómo tomármelos.

Yo: Sí, me lo pasé genial.

Javier: Fabuloso.
Javier: Estoy hablando con mis amigos en Ciudad de México ahora mismo. Estoy ansioso y asustado.

Yo: Espera, qué?
Yo: A qué te refieres?

Javier: La ciudad ha sufrido un terremoto enorme.
Javier: Ya se han hundido un total de 22 edificios.

Yo: Tus amigos están bien?

Javier: Por ahora, sí. Aunque aún no sé nada de mi mejor amigo.

Yo: No quiero que vayas.

A Ciudad de México... y no quería que fuera por un millón de razones.

Javier: Cómo ha sido el partido? Ganó el Barcelona?
Javier: Contra quién jugaron?

Yo: Aún estamos aquí.

Javier: Increíble. Ver en directo al mejor jugador del mundo. Messi. El 10.

Yo: Síííííí. Espectacular. Contra el Eibar.

Javier: Disfruta, Ciruela! Me alegro un chingo por ti.

De nuevo, "me alegro un chingo"... ¿de que no esté llorando por ti? ¿De que yo esté bien? ¿De que haya hecho amigos? ¿De qué te alegras, exactamente?

Javier: Mírala, Gabrielle aprendiendo los nombres de los equipos.

Yo: Espero que la estés pasando bien con tus amigos.
Yo: Dime algo cuando sepas de tu amigo en México.

Javier: Así lo haré. Gracias.

Ay... Justo cuando empezaba a sentir algo de distancia con respecto a él, el señorito vuelve a aparecer. No es intencional y lo sé. Haga lo que haga, está mal siempre.

Vimos el resto del épico partido, escuchando los cánticos y canciones, y disfrutando de la energía del público. Mientras salíamos del estadio bromeé con Mallory: "Voy a buscar mi spray para el cabello". Y no es broma: conforme salíamos por la misma entrada miré rápidamente al bote de la basura donde el seguridad tiró mi spray. Y ahí estaba, en una esquinita, en perfecto estado y alejado de toda la basura, mi spray dorado para el cabello. Y sí, como se imaginan, lo agarré... ¡vaya si lo agarré!

Los cuatro decidimos volver tranquilamente a casa caminando. Chris y yo nos vimos envueltos en un par de conversaciones profundas de nuevo, hablando de nuestras experiencias viajando. Agarramos algo de comer y decidimos retirarnos "pronto" esa noche. "Pronto" entre comillas, porque ya eran las 2:30 AM. Y suerte que lo hicimos. Porque durante las siguientes dos semanas no habría otra noche así *ni de casualidad...*

A la mierda con cómo "deberías" ser

(Simplemente vive el momento).

DÍA DIECISIETE

Hoy fue un día distinto. En este día número diecisiete de viaje en el extranjero, en Barcelona, el día 20 de septiembre, me levanté... *feliz*. Estaba entusiasmada ante lo que me esperaba hoy, ver a mis nuevos amigos, disfrutar de la ciudad. Sencillamente me sentía *bien*.

Mallory y yo habíamos hecho planes para ir a almorzar a un lugar que Chris (nuestro TripAdvisor particular) nos recomendó encarecidamente. Nos encontramos en la sala común del albergue y nos fuimos al lugar en cuestión, llamado Brunch & Cake. Caminar por las calles de Barcelona me revitalizó, me hizo sentir viva. Esta ciudad tenía algo especial. Llegamos al establecimiento y pedimos un café cada una, unos crêpes que sonaban deliciosos, una tostada con aguacate y el pastel de queso del que tan bien hablaban Chris y Jacob. ¡No me juzguen, eh! No había parado de comer durante todo el viaje, y no tenía ganas de pensar en ello hasta haber vuelto a casa... momento en el que me tocaría vivir en el gimnasio durante dos meses seguidos. Cada plato que llegaba era como una obra de arte. Los restaurantes más lujosos de Los Ángeles daban penita al lado de esto. El chef era un joven español y preparaba los platos en una cocina abierta que estaba junto a nosotras, con Drake a todo trapo en la radio. Qué delicia, de veras. Qué gran recomendación, TripAdvisor. Mallory me habló sobre su viaje y la situación en el trabajo que la llevó a decidir trasladarse. Era una muchacha muy dulce, y por una vez, de mi edad, veintisiete años.

Tras el almuerzo, Mallory volvió al albergue y yo me aventuré por la ciudad en busca de dos cosas de la máxima importancia: un salón de uñas y algún sitio donde hacerme la depilación. Oigan, ya hacía dos semanas y media que salí de viaje, y soy una mujer. Encontré un lugar donde hacerme las uñas y tomé una cita para el día siguiente a las 11:15 AM. Supuse que no era mala hora... ¡Ja! Para la depilación me recomendaron ir a un spa. Quizá sea demasiada información, pero en casa, solo he ido con una mujer para que me haga la depilación con cera y ella trabaja con miel en lugar de cera. Nunca me han depilado con cera *de verdad* y estaba en el extranjero, así que estaba un poco nerviosa. Por suerte, la mujer filipina que me atendió fue muy dulce y delicada conmigo y estuvo hablando conmigo las treinta y cinco minutos que duró la depilación. Además, también fue un poco *menos* doloroso. Triunfo.

Tras mi obligatorio viaje al spa, caminé de vuelta al albergue donde me iba a reunir con Karly para ir a la playa y unirnos a Chris y Jacob. Me puse el traje de baño y bajé a la recepción. Cuando estábamos a punto de salir, vi a un tipo registrándose en el albergue. Lo más angustioso de viajar uno solo es llegar a un nuevo sitio y no conocer a nadie. Decidí hacer su vida un poco más sencilla.

—¡Hola! Soy Gabrielle. Estamos saliendo hacia la playa a encontrarnos con varias personas que están hospedadas aquí, si quieres venir con nosotras —le dije.

—¡Hola! Soy John. Suena genial... —dijo, con un marcado acento inglés.

—¿De dónde eres? —pregunté.

—Inglaterra.

—¡Ah, bien! Empecé mi viaje en Londres. En fin, añádeme en Instagram y envíame un mensaje si quieres venir —le ofrecí.

—Sin duda, gracias —dijo, sonriendo, mientras me añadía.

—Y todos vamos a ir de cena esta noche. ¡Deberías venir!

—¡Me apunto! —dijo. Me sentí genial por ser capaz de acercarme a alguien, tener una conversación abierta y ayudarle a sentirse bienvenido. A estas alturas, en Barcelona y con este grupo de gente, quería que todo el mundo se sintiera tan a gusto como yo me sentía.

Karly y yo fuimos a agarrar el metro.

—Bueno, cuéntame tu historia —dijo, en su adorable acento australiano.

—Es muy larga... —dije. Esa respuesta se había convertido en mi respuesta estándar para que la gente se preparara mentalmente.

—¡Tengo tiempo! Si no te importa contarla, adelante —dijo, sonriente. Le di una versión ligeramente más detallada que a otros. Cuando terminé, acabó con la boca abierta de par en par; la respuesta habitual, también.

—¡Guau! Qué fuerte eres —dijo—. Me identifico mucho en todo eso. Bueno, no en lo del divorcio...

—¡Cuéntame, chica! —dije, mientras cambiábamos de línea de metro en una parada. Karly me contó que asistió a un festival de música en Australia el año anterior y que casi murió cuando la atropelló una enorme muchedumbre. Sufrió hemorragias internas, huesos rotos y hemorragias oculares en ambos ojos. Estuvo recuperándose en el hospital durante dos meses. Originalmente este viaje lo tenía planeado para abril, pero lo tuvo que posponer. Sufría PTSD (trastorno por estrés postraumático) en aglomeraciones de gente. Era realmente increíble el mero hecho de que hubiese seguido adelante con el viaje.

—*Tú* sí que eres muy fuerte —le dije. Hablamos durante todo el camino hacia la playa. Nos comprendimos mutuamente a la perfección y conectamos al instante—. Mi madre no paró de decirme que 'No pasa nada si no quieres ir. Si quieres quedarte, está bien'.

—Mi madre igual —dijo ella. Ambas habíamos hecho un salto a lo desconocido y confiamos en que todo fuera bien. Y *fue bien*. Así que, ¿por qué sentía miedo de otras cosas desconocidas? Por ejemplo, ver a Javier y no saber qué emociones aflorarían... Volver a casa al drama pendiente del divorcio y los interrogantes al respecto. ¿Por qué no confiaba en que el universo se encargaría de resolver esas incógnitas también?

Cuando llegamos a la playa, nos reunimos con Chris y Jacob en la arena. Qué día más absolutamente perfecto teníamos. Nos empapamos de sol, hicimos fotos y disfrutamos hablando de cualquier tema que surgiera.

Una hora después recibí un mensaje en Instagram de John, a quien justo acababa de conocer en el albergue. Estaba en la playa buscándonos. *Qué chido*, pensé. Me había mostrado abierta y había invitado a alguien que justo acababa de llegar al albergue y él había venido a unirse a nuestro grupo. Desde ese día en la playa hasta que nos fuimos dos días después, estuvo con nosotros.

También se nos unieron en la playa los nuevos compañeros de habitación de Chris y Jacob, tres chicos de Toronto, Canadá. Uno era de origen indio, otro italiano y el último pakistaní. Viajaban los tres juntos. Conectamos al instante. Eran superamigables, chidos, muchachos muy abiertos y divertidos.

Estuvimos cerca de una hora sentados en la arena conociéndonos mutuamente. Los chicos de Toronto iban a ir a Ibiza a continuación. Después de absorber un montón de sol, los ocho decidimos volver al albergue caminando. Estábamos a poco más de una hora caminando, pero nos lo estábamos pasando tan bien juntos que decidimos volver caminando y disfrutar juntos de la ciudad de camino al albergue. Caminamos por el paseo, más allá del puerto, y a través de una zona llamada "barrio gótico". El barrio gótico estaba repleto de edificios increíbles que parecían sacados de los libros de Harry Potter. Había músicos tocando guitarras españolas y podías sentir la cultura emanando de esos edificios dignos de un cuento de hadas. Nos hicimos algunas fotos en grupo en diferentes sitios en el camino de vuelta, fotos que todos nosotros apreciaríamos para siempre.

De vuelta en el albergue, nos preparamos para salir por la noche. Aguantando con solo tres horas de sueño la noche anterior, me tomé una taza de café y me di una más que necesaria ducha. Es increíble el poco sueño que se necesita para funcionar. Tras unas bebidas en el área común del albergue, Alejandro nos reunió a todos, un enorme grupo de veinticinco personas que íbamos a salir juntos esa noche, de los que dieciocho conformaban nuestra nueva "familia". En primer lugar íbamos a ir a un bar llamado L'Ovella Negra, que traducido del catalán significa "la oveja negra".

Tras dos bloques, giramos por una calle donde había una enorme marcha de protesta. La calle estaba abarrotada con gente marchando y entonando cánticos. La policía estaba apostada ahí también, vigilando la marcha. Comenzamos a atravesar la muchedumbre y he de admitir que intimidaba un poco. Hacía tan solo unas pocas semanas que hubo un ataque terrorista en Barcelona, y todo el mundo se sentía un poco... intranquilo.

—¿Puedo agarrar tu mano? —me giré y vi a Karly, muy nerviosa. Al principio me sentí algo confusa por la pregunta, y entonces me di cuenta. *Obvio, Gabrielle: ¡muchedumbres!*

—Por supuesto —le dije, tomando su mano. Me apretó la mano con fuerza, como un niño que agarra la mano de su madre en Disneyland. Caminamos unos cincuenta metros antes de que Alejandro decidiese que ni era buena idea ni era seguro seguir por ahí. Gracias a Dios, porque a esas alturas Karly ya estaba llorando.

Fuimos al bar siguiendo una ruta alternativa, y fue como lo que me imagino que debe ser ir a un festival cervecero. Había largas mesas de madera con asientos y gente golpeando sus jarras de cerveza al unísono a la vez que cantaban juntos canciones varias. El bar era famoso por sus jarras de cerveza y sangría de cinco litros. Naturalmente, pedimos tres para nuestra familia. Una vez sentados, Chris sacó un par de dados y nos explicó un juego de beber llamado *7-11 Dobles*. Aún estoy sorprendida de que fuésemos capaces de jugar ningún tipo de juego de forma organizada con el nivel de barullo que había y la enorme cantidad de gente que abarrotaba el lugar. Pero aunque parezca mentira, lo hicimos.

Tras una hora de locura, pasamos a jugar a *Nunca he...*, lo que me trasladó de inmediato a mis años en la universidad. Todo el mundo mantenía cinco dedos en alto y, por turnos, cada uno iba diciendo algo que *no había* hecho. Si tú *sí* habías hecho lo que se acababa de decir, tenías que bajar un dedo y beber. Cuando te quedabas sin dedos en alto, estabas eliminado. Por suerte, los chicos de Toronto tenían todos veintisiete y veintiocho años, así que yo no iba a ser la única persona mayor jugando con Chris y Jacob. John, Rhonda y Mallory también jugaron. No recuerdo todas las locuras de ámbito sexual o relacionadas con drogas que se dijeron, pero sí que recuerdo que Chris y yo sonriéndonos burlonamente cada vez que uno de los dos tenía que bajar un dedo, algo que pasó muy a menudo. Para tener veintitrés años, este tipo había vivido bastante... No solo por las cosas que descubrimos jugando a este juego (que suele ser bastante revelador) sino también por sus viajes y experiencias.

—Nunca he hecho paracaidismo —dije yo, y le miré a él. Me miró con mala cara, bajó un dedo y se terminó su vaso de sangría. Habíamos estado hablando la noche anterior de su experiencia haciendo paracaidismo. Veamos, esa era la única forma de asegurar que él quedara eliminado antes que yo. Nadie dijo que yo juegue siempre limpio. Quedé eliminada en la siguiente ronda de todos modos.

Tras dos horas en el bar y demasiada, demasiada sangría, llegó la hora de ir al club. Todo el mundo hizo una parada en el baño antes de irnos del bar. Mallory, Rhonda y yo nos reunimos mientras nos lavábamos las manos.

—Chicas —dije—. Mierda.

—¿Qué pasa? —preguntó Mallory.

—Chris —dije.

—¡LO SABÍA! —dijo gritando—. ¿Pero por qué "mierda"?

—Tiene veintitrés años —dije, riendo un poco entre dientes—. Y... bueno... mi vida...

—No, si te entiendo perfectamente. Pero es tan obvio —dijo ella.

—Un momento, ¿a qué te refieres con "mi vida"? —preguntó Rhonda.

—Oh, aún no te he explicado los últimos tres meses de mi vida... —dije, dándome cuenta.

—¡Cuéntame! —dijo emocionada.

—En el camino al club —le dije.

Y se lo expliqué. Caminando agarradas por el brazo, Mallory, Rhonda y yo, solté la versión resumida que a esas alturas ya recitaba de memoria.

—Chica, eres una jodida inspiración —dijo Rhonda—. Eres como Beyoncé. Quiero ser tú —dijo. Oh, cariño, créeme, no lo quieres. En cualquier caso, fue superchido que me dijera eso. Mallory asintió. Me sentí muy apoyada y empoderada. Por primera vez, no estaba triste cuando hablaba de Javier. Estaba... *irritada*. Esto era nuevo. ¿Aplicamos una "cebolla de pensamientos" a esta mierda rápidamente?

¿Cuál es el pensamiento superficial?

• Vaya idiota.

O sea... sí, no intentemos justificarlo. Se llama pensamiento superficial por algo, al fin y al cabo. Ahora, a lo más importante: ¿cuál es el pensamiento auténtico?

• Toda esta situación realmente... no está bien.

Sí. Me había llevado dos semanas empezar por fin a sentir que la forma en que él había gestionado todo esto, y la forma en que seguía gestionando las cosas a lo largo del viaje, realmente *no* estaba bien. No lo estaba en absoluto. De hecho, estaba muy *mal*, especialmente cuando afirmas que quieres y te preocupas por alguien. Por último, ¿cuál es el pensamiento subconsciente en todo esto?

• ¿Por qué permito que alguien siga decepcionándome una y otra vez?

Porque eso es lo que había estado haciendo todo este tiempo. Cada vez que Javier no me enviaba mensajes, cada vez que me decía que no quería verme y luego cambiaba de idea, cada vez que me dejaba confundida diciéndome que me quería... todo eso me decepcionaba. ¿Por qué estaba permitiendo todo eso? Era otra forma en que no me estaba queriendo a mí misma de verdad. Joder, ese maldito concepto de "amarse a mí misma"... no parecía pillarlo. Pero justo llegamos a Razzmatazz, y supe que tendría que retomar el análisis de esta nueva revelación en otro momento.

Les digo una cosa... este club era absolutamente *de locos*. Mallory, los tres Torontos, Rhonda, Chris, Jacob y yo nos abrimos paso hasta la planta principal. La canción "Look What You Made Me Do" de Taylor Swift sonaba a todo trapo y el DJ bailaba fabulosamente él solito en su cabina. Realmente era lo mejor que había visto en mi vida.

—¡Vamos al frente! —gritó Rhonda. Me agarró de la mano y de una forma u otra nuestro grupo entero llegó al frente de todo. La música era tan buena, como todas las épicas canciones de mi vida en versión *dance*. Pusieron "Sk8ter Boi" de Avril Lavigne y "Barbie Girl" de Aqua (que es una de mis canciones favoritas de la historia; tenían hasta bailarines disfrazados de Barbie y Ken que salían de cajas de regalo de tamaño humano), todo ello mientras el fiero DJ bailaba a lo bestia, lo que en sí ya era todo un show.

—¡Vamos a por unos tragos! —gritó Jacob. Todos fuimos hacia la barra salvo Chris, que se quedó bailando como un torbellino.

Mientras Mallory, Rhonda y los Torontos pedían unos tragos de tequila, Jacob y yo nos apartamos y nos tomamos dos tragos de vodka cada uno. Después de uno, el alcohol fue suficiente para que yo soltara: —Entonces, eh... no, déjalo, es igual... —dije.

—No, dime —insistió.

—Siento algo... eh... no sé, ¿alguna cosilla con Chris? —dije. Los ojos de Jacob se abrieron un poco más. No sé qué esperaba que le dijera, pero sin duda no era eso—. No quiero arruinar una amistad, porque me caéis genial ambos, de veras, y quiero ser amiga con vosotros —continué. Realmente lo decía en serio. En el poco tiempo que habíamos pasado juntos, supe que quería conservar la amistad con todos los que había conocido ahí.

—Chris no es así —dijo. Típica respuesta de compañero de ligue—. ¿Pero cómo te sientes tú con respecto a toda la situación esa con Javier? —preguntó. Me pareció interesante. Ahí estaba un muchachito de veintitrés años al que solo conocía desde hacía tres días, pero sabía lo suficiente sobre lo que estaba pasando yo como para hacerme una pregunta verdaderamente considerada sobre cómo me sentía, en lugar de intentar venderme la moto y conseguir que me acueste con su amigo. Enhorabuena, Jacob.

—Es un poco irrelevante, a estas alturas. Él fue quien me embarcó en este viaje. Yo solo intento navegar por esta aventura lo mejor posible, honestamente —respondí a la vez que nos metíamos nuestro segundo trago de vodka—. Y, eh... tiene veintitrés años —añadí.

—La edad es solo un número —respondió Jacob. La respuesta típica de alguien que está intentando convencer a una persona mucho mayor o mucho menor. Sí. Es un número que significaba que mi ex marido era demasiado jodidamente joven. Un número que hacía que Javier pareciese ideal. Un número que hacía que Chris pareciese un bebé. Todo eso venía de mí, alguien que predica que la edad no es más que un estado mental. Y entonces pensé... ¿por qué? ¿Porque es joven y es algo que yo no "debería" hacer ya que no tiene sentido de cara al futuro? ¿Y por eso no debería aceptar esta experiencia o lo que pueda conllevar? No. A la mierda con cómo "deberías" ser, Gabrielle. Sencillamente permítete, por una vez, vivir el momento. Y eso mismo hice.

Con los tragos de alcohol recorriendo nuestras venas, volvimos de nuevo al frente de la pista de baile, donde nos encontramos con Alejandro y Chris. Rhonda, Mallory y yo comenzamos a bailar mientras que Jacob fue derechito a Chris de la forma más obvia posible. Se quedaron durante tres minutos de pie en la pista de baile, debatiendo la información que Jacob acababa de descubrir. Cuando acabaron el tremendo y obvio debate, Chris se me acercó y empezamos a bailar. Me quedé intentando decidir si era patético o adorable que hubiese necesitado que alguien le dijera que yo estaba interesada para hacer algo él mismo. Ya les diré cuándo decida.

Después de bailar durante un rato, me dio una vuelta y me dijo: "Tengo una pregunta..." y me besó. Por muy patético y típico de Orange County como pudiera sonar, me pareció que fue encantador y estúpido a la vez. Y ahí mismo, el muchacho de veintitrés años de San Francisco y yo nos convertimos en pareja para esa noche. Visitamos todas las plantas del local y bailamos hasta la saciedad en cada una de ellas. Mi planta favorita fue la latina. *Siempre* adoré la música latina, mucho antes de que Javier entrase en escena.

Hacia las 4:30 AM, Mallory y Rhonda decidieron irse a casa. Chris y yo nos quedamos con varios más del grupo durante cerca de una hora más. Fue una noche casi perfecta de diversión, bailes increíbles y besos de película. Cuando el resto del grupo se fue, Chris y yo tomamos un taxi para volver al albergue. No recuerdo cómo, pero empezamos a hablar de mi situación y los detalles de la saga de Javier.

—Gabrielle, quiero decirte una cosa, pero que sepas que no quiero parecer mezquino. Todo eso son excusas baratas —dijo.

Ay, Dios mío. Si supiese la cantidad de veces que he oído a gente diciéndome eso. Y créanme, yo soy la primera en decirle a mis amigas en situaciones así que "Es un embuste. La realidad es que no quiere estar contigo". Y sé que eso es exactamente lo que les parecía esta situación a *todos* desde el exterior. Había estado defendiéndole durante tres semanas ya. Pero la forma en que Chris me lo dijo, o quizá la forma en que Barcelona me hacía sentir, o quizá el tiempo que ya había pasado, me hizo concordar en cierta manera. En ese viaje en coche tuvimos la primera de muchas conversaciones de lo más profundas esa noche. Incluso a pesar del alcohol y la fiesta, sentía que Chris se preocupaba por mí en cierto modo.

Una vez volvimos al albergue, decidimos preparar unas quesadillas. Jacob había prometido prepararlas pero estaba demasiado borracho para cumplir con su promesa. Le encontramos sentado en las escaleras, abriendo su corazón de borrachín a su reciente ex-novia, de quien claramente aún seguía enamorado. Jacob era sin duda y genuinamente una buena persona.

Chris y yo fuimos al supermercado hacia las 6 AM. Seguimos hablando de todo lo que iba surgiendo. De repente me decía que yo era adorable y nos reímos y bromeamos acerca de la ridícula noche que acabábamos de vivir. En el camino de vuelta al albergue, repentinamente me paré: —Veamos, ¿podemos decidir cómo va a ir todo esto para que no sea incómodo? —dije yo. Chris se echó a reír.

—Eres adorable —dijo él. Supongo que era bastante divertido. Ahí estaba yo, con veintiocho años, diciéndole al muchacho de veintitrés años "Vamos a preparar un plan sobre cómo van a ir las cosas durante las próximas cuarenta y ocho horas". Ay, alcohol...

Volvimos al albergue hacia las 6:30 AM y Chris preparó quesadillas para ambos, aunque no puedo estar segura de que estuviesen realmente tan buenas como me parecieron en ese momento. Seguimos hablando mientras comíamos. Todo parecía fluir con naturalidad entre nosotros. Después de recoger y limpiar, decidimos cambiarnos y salir a tomar el aire en la terraza. Desgraciadamente la cerraban a las 11 PM cada noche, así que acabamos en el pasillo entre nuestras habitaciones.

—Bueno, son las 7:30 AM, deberíamos dormir un rato —dije yo, de pie en el pasillo con mis pantalones de pijama puestos. Él sonrió y nos enrollamos en el pasillo como adolescentes durante cinco minutos. Finalmente me aparté de él y le dije como si nada: —Estamos en un albergue, son las 7:30 de la mañana y no podemos hacer nada al respecto —y nos echamos a reír de nuevo—. Buenas noches —le dije, conforme me giraba en dirección a mi habitación.

—Buenas noches —replicó Chris.

Fui caminando hasta mi habitación, donde todos estaban ya dormidos. Por supuesto, *tenía que ser yo*, pensé mientras trepaba hasta mi cama y ponía la alarma para las 10:30 AM. Sí, tres horas tenía para dormir antes de mi cita para hacerme las uñas a las 11:15 AM. Y yo que había pensado que esa hora no sería demasiado temprano. ¡Ja! Cerré los ojos y, por primera vez desde que empezó el viaje, me quedé dormida no pensando en Javier, sino en el chico de veintitrés años que dormía en la habitación de al lado. Una noche triunfal.

A la mierda con tus planes

(Alguien se cruzará en tu camino y te los hará cambiar).

DÍA DIECIOCHO

La alarma empezó a sonar a las 10:30 AM. Maldita sea. Cerré los ojos durante cinco minutos, pensando si levantarme o no. Sí, Gabrielle, tus uñas dan asco de veras, y tienes otras dos semanas y media de viaje. Te has de levantar. Has de ir.

Me senté y miré hacia abajo desde mi litera. John estaba sentado como un Frankenstein, todo grogui con la ropa puesta y me miró. Luego Rhonda salió de entre las mantas de una de las camas superiores de otra litera.

—¡¿Desde cuándo estás tú en esta habitación?! —dije, entre risas.

—Me cambiaron anoche —dijo riendo ella también.

—¡Buenos días! —dijo alegremente Quincy, asomando con su cabello rubio desde la cama debajo de Rhonda.

—¿Tú también? —y seguimos riendo. Me fui a dormir con un grupo de compañeros de habitación más bien aleatorio y me desperté con todas mis nuevas amigas y amigos en mi habitación.

—¿A qué hora viniste? —preguntó Rhonda.

—Hacia las 7:30 —gruñí. Eso sí que era dedicación. Me fui a hacerme las uñas y, honestamente, *vaya* si mereció la pena.

Cuando estaba a punto de terminar mi más que necesaria manicura, recibí un mensaje de Chris. Estaban todos despiertos e iban a comer empanadas. Volví al albergue (con un aspecto horroroso, dicho sea de paso) y me encontré con Chris, Jacob, Mallory, Culver City y otro australiano en la sala común. El sitio de las empanadas estaba justo a la vuelta de la esquina y, madre mía, qué buenas estaban. Inolvidables. Todos pedimos y disfrutamos de las mejores empanadas que jamás haya probado. Yo pedí una con queso de cabra y puerro (que estaba increíble) y una con pollo y ciruela (que estaba aún mejor). Nos reímos charlando sobre la noche anterior: la sangría y los juegos de locos en L'Ovella Negra, la locura de DJ del Razzmatazz, y Jacob abriendo su corazón celular en mano a las 6 AM.

—Gaby, ¿cómo va tu libro? —preguntó Chris. Le di algunos detalles de lo que estaba escribiendo y les dije que todos saldrían en el libro. Me obligaron a prometer que enviaría una copia firmada a todos y cada uno de ellos.

—¿Adónde irás después de Mykonos, Gabrielle? —preguntó Jacob.

—Bueno —dije, y luego dudé—. En realidad está todo aún en el aire —dije. Como solo le había explicado a Jacob la versión resumida de mi historia, tuve que informarle de que Javier y yo aún teníamos que decidir si nos encontraríamos al final del viaje o no.

—Oh, mierda —dijo—. Qué fuerte...

—Sí —dije, asintiendo. Especialmente porque él había cambiado de opinión como tres veces ya. Era agotador. Chris se quedó sentado escuchando a todo eso, igual que Mallory. En cualquier situación normal hubiese sido extraño hablar sobre un hombre del que estaba enamorada delante de otro tipo con el que me había estado enrollando toda la noche. Pero no lo fue. Era como si tanto él como los demás entendieran que yo estaba en una aventura, de la que ellos ahora formaban parte.

—Y entonces... ¿vas a ir a verle? —preguntó Jacob.

—La verdad es que ahora mismo no lo sé —dije. Y era verdad. Esta era la primera vez que la respuesta no fue un enorme "sí". Después de todo lo sucedido, realmente no sabía si quería ir a verle—. No sé si será bueno para mi corazón —dije con honestidad—, y aunque tenemos que cerrar este capítulo de alguna manera, la verdad es que ya no sé —añadí. Un gran paso. Progreso.

Terminamos nuestro delicioso almuerzo con un espresso y caminamos de vuelta al albergue. Decidí volver al puerto y hacer con dos cosas en mi último día en la ciudad que me había robado el corazón. En primer lugar, quería comprar un tapiz fino y grande. Los vendían por todas partes, y escogí uno de color negro y marrón claro con un elefante. Las pulseras de cada país eran geniales, pero sentía que necesitaba algo más de esta ciudad. Aunque sin duda iba a ocupar un buen espacio en mi mochila, era el recuerdo ideal de Barcelona. Y luego quería hacerme unas trenzas en el pelo. Encontré una de las muchas mujeres que se dedicaban a hacer trenzas y me senté con ella para que me hiciera cuatro pequeñas trenzas en el lado izquierdo de la cabeza. Sí, todo el tiempo estuve rezando por no agarrar piojos debido a esta decisión. Por suerte, mis rezos funcionaron.

Volví al albergue a lavar la ropa y empacar, y tenía intención de echar una más que necesaria siesta. Hice las dos primeras cosas. Y aunque nunca he sido buena con las siestas, lo intenté de veras. Me estiré en la cama, me puse los audífonos con la aplicación de ruido blanco y me quedé ahí estirada durante dos horas. ¿Y saben qué? NO DORMÍ UNA MIERDA. ¿Qué diablos te pasa, cuerpo? Literalmente has dormido seis horas en los últimos dos días. En fin. En cualquier caso, era nuestra última noche de fiesta, así que me duché y me preparé a toda prisa. Sentí como que todo iba a toda prisa desde que llegué a Barcelona, siendo honesta. Y para hacer que la ausencia de sueño fuese aún más abrumadora, Chris, Jacob y yo íbamos a volar la mañana del día siguiente, más o menos a la misma hora, y decidimos que iríamos directamente al aeropuerto tras la noche de fiesta y sin dormir. Yo me iba a Mykonos y ellos harían el largo vuelo de vuelta a casa.

Y allá fuimos: a nuestra última cena en familia. Realmente éramos eso, una pequeña familia. Todos lo sentíamos así: Chris y Jacob, los Torontos, todas las chicas. Era algo... *especial*. Comimos, reímos y hasta hicimos una foto de "la última cena" del grupo. Todos sabíamos que esa noche de fiesta iba a ser una locura.

Fuimos a Opium, un club que estaba justo en el paseo marítimo. Era literalmente como un club de Las Vegas. Agarramos una bebida cada uno y nos dirigimos a la pista de baile, donde Rhonda rápidamente nos abrió paso hasta el frente, junto al DJ. Chris me agarró y empezó a bailar conmigo casi de inmediato, algo que me pareció hilarante, ya que no habíamos flirteado ni nada así en todo el día. Bailamos, bebimos más y bailamos aún más. Rápidamente todo nuestro albergue estaba en la pista de baile: Alejandro, Damián y el grupo entero. En cierto momento, Chris y yo nos besamos y todo el mundo comenzó a aclamarnos. Al parecer, no eran conscientes de lo que había pasado la noche anterior, pero en cualquier caso fue hilarante.

Justo entonces, en medio de toda esa perfección, comenzó a sonar mi jodida canción de boda. No me afectó en absoluto, siendo honesta. A estas alturas, ya estaba más que desconectada de toda esa relación; era como si hubiese sucedido hacía una vida entera. A día de hoy sigo pensando que es una canción fantástica. En cualquier caso, me eché a reír.

—¡Esta es mi jodida canción de boda! —grité por encima de la música.

—¡Qué le jodan! ¡Te queremos! —gritó Rhonda. Y ahí de pie, con un grupo de desconocidos que se habían convertido en mi familia, sentí un apoyo tan increíble que podría haber roto a llorar. Pero esta vez serían lágrimas de alegría y plenitud. Volvimos a la barra a pedir otra bebida.

—Tengo que hacerme una foto contigo antes de no volver a verte nunca más —dijo Chris.

—¿Por qué dices eso? —le pregunté, muy seria. Él soltó una risita nerviosa. Fue entonces cuando me di cuenta de que realmente se preocupaba por mí, a su manera, porque era obvio que no quería que no volviéramos a vernos nunca más.

—Vamos a la playa, solo nosotros dos, y charlemos —dijo.

—De acuerdo —dije, asintiendo. Los Torontos se iban del club a la vez que nosotros, y se iban al aeropuerto a tomar su vuelo a Ibiza, así que caminamos con ellos y nos despedimos. Nos abrazamos, prometimos mantenernos en contacto y nos hicimos una foto en grupo los cinco.

Tras despedirnos, Chris y yo bajamos a la playa y nos sentamos en la arena. Esta es la única parte del viaje que estuve pensando si incluir al completo en el libro o no. La hora que pasamos sentados en la playa esa noche fue algo muy personal. Pero también fue un momento clave en toda esta loca aventura. Quizá el momento *más* clave de todos.

Le pregunté por qué no tenía una novia. Para sorpresa mía, comenzó a hablarme de su ex, a quien estuvo a punto de proponer matrimonio. Que conste que me alegro mucho de que no lo hiciera. Daniel tenía veintitrés años cuando me propuso matrimonio... y todos sabemos cómo acabó esa historia. Claro que también hay muchas parejas que se casan jóvenes y tienen mucho éxito. Pero yo acababa de aprender que la década entre los veinte y los treinta son un periodo de enorme crecimiento, y era evidente para mí que Chris aún tenía que crecer en ciertas cosas. Cuando le pregunté por qué no había funcionado, simplemente me dijo que su amor no estaba al nivel necesario para durar para siempre.

—¿Sabes una cosa? Independientemente de si lo de Javier son excusas baratas o no, realmente no importa. Eres increíble y mereces que te traten mucho mejor —dijo. Escuchando esas palabras se me encendió una lucecita en la cabeza. *Mereces que te traten mucho mejor.* Sin importar lo fuertes que fuesen mis sentimientos hacia Javier o hacia la situación, Chris tenía razón. Me merecía más. Me merecía ser tratada mejor. Me merecía tanto como había estado dando, y ya era hora de comenzar a exigir eso de vuelta. Hablamos sobre mi pasado, su pasado, y nos besamos aleatoriamente de vez en cuando. Y de repente, Chris se echó a reír.

—¿Qué pasa? —dije riendo, esperando oír algo gracioso.

—Yo... eh... —dijo, pareciendo sufrir de una timidez repentina, como si no estuviese seguro continuar diciendo lo que había comenzado a decir.

—¿Qué? —insistí.

—Quiero ir a Los Ángeles y llevarte a cenar —dijo. *Oh.* Vaya, vaya.

—Oh, ¿de veras? —contesté.

—Sí. O sea, estaré ahí pronto por cuestiones de trabajo, pero me gustaría llevarte a cenar... si quieres —dijo. Lo ridícula que era toda la situación no se me escapaba, aunque tampoco se me escapaba lo adorable que era todo eso.

—¿Por qué quieres llevarme a cenar? —pregunté. Chris miró al suelo y soltó una risita nerviosa de nuevo.

—No sé cómo explicarlo. Siento como que me desafías. Siento una conexión contigo, como que no es algo aleatorio que te haya conocido —dijo, abriéndose y mostrándose totalmente vulnerable. ¿Qué estaba pasando? ¿Cómo podía ser que este chico de veintitrés años, que justo había acabado la universidad, y yo estuviésemos conectando en un nivel tan profundo?

—Bueno —dije—, si realmente me quieres llevar a cenar puedes darme un beso de despedida en el aeropuerto y decírmelo entonces. Cuando estemos ambos sobrios —dije sonriendo. Las dos últimas noches flirteamos, nos besamos y estuvimos juntos en todo momento. Pero durante el día, él se había mostrado mucho más reservado, y no habíamos sido nada más que amigos en el grupo. No es que importara mucho, pero de esta manera nos aseguraríamos de que realmente lo decía en serio. Aunque, siendo honesta, no me parecía que ninguno de los dos estuviésemos *tan* borrachos en absoluto.

—De acuerdo —dijo, escuetamente. Ahora fue mi turno para soltar una risita, porque me di cuenta de una cosa.

—¿Qué pasa? —preguntó él sonriendo.

—Este lugar... nuestro grupo... estar aquí... Siento de veras que me he curado un poco por primera vez desde que empezó todo esto. Y no sé qué es esto... y no sé decirte si voy a querer algo contigo o si solo voy a querer amistad contigo. Porque realmente no tengo ni idea. Pero por si sirve de algo, has sido una parte realmente importante de todo esto. Así que, gracias —le expliqué. Lo entendió, genuinamente, y sonrió.

—Eso es increíble —dijo. Y lo era—. Pues cuando escribas todo esto en el libro, hazme un favor.

—Dime.

—No cambies mi nombre —dijo. Le dediqué una sonrisa.

—De acuerdo —dije, asintiendo.

Desearía poder acabar en este dulce y romántico punto, pero entonces este libro solo se llamaría *Come, Reza* y no sería ni de lejos igual de entretenido. Hacia las 5:30 AM nos fuimos de la playa y volvimos hacia el albergue. Para nuestra sorpresa, la habitación de Chris estaba vacía. Sabíamos que los Torontos se habían ido al aeropuerto, ¿pero dónde diablos estaba Jacob?

Yo ya había decidido de antemano que *no* iba a tener sexo con Chris. Si las cosas saliesen siempre como las planeamos, Gabrielle... Ambos nos vimos presos en el momento... la noche... los últimos cuatro días. Pero no fue como con Irlanda. Fue extrañamente íntimo, para tratarse de una desvencijada litera de albergue. ¡Pensaron que estaba loca por depilarme, eh! ¡JA! Hubo pasión y besos y conexión espiritual. ¿Pero lo más importante? Ni un pensamiento sobre Javier. Y entonces... se abrió la puerta.

Estaba sentada encima de Chris cuando vi a Jacob y... ¡¿RHONDA?! ¿Qué demonios? ¿Cómo? ¿Cuándo? ¿QUÉ? El ridículo intercambio a continuación tuvo lugar conmigo en *top less*, sujetando una manta mientras Chris y yo seguíamos... ya saben.

—Estoy definitivamente desnuda ahora mismo —dije.

—Definitivamente —dijo Jacob.

Nos reímos todos.

—¿Quién eres tú?... ¡¿Rhonda?! —pregunté.

—¡Hola, nena! —respondió Rhonda.

—Podéis entrar si queréis, pero yo voy a seguir haciendo ruido —dije.

Me encanta mi *alter ego* de borracha. ¿Qué soy ahora, una estrella del porno? Y, Gabrielle, aterriza, por supuesto que pueden entrar... Es la puta habitación de Jacob. Madre mía.

—¡Nena, adelante! —dijo Rhonda.

Todos seguimos riendo un rato.

Jacob y Rhonda subieron a una de las camas de arriba de una litera, en la otra esquina de la habitación. Dios, qué situación más incómoda. No sé cómo había pasado eso, pero tenía ganas de chocar los cinco con Jacob. Bien hecho, chico. Cuando... acabamos, eran las

7 AM, y Rhonda tenía que ir a tomar su vuelo. Me dio un abrazo de despedida. Sí, lo sé, ridículo.

—Más vale que me llames cuando vuelvas para ir a cenar juntas —dijo.

—100 % seguro —fue mi respuesta. No se despidió de los chicos, lo que me pareció algo extraño. Sencillamente se fue. Pronto entendí el porqué.

—Güeys, !¿qué COJONES?! —dijo Jacob.

—¿Qué sucede? —pregunté.

—No tienen ni idea de lo ridículo que ha sido... —continuó Jacob.

—¡Bien! —dije, feliz por él.

—¡No! ¡No en un buen sentido! —su cara lo decía todo. Entonces nos explicó a Chris y a mí lo increíblemente embarazosa que había sido la noche para él, con Rhonda intentando múltiples veces tener sexo con él y Jacob rechazándola una y otra vez, y Rhonda casi arrancándole el dedo a mordiscos. Sí, eso he dicho: casi arrancándole el dedo a mordiscos. Chris y yo casi nos morimos de la risa, soltando lágrimas de tanta carcajada.

Decidimos que podríamos ir al aeropuerto un poco antes. Quincy se había puesto la alarma para venir a despedirme se mí, así que cuando me envió un mensaje de texto, le dije la habitación en la que estábamos. Ella no vino con nosotros para la mayor parte de la fiesta, pero me caía muy bien. Habíamos hablado de mi historia a fondo, y de la suya. Era como una hermana pequeña para mí. Nos despedimos todos e hicimos un vídeo final de Boomerang para Instagram, mi recuerdo favorito de todo el viaje.

Los chicos y yo bajamos a la recepción, donde firmamos en el muro del albergue en nombre de nuestra pequeña familia. Y luego, camino al aeropuerto.

El viaje en autobús hasta el aeropuerto fue como una escena de *Resacón en Las Vegas*. Dejen que les explique la escena: 7:30 AM. Parecía que a los tres nos había pasado un camión por encima. Yo no tenía voz alguna, parecía un hombre al hablar por la falta de sueño y de tanto gritar por encima de la música del club noche tras noche. Chris tenía arañazos por todo el cuello debido a mis uñas, perfectamente afiladas tras la manicura. Los ojos de Jacob estaban rojos e inflamados. Literalmente parecía que no hubiésemos dormido en una semana.

Jacob comenzó a explicarnos la ridícula historia de la noche anterior para él, con todo lujo de detalles, hablando en voz alta a volumen de conversación normal. Chris y yo nos partíamos de la risa. Yo me reí aún más al ver las reacciones de la gente sentada detrás de nosotros en el autobús, que sin duda estaban oyendo la historia entera. Sin embargo, déjenme aclarar que la historia, aunque era hilarante, también era dulce y adorable. Le pregunté por qué no tuvo sexo con Rhonda.

—Porque eso es algo que solo he compartido con ella —dijo, refiriéndose a la exnovia a la que le estuvo abriendo su corazón la noche anterior en las escaleras del albergue. Hagamos una pausa para que todas las lectoras de género femenino digan en voz alta y al unísono "Ohhh. qué adorable".

Una vez en el aeropuerto, los chicos esperaron a que facturase mi maleta. Nos hicimos una foto de lo más épica en plan "Joder, aún no hemos dormido... me quiero morir" y fuimos hacia el control de seguridad. Ellos se iban de vuelta a casa y yo iba a Mykonos a encontrarme con Jason. Por supuesto, esa noche era la única noche en que los dos canadienses de Ámsterdam iban a estar ahí también, así que íbamos a tener que sacar el máximo provecho de nuestra única noche de reunión. Todo tras dormir un total de seis horas en los últimos tres días. Recen por mí.

Fuimos a agarrar algo de comer y continuamos hablando y riéndonos de lo muertos que estábamos y de la locura de la noche anterior.

—Bueno, güey, nos toca ir a nuestra puerta de embarque —dijo Jacob. Nos levantamos y agarramos nuestras cosas, y ambos me dieron sus números de celular. Jacob y yo nos despedimos con un abrazo, y se hizo a un lado. Oh, ahí vamos...

Chris y yo nos fundimos en un abrazo. Nos quedamos ahí de pie mirándonos a los ojos. Entonces me dio un beso.

—Nos vemos en Los Ángeles —dijo, con una sonrisa. Bien hecho, TripAdvisor. Bien hecho.

Me alejé sin mirar atrás, porque ya lo podía sentir. Yo, a mis veintiocho años de edad, sin estar aún legalmente divorciada, con el corazón roto, con mi vida siendo un lío absoluto, iba a echar de menos a este chico de veintitrés años.

En cuanto embarqué, llegó la hora de intentar procesar algunas cosas. Digo intentar porque literalmente estaba delirando por culpa de la falta de sueño. Pero eso sí, dejen que les diga una cosa bien clara: era totalmente consciente de que en esos momentos yo era casi un caso perdido emocionalmente hablando. Era totalmente consciente de que era probable que Chris sencillamente hubiese querido coger con una mujer más mayor que él. Era totalmente consciente de que todo esto podría no haber sido más que un romance pasajero entre dos viajeros en un país extranjero. Sí, él tenía veintitrés años y probablemente era lo contrario de lo que debería ir en busca en esos momentos; todo era una absoluta locura. Pero dicho esto, lo que pasó entre nosotros en Barcelona fue real.

Pensé en cómo la gente que conocí en Barcelona jamás sabría realmente cuán profundo fue el impacto que habían causado en mi vida durante este viaje. Había estado buscando algo, una forma de curar mis heridas, e iba detrás de la idea de "arreglar mi vida". Entonces, de forma inesperada, sin ninguna revelación o epifanía concretas... Me levanté feliz. No sabría decir qué parte de mí se curó o cómo sucedió, pero sé que para siempre estaré agradecida a toda esta gente que para mí ya son amigos y a esta ciudad que ya se ha ganado un hueco en mi corazón. Publiqué una foto de la noche anterior con el grupo entero y escribí: "A todos ustedes, gracias por apoyarme, por verme cómo soy y por hacer que los últimos cinco días hayan sido jodidamente inolvidables. Nos vemos en el libro..."

Sentada en el avión lista para el despegue (o para caer muerta) dirección a Mykonos, oí la voz de Chris en mi cabeza.

"No cambies mi nombre". Y entonces me di cuenta. Se llama Chris, joder. Como el hermano de Javier.

A la mierda con el sueño

(¿Realmente es tan importante?)

DÍA DIECINUEVE

En esos momentos iba funcionando con tan solo seis horas de sueño en las últimas setenta y dos horas. Una parte de mí estaba impresionada de que a mis veintiocho años fuera capaz de salir de fiesta más a tope que cuando tenía veintidós. Otra parte de mí estaba genuinamente asustada de que en cualquier momento fuese a caer desplomada y morir. Uno hubiese esperado que mi cuerpo dijese "DIOS MÍO, POR FIN" y se quedara dormido al instante en el avión, pero no. En lugar de eso solo pude dar un par de cabezaditas y despertarme al notar que se me caía la cabeza. Puede que en total quizá durmiese unos quince minutos. *Quizá*. Aunque sabía que en cuanto llegase a Mykonos iba a tener que salir a toda prisa, una vez más no tenía ni la más mínima idea de la locura de noche que me esperaba.

Yo iba a quedarme con Jason durante tres noches, mientras que Travis y su amigo canadiense iban a quedarse en Mykonos solo esa noche. Así que esa era la única noche que podríamos aprovechar la reunión del grupo de Ámsterdam. Les prometo que a esas alturas mi voz sonaba como la de un camionero que ha fumado tabaco negro toda su vida. Entre la falta de sueño y las fiestas continuas noche tras noche, mis cuerdas vocales decidieron abandonarme... ¡Adiós, Gabrielle!

Tras un rápido vuelo desde Atenas a Mykonos aterricé por fin en el diminuto aeropuerto de la isla y fui a recoger mi mochila. Mientras esperaba a que saliera el equipaje, eché un vistazo a mi celular y vi que tenía un mensaje de voz de Javier. Hablaba de lo feliz que estaba de ver mi publicación sobre Barcelona y la gente que había conocido ahí, y decía que le hacía muy feliz ver que estaba disfrutando de una experiencia así. También me dijo que quería intentar hablar conmigo en algún momento durante mi estancia en Mykonos. Respondí con mi inexistente voz y le dije que iba al hotel a encontrarme con los chicos que conocí en Ámsterdam, y que saludase a todos los que estaban con él en San Vito. Tenía que admitir que este era la primera ocasión en que no sentí la avalancha cuando escuché la voz de Javier a través de mi celular. De hecho, casi me hizo sentir irritada. En Barcelona había encontrado una especie de seguridad en mí misma, y el momento de lucidez que tuve en la playa con Chris realmente había causado un efecto en mí. Se acabó eso de recibir tratos que no merezco.

El transporte al hotel me recogió y fui a encontrarme con los chicos. Jason y Travis solo tenían veintidós y veintiún años. El otro canadiense tenía veinte años. Me sentí al instante como la mamá del grupo. Nos pusimos al día sobre nuestros viajes mientras me cambiaba e intentaba arreglar mi cara, que parecía la cara de alguien que no había dormido en tres días... ejem.

Primero fuimos a la playa del hotel, donde había un club y algunos restaurantes. Eran las 10 PM, lo que era ridículamente pronto para la vida nocturna europea, especialmente en Mykonos. En París iban fuerte, en Ámsterdam le daban bien, y en Barcelona le metían a tope. Pero *nada que ver* con Mykonos. Dios. Mío. De mi vida. Los cuatro nos pedimos unas bebidas decoradas de forma genial en la barra y comenzamos a bailar al son de lo que pronto descubriría que era una colección de canciones que todos los DJ de Mykonos pinchaban en cada sesión.

Bailando en una de las enormes plataformas que había, con el maestro de ceremonias animando a todo el mundo desde que llegamos vino y nos preguntó de dónde éramos. Era un chico más bien bajito, agradable a la vez que sofisticado, y tenía más energía que un conejito de Duracell tras meterse varias rayas de cocaína. Su trabajo era literalmente conocer a gente, beber, y gritar "¡Tenemos a Los Ángeles en el local!" y "¡Arriba esas putas manos, Mykonos!".

Bailamos durante dos horas mientras observábamos a todos los personajes presentes en esta loca y fiestera isla. Debo decir que me alegraba de estar con gente que conocía en este sitio en concreto, porque sin duda *no* era como los otros países en los que había estado. No parecía que hubiesen demasiados viajeros que fuesen solos, y no me podía imaginar a mí misma paseando por toda esta escena fiestera por mi cuenta, intentando conocer a gente. Durante nuestra sesión de baile, nos giramos y vimos a Travis enrollándose con una chica india que iba más borracha que una cuba y a continuación, diez minutos después, con otra mujer que seguro era tan mayor como para ser su madre.

Jason había oído hablar de otro club famoso que celebraba la fiesta de despedida de la temporada de verano. Resultaba estar poco más arriba de la calle donde estábamos, así que decidimos ir a visitarlo. Entramos a Cavo Paradiso a las 12:30 AM y fue como entrar en un local de moda en Hollywood a las 7 PM. Realmente empezaban tarde en Mykonos, y yo estaba... *tan, pero tan cansada*.... Los chicos pidieron bebidas y nos sentamos junto a la piscina exterior, con sus lindas luces y con las increíbles vistas del océano detrás de nosotros. El club era como un club de Las Vegas, pero ubicado en el acantilado más épico de la isla.

Finalmente, hacia la 1:30 AM, había suficiente gente ahí para empezar a bailar. Yo ya estaba pensando en cuándo podría irme a comer algo (las prioridades son las prioridades) y volver a la habitación para darle al cuerpo el descanso que necesitaba. Tengo que admitir que me impresionaron tres tipos que estaban ahí bailando a tope, por su cuenta, sin importarles una mierda lo que pensaran los demás. Vi mucha gente así en este viaje. Quizá era porque todos estaban de viaje, pero esto no lo verías *nunca* en Los Ángeles. Me encantaba.

Hacia las 2:30 AM, me dije: *Vale, después de esta canción les voy a decir que me voy.* Y entonces miré arriba hacia el balcón, donde se encontraban las mesas con servicio de botella. Y crucé la mirada con un tipo muy atractivo que estaba bailando a tope en su mesa. Nos miramos durante más de unos segundos y yo seguí bailando en nuestro pequeño grupo en la pista de baile. Cinco minutos después volvimos a cruzar miradas. Me sonrió a la vez que cantaba la estúpida letra de la canción que fuese que estaba sonando en ese momento y yo me eché a reír. Esta farsa continuó durante los siguientes veinte minutos, hasta que una vez me miró y me dijo que subiese a su mesa. Sonreí, pero seguí bailando.

Bueno, Gabrielle, literalmente estás a punto de caerte al suelo. Vete a casa y duerme. Me giré para decirle a Jason que me iba a ir y me encontré con... no se lo van a creer.. ¡Javier! Nooo, ¡ES BROMA! Pero seguro que ya estaban con la boca abierta de par en par y casi les da patatús. Pero no, me encontré cara a cara con el tipo del balcón. Mierda. Supongo que no me voy a casa.

Sonreí y él me sacó a bailar. Tras unos pocos minutos, me acerqué a su oído (con mi voz de camionero, casi ininteligible):

—¿Cómo te llamas? —le pregunté.

—Marcus —dijo—. ¿Y tú?

—Gabrielle —respondí—. ¿De dónde eres?

—Nueva York —dijo, y me eché a reír. Claro, de todo el club tenía que elegir al tipo blanco de Nueva York que curiosamente se parecía a Chris en más de una cosa—. ¿Y tú? —preguntó él.

—Los Ángeles —dije—. ¿Cuántos años tienes?

—Veinticuatro —dijo. *Ay, Dios mío*, pensé, y solté una risita por debajo de la música.

—¿Qué pasa? —dijo riendo—. ¿Encajo en tus requisitos de edad? —preguntó mientras bailábamos. Como si a estas alturas tuviese un requisito de edad. Seamos reales.

—Sí —dije, riendo a la vez que dejaba los ojos en blanco. Seguimos bailando durante un rato. Entonces, por primera vez en este baile, me vino un impulso de enrollarme con un tipo cualquiera que acababa de conocer en un club. Y eso mismo hice.

—Vamos a tomar un trago —dijo, agarrando mi mano y llevándome arriba, adonde estaba su mesa—. Tenemos un yate el domingo. Tienes que venir con nosotros —dijo. *Claro, normal que tengas un yate*, pensé. Me presentó a sus amigos en la mesa y me preparó el peor vodka con soda (básicamente, solo vodka) que jamás he tomado. Lo de irme a dormir, quedó aplazado.

Había algo negativo acerca de Marcus de inmediato. Fumaba como un carretero. Aunque he de ser honesta y admitir que, aunque no me gustan los cigarros ni me gusta la sensación de estar lamiendo un cenicero, besar a Marcus me recordaba extrañamente a cuando besaba a Jake en secundaria. Descubrir que Jake fumaba fue parte de lo que me atrajo hacia él, parte de este atractivo de chico malo, y Marcus sin duda tenía parte de eso también. Honestamente, estaba tan jodidamente bueno que no me importaba. También besaba muy bien, y eso tampoco hacía daño.

—¿Cómo contacto contigo? —me preguntó. Me dio su móvil y le añadí en mi WhatsApp, y me añadí a mí misma en su Instagram.

Tras varias horas bailando, enrollándonos, bailando y… enrollándonos más, acabamos en la mesa que estaba directamente delante de la cabina del DJ. Al principio de la noche, Marcus había conocido (y había desarrollado un "bromance" de la hostia con él) a un multimillonario de cuarenta años cuya familia era aparentemente una de las familias más poderosas de Italia. Totalmente normal. En la mesa del multimillonario había botellas gigantes de Dom Pérignon y de vodka, y un montón de mujeres revoloteando, claramente prostitutas. Aunque el multimillonario no hablaba muy bien inglés, él y Marcus no tenían ningún problema para comunicar entre tragos, chocando los cinco, y soltando gritos aleatorios. Me senté en el sofá junto a la cabina del DJ cuando de repente un *aún más borracho* Marcus se me acercó y se reclinó hacia mí.

—Estamos hospedados en una villa enorme. Deberías venir conmigo esta noche —dijo, sonriendo, aunque yo sabía que no me iba a quedar a dormir en la villa esa noche. En el fondo de mí oí una vocecita diciendo *"No necesitas a otro tipo provisional, Gabrielle, tienes que estar por tu cuenta"*. Pero aunque reconocí que este patrón de comportamiento estaba volviendo a aparecer, no estaba del todo lista para aceptarlo… aún.

Finalmente, a las 6 AM, la gente ya estaba yéndose. Yo estaba tan cansada que literalmente no era capaz ni de pensar. No había tomado más de dos bebidas en toda la noche. Jason me escribió un mensaje hacia las 5:30 AM diciendo que estaba de vuelta en la habitación y que dejaba la puerta con la cerradura abierta para mí. Normal. Aunque intenté irme pronto, al final los chicos llegaron a casa antes que yo. Ahí en el club empezó a refrescar bastante, así que Marcus me dio su suéter (que he de admitir que era muy elegante).

—¡No pierdas este suéter! —dijo muy serio—. Lo he perdido unas diez veces y siempre vuelve a mis manos.

El multimillonario gritó algo usando una mezcla de italiano e inglés y todos empezaron a subirse a varios taxis en dirección a su hotel. Pasamos por delante del hotel en el que estaba yo, y miré por la ventana con anhelo, viendo como mis deseos de dormir quedaban en el espejo retrovisor. Una vez más: ahí estaba esta incapacidad para decir sencillamente que no. Estaba exhausta a más no poder... ¿por qué demonios no me iba a casa y punto? Es como si yo, inconscientemente, tuviese que hacer lo que quieren los demás antes que cuidar de mis necesidades.

Cuando el multimillonario, Marcus, varios de sus amigos de Nueva York, dos chicas cualquiera que estaban también en el hotel y yo llegamos, eran las 6:30 AM, y aún era de noche. Aunque la piscina y todo estaba cerrado, el personal inmediatamente nos sugirió que nos instalásemos en uno de los sofá-cama en las cabañas, y nos trajeron vino y cerveza.

—Necesitamos algo de... eh... comida, también —dijo el multimillonario en su poco fluido inglés con un marcado acento italiano.

—La cocina está cerrada, señor, pero puedo prepararles algunos sándwiches si lo desea —ofreció el camarero.

Sentados ahí, comiendo y bebiendo en ese increíblemente bello hotel junto a una piscina infinita de color turquesa desde la que se veía el océano, el sol empezó a salir. ¿Cómo puede ser que pasara de necesitar dormir horas antes a ver el amanecer por segunda mañana consecutiva?

Marcus se ofreció a llamarme un taxi y cuando por fin llegó, ya eran las 7:15 AM. La gente empezaba a salir a la piscina para desayunar y el sol brillaba con gran belleza sobre Mykonos. Marcus me acompañó al frente del hotel, me dio un beso y un abrazo y me dio veinte euros para el taxi.

—Quiero verte mañana —dijo— y en el barco el domingo —añadió. Siendo sábado por la mañana, a estas alturas, sabía que mañana significaba hoy mismo, pero más tarde. Me eché a reír.

—De acuerdo —dije, asintiendo.

—Y cuida de mi suéter —dijo, conforme yo entraba en el taxi. Volviendo a mi hotel, que estaba a unos veinte minutos de distancia, me encontré cabeceando más de una vez. Finalmente, llegué a mi habitación del hotel a las 7:45 AM. Abrí la puerta y vi a Jason envuelto en mantas, en una habitación más fría que un témpano de hielo. Cerré las persianas, me dejé caer en la cama, con el suéter de Marcus puesto, y caí muerta. Por. Fin.

A la mierda con juzgarte a ti misma

(El resto del mundo lo hace suficiente por ti).

DÍA VEINTE

Abrí los ojos en una cama individual que estaba a menos de un metro de la cama de Jason. ¡Uf! ¿Debería agarrar mi celular o intentar volver a dormir? Tras un breve momento de contemplación, agarré el celular. 12:53 PM. Oh, gracias, Dios. Ya había dormido cinco horas. *Realmente* lo necesitaba.

Jason se desperezó gruñendo y yo me levanté, sentándome en la cama. La música ya sonaba a todo trapo en el club del hotel. No era ni siquiera temporada alta en la isla, pero, madre mía, en esta isla la marcha *no paraba*. Me levanté para echar un vistazo a las vistas que aún no había visto de día y me eché a reír al darme cuenta de que había dormido con el suéter de Marcus puesto. Jason se me unió en el balcón y nos pusimos al día de la loca noche anterior, admirando la imponente vista.

Decidimos bajar al club... bar... lo que fuera eso, para desayunar (o almorzar, a esas horas) y absorber algo de sol en la playa. Jason y yo nos sentamos en una mesa a comer y observamos a la gente. Vaya concentración de personajes pintorescos, gente joven de todo el mundo, bebiendo y bailando a esas horas. Había bailarinas go-go en bañadores y un tipo más bien mayor y muy moreno caminando en un tanga de pene. A las dos de la tarde. Esta era una isla fiestera sin ninguna duda.

Antes de salir hacia la playa, Jason y yo nos detuvimos en una tienda que vendía baratijas varias para comprar un par de camisetas de neón de lo más ridículas que rezaban "Mykonos se coge a Ibiza". Eran las camisetas "Eurotrash" perfectas y especialmente adecuadas porque los tres chicos de Toronto de mi familia barcelonesa estaban en esos momentos en Ibiza y me habían estado enviando fotos de sus aventuras. Publiqué una foto con Jason, con nuestras nuevas camisetas enfundadas, y acompañada con el texto: "Dedicada a mis chicos de Toronto que están en Ibiza ahora mismo". Todos los miembros de la familia de Barcelona seguíamos en contacto desde que nos despedimos. Había hablado con Mallory, los Torontos, Jacob y sí, incluso con Chris.

La playa era espectacular y, como solo había tomado el sol un día en Barcelona, realmente necesitaba broncearme un poco. El agua era absolutamente preciosa. Jason y yo aún estábamos acostumbrándonos a ver tetas al aire en la playa. Ya lo sé, es algo de la cultura local; llámenme conservadora, pero nunca llega a ser normal ver un par de tetas al aire en un sillón a tu lado. Me llegó un mensaje de Marcus diciendo lo muertos que estaban tanto él como el resto de los neoyorkinos. Tras repetirme (una vez más) que no perdiese su suéter, nos invitó a la villa. Cada vez que decía la palabra "villa" sonaba tan... "burgués". Le expliqué que estaba con Jason, con quien estaba en el mismo hotel, y Marcus me aseguró rápidamente que él también podía venir. *Esto* es lo que me encanta de viajar. En Los Ángeles, o en casi todos los Estados Unidos en realidad, la mayoría de los grupos de chicos solo estarían interesados en que fuesen mujeres. Me di cuenta de que, en todos los sitios donde había estado hasta ese momento, casi todos esos estereotipos se rompían al viajar. Me encantaba.

Después de chatear con Marcus un rato mientras Jason y yo nos relajábamos en la playa, decidimos encontrarnos con Marcus y sus amigos más tarde en el pueblo para salir por la noche.

Después de varias horas en la playa, Jason y yo fuimos a un restaurante que había cerca para hacer una cena sencilla. Nos recibieron un hombre griego muy serio y cinco gatos callejeros que parecían haber decidido cenar también en ese restaurante; tomamos asiento y pedimos.

Jason me pidió más detalles sobre la interminable saga de Javier. Le expliqué cómo estaba la situación en esos momentos y cómo, tras mi visita a Barcelona, mis sentimientos habían comenzado a cambiar y ya no estaba segura de querer ir a verme con él.

—Joder, menuda historia —dijo. Entonces fue él quien me contó sobre su ex-novia y las complicaciones implicadas en esa situación. Hasta esa conversación, Jason y yo realmente solo habíamos hablado de forma más bien superficial sobre la fiesta previa o sobre nuestros futuros destinos de viaje. Él daba la sensación de ser un "chico de fraternidad", pero en cierta medida esa primera capa comenzó a abrirse durante la cena. Era un buen chico.

Tras cenar, fuimos a la habitación para prepararnos. Como no tenía datos de Internet prepago (mi principal cagada en este viaje) solo podía hablar con la gente cuando estaba conectada a algún Wi-Fi. Cuando estábamos a punto de irnos, hice que Marcus y Jason se conectasen en Instagram para poder encontrarles cuando llegásemos al pueblo. Y claro, le llevé su maldito suéter.

Era nuestra primera vez en el pueblo y era exactamente lo que uno se imagina cuando piensa en un pueblo isleño de Grecia. Había calles con suelo empedrado, estructuras de adobe blanco con abundantes toques azules, árboles surgiendo de lugares inesperados con preciosas plantas trepadoras colgando de sus ramas. Era pura belleza. Jason y yo caminamos por el pueblo, que era de lo más enérgico y animado. Había tiendas, restaurantes y mucha mucha gente. Noté que Jason estaba mirando su móvil.

—¿Qué haces? —le pregunté.

—Estoy intentando encontrarles... me han enviado su ubicación en *Find My Friends* —contestó.

—¿En qué? —pregunté... Nunca había oído de eso antes. Jason se echó a reír.

—A ver... envías tu ubicación y luego tu celular crea un mapa y te dice cómo llegar donde están tus amigos —explicó.

—Pero eso no va a funcionar aquí... ¿no? —dije, incrédula. O sea, en ese pueblo no había calles normales, y menos aún calles con nombres. El pueblo era una serie de callejuelas con curvas aleatorias y pequeños caminos. ¿Qué te iba a decir? ¿Gira a la izquierda en este callejón y un poco más adelante del gato callejero gira a la derecha cuando veas una roca blanca grande?

—¡Vamos a ver! —dijo. Bueno, la tecnología es increíble, se lo juro. Caminamos durante quince minutos, pasando por callejones y pasadizos indistinguibles unos de otros a través del pueblecito, cuando de repente:

—¡Hey! —gritó Marcus, saludándonos.

—¡No me lo puedo creer! —dije, a la vez que Jason y yo nos echamos a reír.

Entramos en uno de los muchos pequeñitos y superadorables restaurantes para unirnos a ellos. Había otros tres tipos de Nueva York con Marcus y uno de Alemania, que había conocido la noche anterior. Después de presentarles a Jason comenzaron a hablar de algunas aventuras recientes en el Oktoberfest de Munich, y de repente uno de los chicos soltó la preguntita de siempre.

—Y Gabrielle, ¿por qué vas de viaje por tu cuenta? —todos se giraron hacia mí para escuchar mi respuesta.

—Es una historia muy larga, colega —dije, a la vez que suspiraba y soltaba una risita nerviosa.

—Larga y de locos —agregó Jason.

Procedí a darles la versión resumida, algo en lo que ya era una experta para entonces. Todos tuvieron la típica reacción: boca abierta, ojos como platos. A Marcus le pilló por sorpresa la historia, pero intentó que no se le notase.

Hablamos, reímos y recordamos la ridícula noche anterior. Entonces llegó la hora de intercambiar Instagrams y la pregunta de "¿a qué te dedicas?", esta vez con una actitud mucho más "somos gente guay de Nueva York, así que vamos a aparentar que no nos impresiona". Entonces uno de los chicos nos mostró una cuenta de Instagram llamada *Vodka Soda Boys*. La habían creado una noche a modo de broma, y se había convertido en un montón de fotos de combinados de vodka con soda en diferentes lugares. La verdad es que era muy chistoso, y rápidamente se convirtió en uno de los chistes continuos de la noche.

Después de pagar la cuenta, salimos a caminar por el pueblo mientras decidíamos adónde ir. Entramos y salimos de varios sitios antes de decidirnos por un pequeño bar/club al aire libre junto al mar. Los chicos pidieron vodkas con soda. Había algo sobre los vodka sodas en Europa que los hacía jodidamente horribles. Doné el mío al grupo y me pedí un Mai Tai granizado, muy afrutado y realmente delicioso, que venía con una pequeña ensalada de frutas.

Los chicos de Nueva York y Jason estaban pegando onda mientras bebían sus vodka sodas y fumaban cigarrillos. Se lo juro, la cantidad de gente que fuma en Europa es increíble. Marcus venía de vez en cuando adonde yo estaba y me sonreía.

—¿Me das un beso? —decía. La farsa en sí era adorable. El chico tenía algo que sin duda era adorable a la vez que intrigante.

—¿Quieres ir a ver el mar? —preguntó Marcus.

—Claro —contesté. Bajamos por la escalinata hasta una pequeña zona donde sentarnos justo delante del agua. Alejados de la música era todo mucho más tranquilo y silencioso, y los apartamentos y tiendas que había delante del mar eran de lo más lindo. No hablamos de nada excesivamente profundo. Lo básico. Se dedicaba a la financiación inmobiliaria, era originario de Boston y se había graduado en Northeastern University.

—En EE. UU. no fumo —dijo en mitad de la conversación.

—Ya —dije, no muy convencida de que eso fuera cierto, tras verle fumar como un carretero las últimas veinticuatro horas.

—En serio —dijo riendo—. No fumo cuando estoy en casa.

Tenía algo coqueto y relajado en su actitud. Tras unos treinta minutos subimos de nuevo a unirnos al resto del grupo.

—Bien, mañana tenemos que devolver los cuatriciclos hacia las 2 PM, y después podemos ir todos juntos a comer algo o lo que sea —dijo Marcus.

—¡Deberíamos probar ese famoso lugar de almuerzos en el que te emborrachan mientras esperas! —propuso uno de los neoyorkinos. De una forma u otra, las mentes borrachas de los presentes decidieron que el mejor plan sería algo así: levantarnos a las 10 AM, devolver los cuatriciclos, ir al almuerzo alcohólico, y luego decidir qué más hacer.

—Nosotros tendremos que ver cómo ir de un sitio a otro —dije.

—Quédense en la villa. Hay espacio de sobra —dijo Marcus.

—¿Jason también? —pregunté.

—Sí, por supuesto —respondió. Jason ya era parte del grupo y eso hacía que me cayeran aún mejor.

—De acuerdo —dije, asintiendo.

Con un plan ya decidido, nos fuimos del bar para llenar nuestros estómagos.

—Vamos a Jimmy's —sugirieron los chicos. Habían estado en Mykonos seis días, y literalmente parecía que conocían la isla entera.

Jimmy's fue una experiencia casi trascendental para mis papilas gustativas. Se trataba de un local pequeño y las paredes estaban repletas de fotos de gente que había visitado el lugar. El sitio era famoso por su *gyros*, y fue una de las mejores comidas en todo mi viaje. Y créanme, NO había estado reprimiéndome a la hora de comer. Pero bueno, cuando estás en Europa atravesando un desengaño amoroso... es lo que hay, ¿no? Por suerte, salí de viaje con mi cuerpecito bien en forma tras el divorcio, ese cuerpecito con el que le dices a tu ex "que te jodan". Así que aún estaba más o menos de buen ver, al menos de cara al exterior.

Comimos y disfrutamos de esas deliciosas creaciones griega. Y a las 4:30 AM, llegó la hora de ir a casa.

La villa era impresionante incluso de noche. Tres plantas, una piscina enorme, un montón de habitaciones, todo con paredes blancas. Una vez más repasamos el plan para el día siguiente y a mí me asignaron la responsabilidad de poner una alarma y levantar a todo el mundo a las 10 AM. Bienvenida a la vida como única fémina del grupo. Al final de esa charla, Jason ya estaba roncando en el sofá. Marcus y yo dimos las buenas noches a todos y nos retiramos a su habitación, donde me dio unos pantalones de pijama y el infame suéter otra vez. Fui a mear y mientras me lavaba las manos, me miré en el espejo.

Mierda, pensé. No tenía ninguna intención de tener sexo esta noche, pero pensé "Quizá solo quiera que nos abracemos y caiga dormido" y se me escapó una risa en voz alta en el baño. *Sea como sea, no va a pasar,* me dije a mí misma. A estas alturas todos ustedes saben que esa última frase es una patraña, pero bueno, al menos mi intención era buena.

Volví a su habitación y salté encima de la cama, tan griega, incómoda y a la vez agradable a la vista. Apoyé mi cabeza sobre el pecho de Marcus y él me rodeó con su brazo. Y ahí llegó ese fastidioso momento de "a ver cómo empieza esto".

Bien, pues empezó. Se calentó todo muy rápido y la ropa acabó en el piso en un visto y no visto. No jodas. Supongo que *sí* va a pasar. Él intentó... bueno, ya saben... Y yo puse la mano en su pecho y me eché a reír.

—¡Eh! ¿No falta algo...? —dije, haciendo alusión a ese condón ausente por ahí abajo. Él me sonrió de vuelta.

—No, claro. Tengo uno aquí —dijo conforme se levantaba y se acercaba a su mochila.

Ahí estaba yo: estirada en cueros en esta preciosa villa de Mykonos, y lo único en lo que podía pensar era en lo incómoda que me sentía desnuda. Recuerdo que Julia Roberts en la película *Eat Pray Love* dijo algo como que no pasa nada por ganar algunos kilos de peso de vacaciones porque "¿Alguna vez un hombre te ha visto desnuda y te ha pedido que te vuelvas a poner la ropa?". Bueno, es verdad, Julia; nunca. Pero te olvidaste de mencionar lo poco sexy que se siente *una misma*. Y en lo que a mí respecta, eso es mucho más importante que lo que esté pensando el tipo. Uff. Que te jodan, Julia Roberts. Que te jodan.

Marcus volvió, "ataviado" correctamente esta vez. Y me encontré una vez más mirando a un fornido espécimen masculino. Parecía que esto se repetía una y otra vez en este viaje. Y una vez más, bien por ti, Gabrielle. Tres de tres. Por Dios, soy una puta. En fin, enhorabuena, chica.

Ninguna queja. Cuando acabamos, me miró y me dijo "Dios, qué sexy eres". Adorable. Bueno, vale: *touché*, Julia Roberts.

Me puse su suéter y mi ropa interior y salimos afuera a que nos diera el aire en el imponente patio de la villa. Nos estiramos en una de las hamacas, con mi cabeza recostada en su pecho y su brazo rodeándome. La verdad es que estaba... *muy bien*. Hablamos sobre su trabajo y si era lo que quería hacer el resto de su vida.

Me preguntó por mi trabajo e hizo preguntas que mostraban que genuinamente estaba interesado. Me habló de su hermano y su hermana y la relación con sus padres. Me preguntó por mis padres y le expliqué lo de mi padre y la relación tan íntima que tengo con mi madre, lo que me llevó a comentar lo mucho que me había ayudado a superar el divorcio.

—Sí, la verdad es que me quedé alucinado cuando nos contaste esa historia antes —dijo, con honestidad.

He de admitir que, aunque no fue una de las conversaciones más profundas de mi vida, sentí que pude ver un lado de Marcus que normalmente no dejaba que otros vieran. Estirada ahí, escuchando su voz, pude vislumbrar lo que había debajo de esa fachada de típico chico blanco de fraternidad que usa las típicas expresiones de universitario, bebe cerveza como un cosaco y se vuelve loco animando a los Patriots chocando los cinco con sus "bros". No me malinterpreten, a primera vista sin duda parecía un idiota engreído. Pero en base a lo que estaba viendo, eso no era más que una capa protectora que había construido para protegerse en su entorno en EE. UU. Debajo de esa fachada, había una persona dulce y cariñosa. No sé si tenía intención de que me diera cuenta de eso; pero sea como sea, lo vi.

Tras una hora hablando, empezamos a tener mucho frío ahí fuera y volvimos adentro a estirarnos en la cama. Me rodeó con el brazo y se quedó dormido en menos de cinco minutos. Detesto a la gente con ese talento. Lo que daría por tenerlo... Yo estuve ahí estirada durante una hora o más, incapaz de dormir, como suele pasar conmigo, y sentí una especie de alivio. Porque, igual que con Chris, no sentí ningún tipo de culpabilidad. No sentí ninguna emoción negativa sobre lo que había sucedido. Y lo que es más importante: no echaba de menos a Javier. No en ese momento, al menos. Me di cuenta de que no había razón alguna para juzgarme a mí misma o juzgar ninguna de mis acciones. ¿No lo hacen lo suficiente los demás? Juzgarme a mí misma solo me había hecho dar pasos atrás en lugar de aprender las lecciones que me presentaba la vida. Al fin y al cabo, si todas mis acciones me estaban ayudando a pensar con más claridad, sentirme mejor, crecer y comenzar a curar mis heridas, ¿quién era yo para juzgar eso? Ya lo harán ustedes por mí.

Eran las 7 AM cuando por fin empecé a quedarme dormida. Literalmente sentía que justo acababa de quedarme dormida, cuando la alarma sonó. Eran las 10 AM. Apagué la alarma, me giré y miré a Marcus, que me estaba mirando con ojos soñolientos.

—No, no y no —dije.

—Sí, a la mierda —dijo él. Y seguimos durmiendo durante dos horas más.

A la mierda con los patrones y tipos

(Tienes que descubrir por qué existen antes de poder cambiarlos).

DÍA VEINTIUNO

La luz del sol de la isla iluminaba la habitación. Me levanté para ver la versión soleada de donde horas antes Marcus y yo habíamos estado estirados esa misma mañana. Salí afuera y las fantásticas vistas del mar Mediterráneo con su agua azul y cristalina me impactaron. Más allá de la piscina había un acantilado, y luego todo era Mediterráneo hasta donde alcanzaba la vista. Un sitio verdaderamente idílico para despertarse.

Por supuesto, nuestro plan para el día había quedado arruinado, algo que para mí fue bueno. Mi cuerpo necesitaba un jodido descanso. Nos quedamos relajados un rato en el fantástico espacio al aire libre que ofrecía la villa y luego subimos a la tercera planta para hacernos una foto todos juntos. El palo de selfis que compré en Londres volvió a ser de mucha ayuda, por muy ridículo que pareciese.

Tras devolver los cuatriciclos esa tarde, todos bajamos al pueblo, donde varios cruceros habían llegado con montones de gente. La gente iba de un lado para otro continuamente y el día era precioso de verdad. Encontramos algunos sitios fantásticos para hacernos fotos y subí algunos vídeos de nuestro grupo y del lindo entorno de la isla a mis *Stories* de Instagram. Inmediatamente recibí mensajes de texto de Emma y Jess.

Emma: Ehhhh! Quién diablos es ese?!?!

La pregunta hacía referencia a Marcus.

Jess: Está buenísimo.

Y lo estaba. Parecía tanto el típico chico de fraternidad de Los Ángeles... exactamente lo opuesto que Javier. Y no se me escapaba esa noción. Había caído enamorada de Javier hasta tal punto que me preguntaba cómo es que mi lista de requisitos no incluía "latino, gran bailarín, multilingüe y al menos treinta y cinco años de edad". O sea, en el área física y sexual, Javier era un jodido *hombretón*. Era sexy, rudo y masculino... y eso *me ponía*. Y ahora, ahí estaba yo, comparando a las dos personas que había atraído en este viaje, los dos superparecidos en muchos aspectos, y los dos completamente opuestos a Javier. Comparemos, ¿les parece?

Chris
- Veintitrés años (Dios mío, Gabrielle)
- Vive en San Francisco (chico de ciudad)
- Bromea sobre que da la impresión de ser un idiota
- Un chico ridículamente adorable en el interior
- Alto, blanco, cuerpo fantástico, cabello marrón claro
- Gran trabajo justo tras acabar la universidad
- Super sexy desnudo

Marcus
- Veinticuatro años (no mejoramos, Gabrielle)
- Vive en Nueva York (de nuevo... chico de ciudad)
- Sin duda puede dar la impresión de ser un idiota
- Tiene un lado dulce y cariñoso en el interior
- Alto, blanco, cuerpo fantástico, cabello marrón claro (ejem... ¿les suena?)
- Gran trabajo justo tras acabar la universidad (venga ya...)
- Super sexy desnudo (sí, es ridículo que lo pueda decir de ambos; soy consciente de ello)

Veamos. ¿Qué demonios pasa contigo, Gabrielle? Definitivamente no quiero seguir saliendo con tipos que encajen con el perfil de mi exmarido... aunque a este le faltaba el chico bueno debajo de la fachada de idiota. Pero entonces, ¿por qué tras saber lo que sentí con Javier he vuelto a este... tipo de hombre? Oh, hagamos una "cebolla de pensamiento" aquí, ¿les parece? Veamos, ¿cuál es el pensamiento superficial?

• ¿Por qué Javier me parece tan jodidamente sexy? ¿Qué voy a pensar del siguiente tipo que entre en mi vida?

Oigan, se llama pensamiento superficial por algo. Denme un respiro. Aun así, me parece una afirmación muy precisa. Ahora, ¿cuáles son las versiones auténticas de ese pensamiento?

• Esos atributos encienden una cierta pasión en mí. ¿Cómo no me di cuenta de todas las cosas que claramente faltaban en mi matrimonio?
• ¿Qué hay acerca de él y de esos atributos que despertó ese "algo" en mí?
• Me niego rotundamente a aceptar cualquier puta relación en la que tenga nada menos que esos sentimientos.

O sea, todo eso tiene sentido. No quiere decir que nunca vaya a salir con un chico blanco otra vez o que vaya a dejar de lado un alma gemela potencial porque no sepa bailar o porque solo hable un idioma. Se trata sencillamente de intentar averiguar por qué pasé de ser inflexible sobre ir en busca de una cosa (o un tipo) para acabar atrayendo a dos tipos similares que son todo lo opuesto. De acuerdo... Y ahora lo más importante: ¿cuáles son las capas inconscientes de estos pensamientos?

• ¿Tenía miedo de encontrar exactamente lo que quería? Y en realidad, ¿sabía lo que quería?
• ¿Qué partes de mí misma estaba salvaguardando? ¿Acaso mi tipo anterior era sencillamente alguien "seguro"?

- ¿Y si acabo sola durante mucho tiempo porque nadie está a la altura?

¡Ah! Ahí está. La idea subyacente de siempre: "Gabrielle no quiere estar sola". Demos la bienvenida de nuevo a mi miedo al abandono... no lo eché de menos, se lo aseguro. En cuanto me di cuenta de esto, sentí una capa de emociones. Por supuesto, ya me había dado cuenta de que no me gustaba estar sola. Pero al ver que había vuelto a caer en viejos patrones con Chris y Marcus, me di cuenta de algo enorme: Sí, puede que me dé miedo estar sola. Pero estoy dispuesta a estarlo si es para esperar a la persona correcta para mí. Quizá conocer a Javier y alcanzar todos estos descubrimientos tan profundos era en realidad toda una bendición. ¿Y si acabo sola durante mucho tiempo porque nadie está a la altura? Sí... mucho tiempo para descubrir lo que realmente quiero, para aprender a *estar sola*, para aprender a amarme *a mí misma*. Quizá eso no sea el fin del mundo.

Y otra cosa de la que me di cuenta mientras iba caminando por el pueblo: tanto con Chris como con Marcus, me había dicho a mí misma que no iba a tener sexo con ellos... y al final acabé haciendo exactamente eso. Otro tema recurrente que sale a la luz. Ay, en Ámsterdam decidí postergarlo; pero si voy a acabar con los ojos lacrimosos, cortemos una capa más de la cebolla de pensamientos.

• He decidido *no* negarme al sexo en tres ocasiones, aunque sabía que no era lo que necesitaba o quería en ese momento.

La mitad de mi ser quiere decir a gritos: "¡Soy una mujer empoderada y puedo acostarme con quien quiera! ¡Los hombres lo hacen continuamente!". Pero sé que me estaría mintiendo a mí misma. En fin, ¿cuál es el pensamiento auténtico?

• Desde que murió mi padre, he estado intentando parchear el agujero que dejó en mi corazón a través de mis relaciones con hombres.

Sí. Había usado a todos los hombres de mi vida para intentar remendar las partes de mi corazón que se rompieron cuando perdí a mi padre. Es por eso por lo que no quiero estar sola. ¿Pero por qué siempre buscaba esa conexión a través del sexo? ¿Cuál es el pensamiento subconsciente?

• Sé que así se quedarán conmigo, y por lo tanto no me abandonarán.

¡Guau! Eso es fuerte. Toda mi vida he estado usando esta *cosa*, este poder que tengo, para mantenerme a salvo frente al abandono. Se trataba de una herramienta que usaba para conseguir y mantener a gente cerca de mí. Aunque no me daba cuenta de que estaba entregando una parte sagrada de mí para... *protegerme a mí misma*. Y así, sin más, descubrí una creencia que había estado dirigiendo mi vida desde que era una niña. No es de extrañar que sintiera que había estado corriendo toda la vida sin llegar jamás a ningún sitio. Esto me iba a llevar algún tiempo procesarlo, más tiempo del que tenía en este viaje. Pero, aunque no lo desentrañara todo de inmediato, ya había empezado, y eso es lo verdaderamente importante. De acuerdo, volvamos al día en sí.

Encontramos un sitio donde almorzar y nos sentamos todos, siguiendo con el lento proceso de recuperación de la noche anterior. Marcus de vez en cuando posaba su mano en mi pierna. Eran pequeñas cosas, sutilezas como esa a lo largo del día, que hacían que me sintiera "segura" con un tipo así, a la vez que mostraban dulzura y cariño.

Tras almorzar, el grupo entero decidió que pasaríamos un día de relax en la villa haciendo la única cosa que podría convertir a un grupo ya excesivamente americano en más americano aún: ver *fútbol americano*. Así es: en la preciosa villa de Mykonos se podían ver tres partidos retransmitidos a la vez por TV y por ordenador. Honestamente, mi cuerpo agradeció la noche de descanso.

Marcus me había estado hablando de lo increíbles que eran las puestas de sol desde el patio de la villa. Justo cuando iba a empezar la puesta de sol, Marcus y yo salimos afuera, nosotros solos. Fue una vista absolutamente imponente.

—Estando en sitios así, y mirando al infinito, te sientes tan pequeña —dije. Ahí estaba de nuevo: delante de esa inimaginable belleza, me sentía en cierto modo insignificante. ¿Cómo puede una sentirse lo suficientemente grande en un mundo como este?

—Así es —asintió Marcus. Nos hicimos una foto juntos con la puesta de sol a nuestras espaldas. Una foto casi perfecta.

Mientras los chicos veían el resto de los partidos, me puse al día con Jess a través de mi celular. Ella quería todos los detalles de este tipo tan sexy que aparecía últimamente en mi Instagram. Le envíe la foto que nos hicimos en la puesta de sol.

—Dios mío, Gaby —dijo. Era, en cierta medida, una foto de aspecto bastante íntimo. La culpa era de esta isla tan romántica.

Tras satisfacer a Jess con todo tipo de detalles, me puso al día sobre lo que estaba pasando en su vida, y de repente llegó un mensaje de texto. Era Javier. Literalmente era como si tuviera una alarma que comenzaba a sonar, diciéndole "¡Atención! ¡Gabrielle *por fin* ha dejado de pensar en ti! ¡Tienes que hacer algo!" Puf.

Javier: Hey, Gaby, solo quería decir hola. Parece que no paras de divertirte con tu grupo! Y sin duda no estás a dieta como este pobre diablo jajaja. Pero es lo que toca. Cuídate y sigue disfrutando!

Mis ojos se entornaron involuntariamente en clara indicación de lo harta que estaba de todo esto. En su comunicación había algo que parecía tan... *falso.* ¿Cuídate? Es como que estaba poniendo demasiado esfuerzo para aparentar ser amigable, aunque no fuera esa su intención.

Yo: Holaaaa. Sí, he encontrado a gente realmente genial en todos los sitios que he visitado. Parece que ustedes están pasándolo genial. Me alegro de que salgas con los chicos.

Por lo que había visto en las Stories de Instagram de sus amigos, no se me escapaba que ellos también habían estado saliendo y divirtiéndose.

Javier: En general, ¿cómo te sientes?

¿En serio, colega?

Yo: Esa es una pregunta capciosa por mensaje.

Javier: Cierto. Era una pregunta general, supongo. ¿Quieres hacer videollamada? No puedo prometer buena conexión.

Yo: El Wi-Fi aquí es horrible. Puedo hacer una llamada de voz.

Recuerden que estoy literalmente sentada en la sala de estar de la villa con todos los chicos viendo fútbol americano. Me llama. Nos ponemos al día respecto a las típicas mamadas, su progreso con la dieta y su programa de ejercicio, y mi ausencia de voz (sí, todavía). Y entonces preguntó...

—Bueno, ¿cómo te sientes?

—Hmmm... No sé. Han pasado muchas cosas y no he tenido tiempo realmente de procesarlo todo aún, supongo —dije, siendo todo lo honesta que pude.

—Sí, lo entiendo —dijo él.

—Muchas cosas cambiaron para mí en Barcelona —dije. Hubo una pausa.

—Oh —dijo, sorprendido.

—Sí —dije tras una nueva pausa. Me preguntó adónde iba a ir a continuación y le dije que iba a volar a Roma el martes.

—Vale, hablemos de nuevo cuando llegues a Roma, entonces —dijo.

—Suena bien —asentí. Por alguna razón, esta conversación me pareció tan... *superficial*.

Colgué justo cuando los partidos estaban acabando. Decidimos que necesitábamos comer algo, así que como es lógico bajamos al pueblo para ir a Jimmy's. La banda neoyorkina se iba por la mañana, así que parecía lógico ir a disfrutar de un épico gyros como última comida para ellos.

—Bueno, ¿vendrás de visita a Nueva York? —preguntó Marcus, sonriente.

—Quizá —dije, devolviéndole la sonrisa. Hablamos sobre dónde vivía en Nueva York, con quién vivía y el hecho de que yo solo había estado ahí por trabajo. Tenía que admitirlo: un viaje como Dios manda a Nueva York es algo que tenía en mi mente desde hacía mucho tiempo y la idea de que Marcus me llevase de fiesta por la ciudad era sin duda tentadora.

Cuando terminamos de cenar, le dije que Jason y yo íbamos a volver a nuestro hotel, ya que ellos se iban al aeropuerto por la mañana. Abracé y me despedí de todos y me quité el suéter de Marcus, que había llevado puesto casi todo el día. Se lo devolví y él me sonrió y me dio un abrazo.

—¿Te veré en Nueva York, entonces? —dijo.

—Es posible —dije sonriendo. Nos dimos un beso, y Jason y yo les dejamos tomando un taxi.

Una vez de vuelta en nuestro hotel, Jason se sentó en su cama y me pidió si le podía leer un capítulo del libro. Hmmm. Solo le había leído pequeños pasajes del libro a Jess y Emma, y no tenía claro cómo me sentía acerca de compartir lo que era básicamente un primer borrador con mi nuevo amigo. Tras pensarlo un poco, decidí que por qué no.

Con la música del club en la playa sonando a todo volumen, nos sentamos ahí mientras le leía uno de los capítulos de Ámsterdam. En mitad del capítulo, me detuve.

—¿Qué ocurre? —preguntó Jason. Yo me eché a reír.

—Esta es mi jodida canción de boda —dije, en referencia a la música que sonaba a todo volumen en el club. Ambos nos reímos a carcajadas.

—Tienes que incluir esto en el libro —dijo. Y aquí está.

En mitad del capítulo de ¿Cómo se llamaba?, Jason me detuvo.

—Oh, Dios mío, ¿hiciste la visita a los pubs? —me preguntó.

—Sí... —dije con cautela.

—Entonces, ¿te refieres al tipo irlandés que era uno de los guías? —preguntó. Ambos nos echamos a reír.

—Oh, ¡sí, Dios! —dije.

—Estuve con él todo el tiempo en la visita a los pubs —dijo riendo. Claro está, tuve que elegir el capítulo en el que tuve el rollo de una noche. Hilarante.

Antes de ir a dormir, hablé con Marcus. Me dijo que lo pasó genial conmigo y que estaba contento de haberme conocido. Yo también estaba contenta de haberle conocido a él. Y así, me despedí de la segunda persona que dejó una huella en mí; alguien que había sacado a la luz cosas en mí que me permitieron encajar algunas piezas más en el rompecabezas de mi proceso de curación. Hasta la próxima, Sr. Mykonos.

A la mierda con el materialismo

(No significa nada sin el amor).

DÍA VEINTIDÓS

En nuestro último día en esta linda isla, Jason y yo alquilamos un cuatriciclo y nos adentramos en el pueblo para disfrutar de un relajante día de compras, explorar y, por supuesto, comer. ¿Y qué mejor sitio para comenzar nuestro consumo calórico que Jimmy's?

Entramos en el famoso restaurante e hicimos nuestro pedido. El propio Jimmy estaba de cajero. Se trataba de un hombre griego mayor, con muchos años y mucho carácter en su rostro. Tenía un aspecto exterior rudo y unos ojos bondadosos, y tenía un aspecto muy bueno para tener setenta y cinco años.

Jason y yo agarramos nuestros deliciosos gyros y nos los llevamos a los asientos que había al otro lado del camino, donde, igual que en el restaurante, las paredes estaban cubiertas con miles de fotos de personas con Jimmy. Cuando aún no habíamos acabado de zamparnos nuestros manjares, Jimmy vino y se sentó con nosotros.

Nos preguntó de dónde éramos y si estábamos pasándola bien en la isla de Mykonos. Hablamos sobre cosas habituales durante un rato y luego nos comenzó a hablar de su familia. Nos habló de sus nietos y sus dos hijos, ambos gente de éxito y feliz. Nos explicó que él era muy famoso en la isla por el enorme éxito de su negocio y que tenía dinero más que de sobras. Pero diez años atrás perdió a su adorada esposa, Selena, por un fallo cardíaco. Habían estado juntos cincuenta años, desde que Jimmy tenía dieciséis años y Selena catorce. Empezaron a salirle algunas lágrimas mientras hablaba de ella.

—Lo tengo todo. Un gran negocio, dinero, buenos hijos, una buena vida. Pero no la tengo a ella. Lo daría todo por tenerla. Sin amor, todo lo demás no importa —nos dijo. Conforme hablaba, se palpaba claramente que su corazón seguía partido. Era algo inspirador a la vez que escalofriante. Un amor así de intenso, algo que todos buscamos y anhelamos, puede ser maravilloso y al mismo tiempo devastador. Fue un momento muy profundo, estar ahí sentada con este hombre escuchando sus palabras. Me sentí muy conmovida. Y entonces me di cuenta de que estaba oyendo lo que era uno de mis mayores miedos: *Cuando amo a alguien, muere.* En un sentido menos literal, cuando verdaderamente amo a alguien, se va. Javier era un ejemplo perfecto. Sin saberlo, Jimmy había abierto de par en par la herida de mi miedo al abandono. Pero ahí, escuchando a este hombre griego hablar de su adorada Selena, me di cuenta de una cosa. *Valía la pena.* Sí. Realmente valía la pena. No cambiaría el intenso mes y medio que disfruté con Javier por nada del mundo. Sí, me había dejado absolutamente destrozada. Mi corazón estaba, sin duda alguna, partido. ¿Pero saben qué? Ahora sé sin lugar a dudas lo que una siente al estar enamorada de verdad. Así que mi consejo a ustedes es: puede que el amor les rompa el corazón. *Pero amen igualmente.*

Una vez acabada la conversación, Jimmy y yo nos hicimos una foto y él nos acompañó al otro lado del restaurante y nos mostró una enorme foto de su adorada Selena. Se trataba de una foto en blanco y negro de una mujer bella y fuerte, ataviada con un vestido de mangas largas y falda hasta las rodillas, medias y *flats*, con un cabello oscuro perfectamente peinado e irradiando un estilo glam del Hollywood clásico. Sonrió mirando a la foto, nos dio las gracias por conversar con él y nos dijo adiós con la mano conforme nos íbamos.

Jason y yo caminamos por el lindo pueblo, entrando y saliendo de varias tiendas, comprando cosas aquí y allí. Nos topamos con una tienda de joyas donde tenían algunas piezas realmente preciosas, y yo supe que ahí es donde iba a comprar mi pulsera de Mykonos. La parte más difícil fue elegir la pulsera. Todas las pulseras venían con una tarjeta que explicaba su significado. Y después de leer los significados de todas, me decidí por una llamada "Explore". Era un pequeño círculo con marcas como las de una brújula. La tarjeta decía: "Lleva esta pulsera como recordatorio de que has de zarpar en busca de aventuras y soñar vívidamente... ¡Aprovecha con tus velas el viento a favor y descubre nuevos horizontes!".

Era perfecta, y desde ese momento, parte de mi colección. A continuación, nos dirigimos a un sitio donde hacían tatuajes *henna*. Mientras Jason se echó una siesta rápida en el sofá, yo me hice tatuar un recordatorio que duraría dos semanas en el antebrazo: el símbolo de infinito con la palabra "confía" inscrita dentro, el símbolo de Om (que representa la unidad de toda la creación) y las palabras "Qué será, será" (la idea de que lo que pase, ha de pasar). Era un buen recordatorio de cara a todo lo que me quedaba por vivir en el resto del viaje.

Fuimos con el cuatriciclo al punto más alto de la isla y disfrutamos de las increíbles vistas desde ahí. El infinito mar azul de fondo y los cientos de estructuras de color blanco en la isla pintaban una escena de una belleza y paz extraordinarias. Tras absorber el panorama en toda su belleza, agarramos dos cervezas y nos sentamos en un pequeño banco junto al mar.

—Bueno —dijo Jason—, ¿qué tienes pensado hacer acerca de Javier? ¿Le irás a ver?

—Ahora mismo no lo sé, la verdad —respondí. Y honestamente, esa era la verdad. Después de todo lo que había sucedido, sencillamente ya no sabía lo que sentía. Lo que sí sabía es que cuando llegase a Roma, tendría que iniciar a procesar de veras todo lo que había pasado y sentarme solita y con calma un rato después de toda la locura continua de las últimas dos semanas. Solo pensarlo *me daba miedo.*

Traté de aplicar una "cebolla de pensamientos". ¿Cuál era el pensamiento superficial?

• Si le veo, no sé lo que voy a sentir.

Bien, eso es obvio. La situación entera ha sido arriesgada. Cada una de las decisiones que he tomado en este viaje ha sido un riesgo, sin saber cómo me sentiría al final. Ciertas decisiones (como lo de Irlanda en Ámsterdam) me hicieron sentir totalmente horrible. Otras (como abrir mi corazón a Chris en Barcelona) me hicieron sentir que estaba empezando a curar mis emociones. ¿Pero no es eso de lo que trata la vida? ¿Un cúmulo de decisiones distintas que te llevan por caminos distintos y a futuros distintos, y que acaban dando forma a tu vida? Y aun así, tenemos remordimientos y nos machacamos a nosotros mismos cuando sentimos que hemos tomado la decisión errónea, aunque esa decisión nos haya impartido alguna lección y ayudado a crecer y convertirnos en la persona que somos hoy.

• ¿Y si verle destroza de un plumazo la curación emocional que he alcanzado y acabo en el mismo punto en el que empecé? ¿Con el corazón roto?

Bueno, a decir verdad, todavía sentía que tenía el corazón roto. En cualquier caso, el miedo sería el de acabar con el corazón aún más roto, si eso era posible. Pero lo que realmente acabaría siendo la verdadera perla de valor incalculable de esta "cebolla" era el pensamiento subconsciente. Aunque bueno, casi siempre es así...

• ¿Y si no voy y nunca lo llego a saber?

¡Guau! Ahí estaba. ¿Y si no voy y nunca descubro que algo podría haber sido distinto? ¿Y si claudico ante lo que todos me dicen y le odio por lo que me ha hecho sin luchar por averiguar si la historia podría acabar de otra forma? Oh, esa no soy yo. Pero el miedo que se derivaba de los pensamientos superficial y auténtico era lo suficientemente intenso como para empezar a hacerme cambiar de idea.

Sentados ahí observamos el atardecer que, una vez más, fue imponente. Mirando hacia el infinito de ese mar interminable, me pregunté si alguien de los que tenía en mi mente en esos momentos estaría pensando en mí, también. Adiós, Mykonos. Fuiste todo lo que *no* esperé que fueras, y mucho más.

A la mierda con procesar las cosas

(Cuando llegue el momento…
las cosas te darán un bofetón en la cara).

DÍA VEINTITRÉS

Tras un par de cortos vuelos, llegué adonde todo *debería* haber comenzado en primer lugar: Roma. Tras un breve paseo de cinco minutos llegué al albergue donde me iba a hospedar. Estuve dudando entre dos albergues, uno con reseñas que indicaban que era mucho más relajado y apacible; y otro que era más bien un albergue fiestero. Decidí que, como no había parado ni un momento desde Barcelona, había llegado el momento de optar por el albergue más relajado y volver a dedicar más tiempo a escribir. Además, habían pasado tantas cosas en las dos últimas semanas y no había empezado ni por asomo a procesarlo todo.

La llegada a un nuevo albergue implicaba siempre una mezcla de nerviosismo, entusiasmo y soledad, especialmente cuando se trataba de un albergue más bien relajado, como este. Me di cuenta de que sentía una cierta carga sombría en mi pecho, pero no estaba segura de qué era. Posiblemente se debía que solo había reservado tres días en este albergue y luego supuestamente era hora de ir a ver a Javier, aunque aún no habíamos hablado de ninguno de los detalles desde que me dijo en Ámsterdam que quería verme. A estas alturas, realmente no me creía nada de lo que decía haber decidido; y yo misma tampoco estaba segura de querer verle. Quizá fuese porque Roma estaba "manchada" para mí a nivel subconsciente, después de pasarme un mes soñando despierta e imaginándome la fantástica aventura romántica en la que supuestamente nos íbamos a embarcar. O quizá era un cúmulo de todo lo anterior.

Ya eran casi las 7 PM y decidí que mi primera noche en Roma iba a consistir en salir a cenar por mi cuenta. Yo *nunca* había sido alguien que se atreviese a ir a restaurantes sola estando en casa, y siempre me sentía rara con tan solo pensarlo. Pero por entonces ya me había acostumbrado un poco más a ello. Y, además, ¿con quién diablos iba a ir a cenar sino?

Caminé durante cinco minutitos hasta llegar a una calle llena de restaurantes. Me decidí por un sitio llamado Mamma Angela Trattoria y me senté en una mesa individual en un lindo patio lateral. La comida italiana siempre ha sido una de mis favoritas, y había estado evitando las calorías de todo tipo de pasta y *gelato* hasta llegar a Roma, así que estaba lista para disfrutar de estas delicias que tanto elogio reciben de todo el mundo. Pedí una botella de vino blanco (sí, una botella... no me juzguen) y una ensalada caprese de primer plato. Publiqué una *Story* de Instagram con mis ricos manjares en la mesa y con un texto que decía: "De cena conmigo misma". Uno de los Torontos me contestó rápidamente.

Toronto: Gabrielle! Adónde vas después?! Ven a vernos en Portugal!

¿Portugal? Hmmm... dos vasos de vino después y la idea no sonaba nada mal. Una buena parte de mí sin duda quería decirle a Javier que le vería en nuestro vuelo de vuelta a casa y sencillamente continuar esta épica aventura por mi cuenta. Pero no estaba segura de que la otra parte de mí lo quisiera. Los tres Torontos empezaron a enviarme mensajes de voz por WhatsApp.

Toronto: Tienes que venir! Tenemos un Airbnb. Será genial!! Ven a vernos!

Era genial haber hecho amigos que verdaderamente querían que les fuera a ver. Nunca había pensado en ir a Portugal en este viaje, pero... ¿por qué no? Les dije que todo dependía del coste, porque a estas alturas del viaje, tenía que vigilar mis gastos. Viajar a Mykonos no había sido barato. Pedí la pasta *cacio e pepe* de segundo plato. Estaba jodidamente deliciosa. Jason también me envió un mensaje preguntándome qué tal era Roma, y Emma me pidió que la pusiera al día. Aunque estaba cenando sola, realmente no me sentía sola. Sentía que había conocido a un ejército entero de personas a lo largo del camino, y todos ellos me apoyaban.

Decidí llevarme el último vaso y medio de vino de vuelta al albergue conmigo. Realmente no había bebido mucho vino en este viaje, y tres vasos eran más que suficiente para hacerme sentir que podía vencer al mundo entero. Después de pagar, vi un grupo de personas saliendo de un albergue con un aspecto mucho más enérgico. Miré el cartel del albergue y vi que se trataba del otro albergue que había estado considerando. Una parte de mí se preguntó si había tomado la decisión correcta o si era buena idea haberme tomado algo de tiempo para mí misma. ¿El problema de tener tiempo para mí misma? Que a veces te introviertes *excesivamente*.

Volví a mi albergue para descansar un rato, ya que tenía planeado una jornada entera de típico turismo para el día siguiente. Cuando por fin me estiré en mi cama, estaba bastante segura de la decisión que iba a tomar. ¿Para qué ir a ver a Javier? ¿Para que mi corazón se vuelva a romper en pedazos? *Tienes amigos que te están suplicando que vayas con ellos en una épica aventura por Portugal, Gabrielle. Que se joda Javier, VE A PORTUGAL*, pensé. Honestamente, estaba al 95 % segura de mi decisión. Pero joder, ese obstinado 5 % no se rendía. Después de treinta minutos de búsquedas por Internet con algunas copas de más y chatear con los Torontos, vi que era demasiado caro y me llevaría demasiado tiempo. Prometimos que nos veríamos en Los Angeles o en Toronto y que nos mantendríamos en contacto. Aun así, ese 95 % insistía inflexible en la idea de escuchar a mis sentimientos y no ir a ver a Javier. Así que comencé a buscar albergue en Cinque Terre y otras poblaciones en la costa de Amalfi, como Positano; era una zona que siempre había soñado con visitar. Seleccioné varias opciones que parecían prometedoras y poco a poco empecé a hacerme a la idea de que iba a acabar el viaje yo sola. Y entonces: hora de aplicar una "cebolla de pensamientos" con unas copas de más. Pensamiento superficial...

• No dejes que dicte cómo ha de ser tu viaje. Sé una tipa dura.

O sea, hablando en serio. Javier me había convencido para venir a este viaje en primer lugar, me dejó tirada cuarenta y ocho horas antes de embarcar en el avión, me dijo que *nos veríamos* al final de viaje, luego decidió que quizá no era buena idea y que *no deberíamos* vernos, y luego veinte minutos después que *sí* nos deberíamos ver. Y aun así, desde esa última decisión no había sacado el tema a colación, ni había hecho planes, ni había mostrado ningún tipo de interés en seguir adelante con esa decisión. Así que, ¿por qué diablos estoy esperando a que esto suceda? Veamos, ¿cuál es el pensamiento auténtico?

• Soy incapaz de abandonar la posibilidad de verle.

¿POR QUÉ, Gabrielle? ¿POR QUÉ? ¿Qué tiene este hombre que te ha hipnotizado de tal manera? Ya había tenido una docena de relaciones antes, algunas mucho más largas que esta, y nunca había tenido problemas dejando y olvidando a alguien. Así pues, ¿cuál es el maldito pensamiento subconsciente?

• Si nos vemos, quizá sus sentimientos cambien.

Mierda. ¿En serio? Pensaba que ya había decidido que esa idea no tenía cabida en mi mente cuando estaba en Londres, por el amor de Dios. ¿Por qué sigo dejando que siga ahí como pensamiento, o peor aún, como opción? No puede ser. Y esa es la razón de que mi corazón no se haya curado aún. Necesito encontrar una forma de pasar página. Si tan solo tuviese un botón, como parecía tener él, que pudiese apretar para hacerlo. Si tuviese la opción, apretaría esa mierda de botón y pasaría de "locamente enamorada" a "solo un amigo" en menos que canta un gallo. En fin. Soy humana y no tengo ese maldito botón. Buenas noches.

A la mierda con decir lo que piensas

(Siempre lo puedes hacer... pero siempre hay consecuencias).

DÍA VEINTICUATRO

No dormí bien en absoluto esa noche. Me despertaba, era incapaz de volver a dormir y me ponía a responder mensajes en mi celular de gente en diferentes zonas horarias, revisaba las redes sociales, y volvía a fracasar en mis intentos de volver a dormir. Hacia las 6 AM me di por vencida. Me levanté y me preparé para el día que me esperaba y pensé que ya de paso podría ver el amanecer en mi primer día en Roma.

Salí a la calle y me embarqué en el paseo de dos kilómetros y medio hasta el Coliseo. Me detuve en una cafetería y me tomé un cappuccino y dos pastitas. Me senté y escribí un poco más de mi capítulo final sobre Barcelona. Había estado publicando mucho de mi progreso con el libro en mis *Stories* de Instagram y todos mis nuevos amigos que ahora me seguían me enviaban mensajes diciéndome lo entusiasmados que estaban por el libro. Era una sensación genial que toda la gente que conocí saliese en este libro, y a ellos les encantaba la idea. Hice una foto del capítulo que estaba escribiendo: "A LA MIERDA con tus planes: Alguien se cruzará en tu camino y te los hará cambiar". Etiqueté a Mallory, Jacob y Chris. Pocos minutos después, Chris contestó con un mensaje.

Chris: Qué título. Me ha sacado una sonrisa.

Yo: Qué quieres que diga. Fuiste tú.

Sonreí mientras disfrutaba de mi desayuno antes de seguir camino a mi primera parada. Sí, el Coliseo es realmente increíble en persona, tal y como dice la gente. Otra estructura más que me hizo darme cuenta de lo pequeña que soy a su lado. Había una cantidad enorme de arcos y escaleras, con luz entrando a través de varias aberturas que estaban por todas partes. Hasta la textura de las piedras parecía rebosar historia. Estar de pie, en medio de esa enorme estructura, era realmente algo especial. Cuando sacié mi curiosidad y terminé de explorar el Coliseo, volví caminando al punto más alto, donde empecé mi visita.

Había dos chicos jóvenes grabando una especie de videoblog. Tenían pinta de saber lo que hacían, así que les pedí que me hicieran una foto.

Me subí a la cornisa, con el gigante Coliseo alzándose majestuosamente detrás de mí. Abrí mi diario por la página donde había escrito el título: "Come, reza, mierda de vida". Sonreí, saqué el dedo a la cámara a modo de gesto obsceno y me hice una de las fotos más épicas de todo mi viaje. La publiqué con el texto: "Questo è solo l'inizio #EatPrayFML" en italiano, que significa "Eso no es más que el comienzo".

A continuación, caminé por lo que me pareció una eternidad por las calles de la ciudad. Me tomé mi primer *gelato* en Roma. Poca broma, están tan buenos como dicen. No sé qué harán diferente ahí, pero realmente son increíblemente mejores. Estaba delicioso. Devoré mi postre y caminé por los foros imperiales donde vi gran cantidad de lindas ruinas que parecían sacadas de una película. Había músicos tocando música en vivo en las aceras, y según caminaba reconocí la canción que estaba oyendo: "Despacito". Tenía que ser. La canción me había estado persiguiendo por toda Europa. Pasé delante del gigante Altar de la Patria y me detuve en las escaleras mirando hacia arriba, observando otra enorme estructura más. Era de una gran belleza, y toda Roma en sí era un lugar como ningún otro que hubiese visitado antes. Había enormes estatuas de leones con alas, caballos gigantescos, y más piedra sólida de lo que jamás había visto en mi vida.

Caminé durante varias horas más por toda la ciudad, a través de un puente y siguiendo el río, hasta que me topé con un adorable restaurante. De tanto caminar ya había quemado las calorías que había comido, y aún no había hecho una comida de verdad. Me senté en la terraza al aire libre del restaurante para escribir un rato. Me sentía bien por volver finalmente a escribir. Por alguna razón, Roma me estaba poniendo sentimental, y cuando me sentía así no quería necesariamente ir a visitar todas las atracciones turísticas. Solo quería escribir.

Un camarero muy, pero que *muy* atractivo se acercó a mi mesa y me preguntó qué quería tomar. En serio, definitivamente tengo debilidad por los hombres con acento. Pero bueno, ¿no lo tenemos todas? Pedí un vaso de vino y me trajo una *bruschetta* de cortesía. Después de degustar el vino y escribir durante un rato, el camarero volvió y me habló de su plato de pasta favorito. Fuera el que fuera, eso es lo que pedí. Dios mío, en Roma sí que saben cómo cocinar pasta.

Pasé dos horas ahí, disfrutando de mi vino y de ese "super poco saludable" plato de pasta mientras escribía sobre Barcelona. Rememorar las aventuras que viví ahí con la gente que conocí llenó mi corazón de felicidad. Después de pagar la cuenta, enfilé el camino de salida del restaurante.

—¿Cuánto tiempo vas a estar en Roma? —preguntó el camarero con su adorable acento italiano.

—Dos días más —dije sonriendo.

—¿Te está gustando hasta ahora?

—Es una ciudad preciosa —respondí.

—¿Cómo te llamas? —preguntó.

—Gabrielle.

—Eres linda. Es un placer conocerte —dijo sonriendo.

—Gracias —dije sonriendo, a la vez que me daba la vuelta para irme. Después de Ámsterdam, Chris y Marcus, no quería agregar a la lista también un sexy italiano en Roma. Bueno... digamos que no tenía *necesidad* de agregarlo a la lista.

Esa noche fui al Trastevere. Comencé la noche por mi cuenta en un bar que estaba a solo un bloque de distancia del restaurante. Me senté, pedí un vaso de vino y me conecté al Wi-Fi. De inmediato recibí un mensaje de Jess pidiéndome que la pusiera al día de lo que estaba pasando en Roma. Le dije que en esos momentos estaba en un bar, bebiendo, antes de salir a cenar por mi cuenta. Chateamos un rato sobre lo sucedido los últimos días y, para entonces, ya había pedido mi segundo vaso de vino.

Yo: Estoy un poco nerviosa. Igual acabo emborrachándome yo sola y la cago enviando mensajes inapropiados u ofensivos a Javier, Chris y Marcus.

Jess: Jajajajajajajajajajajajaja.

Yo: Como "Hola Javier, estoy hasta la coronilla de esta mierda. Solo quería que supieras que ESTO ES UNA BROMA".

Jess: Cómo me gustaría estar ahí comiendo y bebiendo contigo!

Yo: Hola Chris, cuándo vienes a Los Ángeles? Estoy escribiendo de nuestro romance en Barcelona. Venga, ven a verme.

Jess: Jajajajajajaja. Oh, Dios mío, me muero de la risa!

Yo: Oye Marcus, por qué estás tan bueno, cabrón? Lol.

Me eché a reír por el chat con Jess. Realmente echaba tanto de menos a mis amigas íntimas. El barman soltó una risita al verme riendo mientras chateaba. Aunque estaba bromeando en ese momento, lo único que hacía falta para se acabase convirtiendo en una realidad era un poco más de vino.

Tras dos vasos de un delicioso *sauvignon blanc*, salí en dirección a Taverna Trilussa para cenar. De nuevo me atendió otro camarero italiano de lo más atractivo (supongo que esto se repite en Roma) y pedí un vaso de vino tinto.

Comencé con un entrante que me recomendó el camarero y

disfruté de mi vino sentada y observando a la gente. Me llegó un mensaje de Jason.

Jason: Me has inspirado para empezar a escribir un poco. Aunque claro, no un libro, jaja.

Yo: Síííí! Estás en Londres ya?

Jason: Desgraciadamente no. Mi vuelo no sale hasta dentro de cuatro horas. Estoy anotando todas las lecciones aprendidas, la anécdota detrás de ellas, y luego volveré atrás y escribiré sobre cómo encaja en la globalidad de las cosas.

Yo: Sí, colega. Qué buena idea. Escribir es la mejor forma controlarte a ti mismo y asumir control de las cosas en tu vida.

Me pareció genial haber inspirado a mi joven amigo para empezar a escribir.

Jason: ¿Cómo va todo en Roma?

Yo: Bueno… en estos momentos estoy borracha cenando conmigo misma. Ahí queda eso.

Jason: Jaja bien! Bien hecho. ¿Tienes noticias de Javier?

Yo: No. No sé nada de él.

Jason: Joder. ¿No deberías irte en un día o así?

Yo: Sí. Sorpresa, sorpresa.

Me alegro de no ser la única que pensaba que era ridículo.

Seguí chateando con Jason y cuando pedí mi cuarto vaso de vino decidí enviar un mensaje a Marcus.

Yo: Estoy a punto de empezar el capítulo de Mykonos. ¿Qué nombre quieres que use para ti? Por cierto, estoy borracha como una cuba, disfrutando de una cena lujosa conmigo misma.

Marcus se rio y dijo que sentía celos de donde yo estaba y del nivel de ingesta etílica. Le envié una foto de mi gigantesco plato de pasta, que justo acababa de llegar. Lo cocinaron y sirvieron en una sartén de estaño y fue una de las mejores pastas que jamás haya probado, aunque el vino pudo haber tenido algo de peso en esa opinión. Le expliqué que necesitaba algo de tiempo para procesar todo lo sucedido y seguir escribiendo.

Estaba a esas alturas llevando dos conversaciones y en el séptimo cielo con ese gigante plato de pasta y mi enorme cuarto vaso de vino. Siendo honesta, estaba borracha. Y claro, entonces llegó un mensaje de Chris.

Chris: Cómo va en Roma?!

Yo: Increíble. La comida es de locos, y mucho vino.

Chris: Joder, qué envidia.

Yo: Siempre puedes tomar un avión.

Chris: No te imaginas lo rápido que lo haría si pudiera.

Ahora estaba llevando tres conversaciones, intentando no escribir el mensaje equivocado a la persona equivocada. Claro, a Jason le expliqué todo esto, y él se partió de risa desde donde estuviera. Y entonces... el vino decidió asumir el control por encima de mi juicio. Seguro que ya saben lo que viene a continuación. Envié un mensaje a Javier.

Yo: Javier.

Javier: Hey, Gaby.

Yo: Puf. Mierda.

Javier: Qué pasa? Estás bien?

Yo: Sí. No lo estoy siempre?

Me llamó por FaceTime. Rechacé la llamada.

Yo: Estoy cenando.

Javier: Yo también. Seguro que estás bien?

Yo: Sí.

Javier: Y ese "mierda" de arriba?

Yo: Olvídalo. No tendría que haber dicho nada. He bebido demasiado vino.

Entonces me llegó un mensaje de voz. Me puse los audífonos y lo escuché:

"Ve con cuidado, Gaby, ¿vale? Sé que estás en un sitio seguro y no eres tonta, pero ve con cuidado. No vuelvas a casa caminando si vas demasiado borracha y estate alerta, ¿vale? Por favor. Si pasase cualquier cosa... no, no... no va a pasar nada, pero llámame o envíame un mensaje para lo que sea, ¿vale?"

No sé si fue el vino o si el mensajito fue la gota que colmó el vaso, pero fuera lo que fuera... ese fue el momento. Me puse hecha una puta furia. O sea... ¿*ahora* decides preocuparte por mi bienestar? ¿Ahora decides actuar cómo deberías haber estado actuando durante todo este maldito viaje? No. No te voy a permitir que de repente decidas ser el caballero andante que me viene a salvar, colega.

Yo: Veto, joder, estoy bien. He estado bien por mi cuenta todo este tiempo sin ti. Estoy bien.

¿Y luego? Cómo no... la típica respuesta de Javier. O mejor

dicho, *no* respuesta. Silencio absoluto. Claro está, mi ebrio cerebro de repente pensó: *Mierda, eso ha sido cruel.*

Yo: Lo siento, eso ha sido cruel.

¿Pero realmente lo fue? Después de todo lo que había tenido que soportar emocionalmente, ¿no tenía derecho a reaccionar de esa forma? Por supuesto que tenía derecho. Borracha o no, lo que dije era válido y probablemente hacía tiempo que lo tenía que haber dicho.

Yo: Sabes una cosa, puede que haya sido un poco cruel, pero aun así es cierto. No creo que debas enojarte conmigo por decirlo.

Genial. Ahora estoy conversando conmigo misma. Y así, sin más, mi épica cena etílica quedó arruinada por alguien que ni siquiera estaba ahí... y que llevaba un tiempo sin estar.

Cuando volví a mi albergue (sí, sana y salva, yo solita como toda una campeona), ya era casi medianoche. Me di cuenta de que estar en todas esas diferentes conversaciones significó no estar realmente *conmigo misma*. Definitivamente tenía miedo de comenzar a procesar todas las emociones... especialmente estando sola. Bajé a la pequeña zona común del albergue para conectarme al Wi-Fi e intentar que se me pasara un poco la borrachera antes de irme a dormir. Envié un mensaje a Jacob por Facebook.

Yo: Estoy borracha en mi albergue ahora mismo. He terminado el capítulo de Barcelona hoy. Épico.

Jacob: Jaja, biennn. Qué ganas de leerlo. Sé que aún estás decidiendo cómo pasar el resto de tu viaje. Si quieres mi opinión: pasa de Javier. Te mereces alguien mejor y él no te ha tratado bien.

Colega. Únete al club. Todo el mundo piensa eso.

Yo: Mierda de vida. Ya lo sé. Uf.

Jacob: Parece que está haciendo todo lo que quiere y a su manera sin importarle lo que tú quieres o necesitas.

Sí. Una afirmación bastante acertada.

Yo: Estoy borracha. Así que tenlo en cuenta cuando leas esto. Por qué demonios soy incapaz de dejar de pensar en Chris? Es porque estoy escribiendo acerca de todo esto, verdad? Mierda de vida.

Jacob: Parece que tenéis una conexión.

Yo: Sí, pero estoy segura de que, en su caso, gran parte era que estábamos de viaje y esas cosas.

Jacob: ¿Por qué piensas eso? Creo que genuinamente se preocupa por ti. Chris es un tipo genuinamente bueno.

Yo: Sí, ya lo sé, por eso estoy repitiendo lo de "mierda de vida". Tiene veintitrés años. Y yo no. Y no estoy ni legalmente divorciada aún. LOL.

Jacob: LOL, se me olvidó lo del divorcio inacabado.

Yo: Nuestra conversación en la playa esa última noche fue... oh, no sé.

Jacob: ¿Por qué ha de importar tanto que tenga veintitrés años? Desde mi punto de vista, una vez llegas a los veinte años, la edad ya no importa realmente. Supongo que la conversación fue muy buena, ¿verdad?

Esa afirmación es totalmente incorrecta. Entre los veinte y los treinta años la gente cambia... y mucho.

Yo: Porque mi exmarido me pidió matrimonio a los veintitrés años y era más joven que yo. Y mira cómo acabó eso. La conversación fue muy... profunda. O sea, de todo el viaje, en Barcelona y con el grupo que hicimos fue cuando empecé a notar que mis heridas comenzaron a curarse, y en gran parte es gracias a él.

Jacob: Que Chris tenga casi veinticuatro años no significa que vaya a ser como tu marido o como Javier. Le conozco desde hace cinco años y cada año se convierte en mejor persona. Es muy significativo que ustedes conectasen de forma tan profunda sin haberse conocido durante mucho tiempo. Me alegro de que sientas que Chris te ayudó a curar tus heridas. Sé que tú también le viniste bien a él.

Yo: ¿En qué sentido?

Jacob: Le conozco desde hace mucho tiempo y no le había visto tan feliz desde hacía mucho tiempo. ¿Has vuelto a hablar con él? Porque, de mismo modo que tú estás dudando, estoy seguro que él igual.

Yo: A ver, hemos hablado pero brevemente. Siento que no quiere entrometerse en mis viajes. Pero la verdad es que eso son suposiciones mías.

Jacob: Creo que tus suposiciones son bastante acertadas. Creo que está intentando ser considerado, porque sabe lo terapéutico que es este viaje para ti. No para de hablar de lo mucho que le gustó hablar y pasar tiempo contigo.

Yo: Le dije en la playa que puede que yo aparente estar bien, pero sé lo mucho que me han descolocado los eventos de los últimos tres meses, y honestamente no entiendo lo que siento o lo que quiero de él, y fui superhonesta con él al respecto.

Jacob: Bueno, estoy seguro de que él apreció tu honestidad. Viéndoles a ambos, yo creo que sin duda había algo entre ustedes. Pero es solo mi opinión.

Yo: Sí, lo sé. Es solo que me niego a aceptarlo porque todo parece ridículo. Además, acabo de cantarle las cuarenta a Javier.

Jacob: ¿Qué ha pasado?

Le expliqué el breve intercambio que acabó en silencio por su parte.

Jacob: Madre mía. Ese mensaje de voz debió ser intenso. Deja de hablarle. Ya le soltarás todo lo que le tengas que soltar cuando estés sobria.

Yo: Lo sé lol. Era algo así como "Ve con cuidado, no camines sola", como si fuese una jodida niña pequeña. Porque si me pasase algo se sentiría responsable.

Dios le libre de ser responsable por algo. Eso no forma parte de *Los cuatro acuerdos*, en absoluto.

Jacob: La verdad es que, en cierto modo, sería así. Para mí se está comportando como un hijo de puta. Al fin y al cabo, él se lo pierde. Tú te mereces a alguien mejor.

¿No es ese el problema de toda mujer? ¿Que nos enamoramos de hombres que no nos tratan como deberíamos ser tratadas en lugar de hombres que nos pongan en un pedestal y pongan el mundo a nuestros pies? ¿Por qué sucede siempre?

Jacob: Pero oye, tú estás viajando y curando tus heridas. Te estás centrando por fin en ti misma y eso es fantástico.

Yo: Sí, lo estoy intentando. Hacía mucho tiempo que necesitaba hacerlo.

Jacob: Bueno, más vale ahora que nunca. Además, de toda esta experiencia va a salir un best-séller lol.

Yo: Así es, colega.

Sentada ahí, hablando con mi nuevo amigo que estaba en la otra punta del mundo, comencé a pensar. Literalmente todo el mundo me decía lo mismo. Son excusas baratas, no te trata bien, mereces mucho más. ¿Por qué era yo la única persona que aún estaba luchando por él, defendiéndole? Miré el mensaje de texto en WhatsApp que le había enviado. Lo había leído. No es que de repente tuviese que hacer algo urgente y no pudiese contestar. Dejó el mensaje sin contestar intencionadamente, y eso me puso furiosa. Había estado de su lado desde el momento en que me dijo que tenía que hacer este viaje por su cuenta. Le mostré mi apoyo, le di mi amor y todo lo que pude ofrecerle. ¿Y él no me podía permitir estar enojada por *un* maldito segundo? No. Lo siento, pero... no. Aparentemente no está bien decir lo que piensas si lo que dices no le gusta a la otra persona. Sí, siempre lo puedes hacer, pero tendrás que lidiar con las consecuencias. Bueno, ¿saben qué pienso de las consecuencias? A la mierda con ellas.

A la mierda con las mamadas

(A veces una tiene que decir: "se acabó con esta mierda").

DÍA VEINTICINCO

Son las 11 de la mañana y estoy sentada en un café cerca de la Fontana de Trevi en Roma. Por primera vez en dos semanas, siento ansiedad. Siento frustración. Siento ganas de llorar. Pero para predicar con el ejemplo, tendría que hacer frente a lo que exacta y auténticamente estoy pasando ahora para poder comenzar a entender y lidiar con mis sentimientos. Solo desearía que dichos sentimientos no fueran *así*.

Hasta ahora, siendo honesta, Roma no ha sido demasiado increíble. Quizá es que me he hospedado en el albergue equivocado y me lo hubiera pasado mejor conociendo a gente. Pero en realidad estar por mi cuenta y aceptarlo es parte de la aventura en la que supuestamente me embarqué, ¿no es así? Quizá la sensación se deba a que este era el punto exacto en el que Javier y yo debíamos haber iniciado nuestra romántica aventura juntos. Lo que sí sabía seguro era que sentía una especie de presión por amar la ciudad y visitar todas las atracciones turísticas "imperdibles" del lugar. Quizá era porque esta ciudad es una de las favoritas de mi madre... No lo sé. Pero en esta ciudad la verdad es que me sentía perfectamente a gusto sentada en una cafetería, disfrutando de las delicias gastronómicas y escribiendo; así que eso es lo que iba a seguir haciendo.

Me sentía tan jodidamente frustrada con Javier. Y ni siquiera esa es la palabra correcta. Irritada. Furiosa. Hasta Jason me había enviado un mensaje esta mañana preguntándome si estaba bien. Ni una maldita palabra de Javier. Estaba harta de esta mamada de jueguecito de esperar a que me diga algo. Totalmente harta. Así que decidí tomar la iniciativa (algo que ya se había convertido en repetitivo) y le envié un mensaje.

Yo: Necesito hablar contigo hoy si tienes tiempo.

No esperaba una respuesta inmediata, eso está claro. Empecé a darle vueltas a qué es lo que había realmente detrás de todo eso. Dejando a un lado la aflicción (las razones, las circunstancias y la historia de fondo) y simplemente confrontando los hechos de lo que había sucedido, nos quedábamos con algo así:

Una mujer es engañada durante seis meses por su marido

La mujer sufre un divorcio traumático

La mujer conoce a un hombre

La mujer y el hombre se enamoran locamente

El hombre convence a la mujer para ir juntos en un viaje romántico

El hombre se echa atrás cuarenta y ocho horas antes de iniciar el viaje

El hombre destroza el corazón de la mujer

El hombre no gestiona las consecuencias de sus acciones demasiado bien

De acuerdo, la última línea es técnicamente una opinión, no un hecho. Pero todo el mundo, incluida su madre, estaba de acuerdo en que era verdad, así que pensé que podría incluirlo. Y yo, durante *todo* este tiempo, he seguido mostrándole mi apoyo, amor y compasión. Todo lo que dije anoche no era más que otro hecho:

Yo: Veto, joder, estoy bien. He estado bien por mi cuenta todo este tiempo sin ti. Estoy bien.

¿Tuvo la audacia de pensar que tenía derecho a enfadarse por eso? ¿Estás de puta broma? Afloja las riendas, joder. He llevado esta situación enterita un 99 % mejor de lo que cualquier otra mujer que conozco lo hubiera hecho. Y siendo honesta, he sido como la maldita Madre Teresa con él durante todo este tiempo. Eso era totalmente cierto. ¿Y tú no puedes ni siquiera tener la decencia de responderme? No. No me parece bien.

Y ahí, por supuesto, comienzan todas las emociones y las suposiciones sin sentido.

Emociones:
Miedo. ¿De qué? ¿De que esté enfadado *conmigo*? ¿Después de todo esto? Ridículo.
Enojo. Por recibir un trato que no me merezco.
Irritación. Jodidamente autoexplicativo.

Suposiciones:
Quizá le dolió mucho leer eso. Y se siente culpable. ¿Si es así, por qué empeorar la situación no respondiendo?
Quizá hizo que se cabreara en serio... En ese caso, tenemos problemas *mucho* mayores ante nosotros.
Quizá estaba buscando una excusa para no tener que verme, y esta era la excusa perfecta.

Sea lo que sea, es una mamada. Por primera vez era imposible defenderle. ¿Y saben qué? Ya no quería defenderle. Porque ahora, cuando Emma decía "Este tipo me enfurece", yo estaba de acuerdo. Y cuando Jess decía "Eso no es cruel en absoluto, y encima es verdad", sabía que tenía razón. Y cuando Jacob decía "Para mí se está comportando como un hijo de puta. Al fin y al cabo, él se lo pierde. Tú te mereces a alguien mejor", yo estaba de acuerdo con él. Y por último, cuando su mamá decía que no sentía que Javier estuviese gestionando la situación correctamente, yo sabía que ella tenía razón. Así que, con todo eso... ¿qué había en el núcleo de todo? Hora de aplicar mi vieja amiga: la cebolla de pensamientos. Pensamiento superficial.

• Te estás comportando como un gilipollas.

Bueno... sí. Eso era todo en este nivel. ¿Pensamiento auténtico?

• ¿Por qué de repente actúas como si te preocuparas cuando has mostrado tan poca preocupación durante todo este tiempo?

Me sacaba de quicio que le valiera madre preguntarme cómo me encontraba mientras estuve en Barcelona o Mykonos. Si sabía algo de él era porque yo contactaba con él o porque él hacía algún comentario sobre algo insignificante que había visto en mi Instagram. Aparte de la vez que me preguntó "En general, ¿cómo te sientes?" en Mykonos, realmente no me había llamado ninguna otra vez para averiguar realmente cómo estaba o si me encontraba bien. Y de repente me decía que tuviera cuidado y decía cosas como "... si te pasara algo...". ¿Por qué ahora? Veamos, ¿cuál es el pensamiento subconsciente?

• Quizá sencillamente no seas el hombre que yo pensaba que eras.

Leer eso sí que le va a doler. Fue una revelación incluso para mí. Aquí estaba este hombre al que sin duda yo amaba, a quien había estado constantemente protegiendo y defendiendo... y ahora no estaba segura de que fuera el hombre que yo pensaba que era. En las últimas veinticuatro horas, realmente había empezado a cuestionármelo todo, incluso si iba a funcionar una supuesta amistad entre ambos. Y luego el agotador jueguecito de "esperar". Estaba totalmente harta de este jueguecito.

Me terminé mi pizza (así es, una pizza enterita... y bien deliciosa) y salí en busca de una heladería que todos mis amigos elogiaban enormemente. Estaba a seis minutos a pie y, aun haciendo una captura de pantalla de las indicaciones de Google Maps, fui capaz de perderme. Me parece claro que Google Maps tiene una precisión medio incorrecta en el extranjero. Activé mis datos para recibir indicaciones de nuevo y me entró un mensaje. Era Javier.

Javier: De acuerdo. Puedo durante la próxima hora, porque después vamos a una boda y no tendré Wi-Fi.

Hasta la manera informal de comunicar en el mensaje me molestó.

Yo: Sí, cuando sea, avísame. Tendré Wi-Fi en unos cinco minutos.

Javier: Vale, te llamo en cinco minutos.

Ya en la famosa heladería (que conseguí encontrar... por fin), me puse los audífonos y contesté a la llamada que, de una u otra forma, decidiría la última parada de este viaje.

—¿Hola? —contesté.

—Hey —dijo Javier. Hubo una pausa larga.

—Eh... ¿cómo estás? —dije, intentando no sonar como que había estado echando humo las últimas doce horas.

—Estoy bien, bien —respondió en un tono algo inseguro. Estuvimos diciendo mamadas así durante un par de minutos.

—Bueno, ¿por qué lo que dije anoche te enojó tanto? —pregunté finalmente.

—No me enojó. Sencillamente sabía que estabas bebida y que lo que había dicho sin duda te había enojado, así que preferí no decir nada más —dijo calmadamente.

Bienvenidos al ejemplo perfecto de por qué intentar analizar a este ser humano es una jodida y completa pérdida de tiempo. Seguimos dándole vueltas al incómodo tema hasta que al final solté un suspiro de frustración.

—¿Qué ocurre? Dime —dijo, sonando preocupado de verdad.

—Es que creo que nuestra comunicación ha sido inexistente —respondí. Él se mostró de acuerdo. Y entonces sentí la avalancha, que se vio acompañada rápidamente por lágrimas agolpándose. En ese momento, en plena heladería, decidí que ya no había razón alguna para seguir siendo indirecta o sutil. A estas alturas, ¿qué diablos importa ya? Ya no había tiempo para eso.

—Francamente, las últimas dos semanas han cambiado muchas cosas. He estado dudando mucho sobre si quiero verte o no. Pero hay cosas que tengo que decir y me niego a decirlas por teléfono. Conversaciones que tienen que suceder cara a cara. Tú no has hecho ningún esfuerzo por mostrarme que te preocupas por mí o que me quieres ver. He tenido que ser yo quien dé el primer paso *una y otra vez*. Lo único que quería es que dieses un paso adelante y dijeses "Quiero verte" pero tú has sido incapaz de hacer ni tan solo eso —le solté. Y de nuevo una larga pausa. Me limpié las lágrimas, deseando que los clientes de la heladería no me estuvieran mirando.

—Tienes razón. Te vi con todos tus nuevos amigos en Barcelona y Mykonos, y parecía que la estabas pasando tan bien. Me hizo muy feliz. Pero entiendo que tú has sido la que ha tenido que estar continuamente extrayéndome información, iniciando conversaciones y obligándome a ser claro en cuanto a todo; y eso debe ser agotador. Lo siento —dijo.

—No tienes ni idea —repliqué.

—Quiero verte, Gaby. ¿Qué quieres hacer? Iré a verte a cualquier sitio. Dime.

—No sé, no lo tengo claro —respondí.

—¿Quieres venir tú aquí?

¿Aquí? ¿A San Vito? Hasta ese momento planeaba ir a la Costa de Amalfi, aunque fuera por mi cuenta. Ni siquiera había pensado en la posibilidad de ir a San Vito, con todos sus amigos.

—Eh, no sé... —dije.

—¿Por qué?

—Porque están todos tus amigos ahí y no estoy segura de que sea la decisión correcta —contesté.

—¿Y qué importa que ellos estén aquí? Todos trabajan y estoy solo gran parte del tiempo.

—No sé. Me siento rara ante la idea de ir, después de que supuestamente fuéramos a ir juntos ahí en primer lugar y luego no fuimos —dije. O sea, es una situación un poco incómoda, ¿no?

—Escucha, las cosas no son así. Yo no hablo con todo el mundo sobre todo esto. Para mí, esto es algo entre nosotros dos. No hablo con todo el mundo sobre ello como haces tú —dijo.

—Disculpe usted, pero yo no hablo con todo el mundo sobre todo —le dije, indignada. La verdad es que sí que lo hacía, ¿pero de qué otra forma iba a superar todo este panorama de mamadas que precisamente él mismo inició? Además, él no hablaba con otros sobre el tema porque, cuando lo hacía, no estaban de acuerdo con él.

—Vale, bueno, sea como sea, ellos no saben nada. No va a pasar absolutamente nada por que vengas, y aquí se está genial —dijo. Siguió hablando de detalles mientras yo gruñía, suspiraba y luchaba contra las molestas lágrimas entre frase y frase—. Puedes volar hasta aquí mañana y podemos ir a Palermo para agarrar nuestro vuelo el martes —dijo. Bien, hora de tomar una decisión.

—De acuerdo —dije, asintiendo.

—O sino dime qué quieres hacer. ¿Quieres ir a otro sitio? Iré a verte adonde quieras ir —dijo. Joder, por fin algo de iniciativa.

—No, está bien. Es solo que... son demasiados días —dije, al darme cuenta de la cantidad de tiempo que eso nos obligaría a estar juntos. Serían seis días, incluido el día del viaje de vuelta a casa, y eso me preocupaba un poco.

—Siento que hayas sido tú la que lo hace todo. Tienes razón, no está bien. Voy a empezar a hacer más cosas —dijo. Solté un tosido a modo de burla—. ¿Qué pasa? —preguntó él.

—Lo siento, es que... no quiero sonar cruel, pero hasta tu hermana me dijo "No sé cómo te crees nada de lo que dice en estos momentos". Así que estamos en un punto en el que solo me creeré lo que vea con mis propios ojos —dije. Una nueva pausa, esta vez extralarga.

—Sí, vale, comprendo —dijo, sonando como si acabase de recibir un puñetazo en el estómago.

—De acuerdo —dije.

—Vale, voy a buscar vuelos —dijo.

Ahí estaba. Decisión tomada. Después de tres semanas en el limbo, tres semanas de pensar si sí o si no, de cambiar decisiones continuamente, de estar en una montaña rusa emocional, la decisión estaba tomada: nos íbamos a ver. Me quedé parada en la heladería con unas ganas irrefrenables de romper a llorar. Y entonces, de repente sentí un enorme alivio, ya que independientemente de si era la decisión correcta o no, por fin se había tomado una decisión.

Me tomé un épico *gelato* que sin duda no decepcionó. Lo disfruté mientras iba de camino hacia la famosa escalinata de Piazza di Spagna. La escalinata es preciosa, pero toda la emoción que estaba experimentando, mezclada con el hecho de que yo misma me había imaginado besándome con mi novio en esa escalinata... Todo eso me hizo sentirme..., *extraña*. Una muchacha me pidió que le hiciese una foto, y se la hice, claro. Entonces ella me devolvió el favor y me hizo una a mí. Me senté en la escalinata, miré hacia arriba en dirección al sol que brillaba sobre Roma y cerré los ojos. Pensé en toda la gente que me había enviado mensajes y me había pedido que compartiera mi viaje con ellos. Había subido tantas fotos rebosantes de felicidad durante las últimas dos semanas en Barcelona y Mykonos, así que decidí subir esta foto con una cita muy honesta de C. G. Jung que representaba exactamente dónde estaba en esos momentos en mi viaje emocional: "Hasta que no conviertas lo inconsciente en consciente, lo inconsciente dirigirá tu vida y lo llamarás 'destino'. Hasta en los días que te sientas mal... elige tú". Qué cita más increíblemente informativa. Cuando no eres consciente de cuáles son tus pensamientos y creencias subconscientes, estos dirigen tu vida como alguien que se apodera de ti sin que tú lo sepas. Culpamos a la mala suerte o a las circunstancias o al destino. Pero una vez descubrimos esos pensamientos y creencias subconscientes, podemos empezar a recuperar el control de nuestra vida, recuperar el poder. Yo estaba aprendiendo poco a poco a mejorar a lo largo de este viaje. Incluso en los días en que solo quieres echarte a llorar, tienes que elegir. Elige mirar más a fondo, buscar con más ahínco, y ser feliz. A veces, es lo más difícil que harás en todo el día... pero tienes que *elegir*.

Mientras caminaba de vuelta a mi albergue, me llegó un mensaje de Javier sobre los posibles vuelos. Tras decidir en qué día iría:

Yo: Puede que me tome un día para mis cosas en algún momento en San Vito.

Javier: Claro que sí. Este sitio es fantástico y curativo.

Bien. Eso espero, joder.

Javier: Además, entre mi falta de comprensión emocional y mi dieta, quizá necesites dos días por tu cuenta.

¿Falta de comprensión emocional? Eufemismo del siglo.

Yo: Esa afirmación es muy cierta.

Javier: Vale, te diré cuando lo hayamos comprado.

Yo: De acuerdo, llevaré efectivo conmigo. Dime cuánto es.

Javier: Invito yo. Regalo anticipado de Navidad y una forma de pedir disculpas, también. Déjame que lo haga. Sin discusiones.

Yo: No voy a discutir. Pero como disculpa, este regalo se queda muy corto.

Javier: Seguro. Estaré en la bancarrota para cuando me hayas perdonado.

Yo: Ni siquiera recuerdo ya por qué estás pidiendo disculpas. LOL.

Javier: Empecemos por arruinar el mes de septiembre. Tachemos eso de la lista.

Yo: Tachado.

Por lo menos estaba mostrando algo de responsabilidad y disculpándose de alguna manera. Supongo que más vale tarde que nunca. Entonces, de repente, la sensación de alivio que había sentido por saber que por fin se había tomado una decisión se transformó en un pánico absoluto. Nos íbamos a volver a ver de verdad. *Mañana.* Vale, Gabrielle, ¿qué diablos pasa ahora? Cebolla. ¿Pensamiento superficial?

• No puedo hacerlo, joder. ¿Es la decisión correcta?

Se explica por sí solo. Pensamiento auténtico…

• Estoy decepcionando a todos…

¡Vaya! Interesante. Este es *mi* viaje, soy yo quien necesita claridad y alcanzar una conclusión, y las opiniones de los demás no deberían importar en absoluto. Si es así, ¿por qué de repente no hacía más que oír en mi cabeza cosas como "Javier no te merece", "Busca excusas baratas", "No le vayas a ver", "Termina el viaje por tu cuenta"? ¿Por que no podía parar de pensar en mi madre, Jess, Emma y todos los que había ido conociendo en el camino? Sentía que esta decisión iba a hacer que todos ellos se sintieran decepcionados. Pensé en *Los cuatro acuerdos:* "Lo que otros dicen y hacen es un reflejo de su propia realidad, su propio sueño". Interesante. Lo que yo una vez juzgué, estaba ahora a punto de ponerlo en práctica. Esta debería ser *mi* decisión. Lo que los demás sientan o digan al respecto no es responsabilidad mía. Quizá la aflicción de Javier, que le llevó a elegir ir por su cuenta, no era algo tan distinto. Y entonces el pensamiento subconsciente me cayó encima como la casa de Dorothy sobre la malvada bruja del este en *El mago de Oz.*

• Me estoy traicionando *a mí misma.*

Un momento… ¿qué? ¿Qué significa eso? ¿Y por qué me siento así? Me quedé ahí sentada pensando en esto durante varios minutos, intentando entender qué estaban intentando comunicarme mis emociones. Tenía miedo de que, al tomar esta decisión, me estuviera rindiendo, dejándome ir cuando no debería hacerlo. Y entonces lo vi. Quizá fue el viaje, o lo que había estado atravesando desde un punto de vista emocional, o el crecimiento que había tenido lugar a causa de todo ello. Pero quería estar segura, sin ningún tipo de dudas, de que estaba haciendo al 100 % lo que era mejor para *mí*, y solo para mí. Una parte de mí quería ser fuerte y dura, y decir "a la mierda con él y con todos" y seguir con mi viaje de locos y acabarlo por mi cuenta en algún lugar de lo más épico y a mi manera. Pero eso no era lo que yo *necesitaba*. Mi viejo "yo" habría ido a encontrarse con Javier con la ilusión de encontrar un final de cuento de hadas y vivir para siempre felices y comer perdices. Pero eso no era lo que necesitaba, tampoco. Lo que *yo* necesitaba era ir a ver a esa persona que me había hecho darme cuenta de lo que realmente significaba estar enamorada; esa persona que me había cambiado tan drásticamente. Necesitaba verle para hacerle todas esas preguntas que habían quedado sin respuesta, hablarle de todas esas sensaciones que habían quedado por explicar y llegar a una conclusión que mi corazón tanto necesitaba. En última instancia, tenía que terminar este viaje de locura, esta montaña emocional, tal y como había comenzado. *Con él.*

Así pues, con el miedo de ser juzgada, con la posibilidad de recibir más aflicción, y con la esperanza de alcanzar algo más de claridad... tomé la decisión. *Así* es cómo ha de acabar esta historia.

A la mierda con
"cerrar capítulo"

(¿Qué diablos significa eso de todos modos?)

DÍA VEINTISÉIS

Sentada en mi asiento del avión, viendo por la ventana cómo Roma se hacía cada vez más pequeña debajo mío, pensé: "Dios, la que se me viene encima". Ya era oficialmente demasiado tarde para cambiar de opinión. Estaba de camino hacia San Vito. La cantidad de emociones contrapuestas que revoloteaban en mi interior era descomunal. ¿Qué demonios estaba haciendo? ¿Iba camino de arruinar mi viaje? ¿Sería capaz ni tan siquiera de disfrutar el tiempo que pasase con él, después de todo lo que había sucedido? ¿Volverán todos mis sentimientos a aflorar en cuanto le vea, como el agua atrapada detrás de un enorme dique, como el Hoover Dam desplomándose? ¿O quizá no sentiría nada? ¿¿Qué demonios me espera??

Con ese sinfín de pensamientos asediando mi mente, me di cuenta de que este iba a ser el último vuelo que tomaría por mi cuenta en este viaje. El mero hecho de que me entristeciera me hizo sonreír, porque yo misma sabía que volvería a viajar por mi cuenta antes o después... y más antes que después. Había descubierto una valentía dentro de mí de la que no era consciente, y ahora que la había descubierto no iba a dejar que se perdiera nunca más.

Cuanto tomamos tierra, me di cuenta de lo real que era todo esto. No es que estuviera nerviosa... esa no es la palabra correcta. Me sentía como si estuviera a punto de entrar en un gigante estadio de "paintball", insegura de si debía prepararme para ir a la guerra o si debería agacharme y buscar un sitio donde refugiarme. Agarré mi mochila de la diminuta zona de recogida de equipajes y salí en dirección a la entrada principal del aeropuerto.

Ahí mismo estaba Javier, mucho más desprolijo y un pelín más delgado de lo habitual, aunque todavía molestamente atractivo. Dios mío, ahí vamos.

Nos dimos un abrazo y charlamos de cuestiones triviales como "qué tal el vuelo" y "¿has dormido algo?".

—Deja que agarre tu equipaje —ofreció Javier.

—No hace falta. Yo me apaño —respondí.

—Venga, deja que me encargue —dijo, persistente.

—En serio, estoy acostumbrada.

Fuimos hasta el coche que había tomado prestado de un amigo suyo. Cargamos mi mochila y nos subimos al coche. Era un día precioso y San Vito era la ciudad más calurosa en la que había estado hasta entonces. Bajamos las ventanillas y nos fuimos del parking del aeropuerto, dirección a la carretera.

—Te va a encantar este sitio, Gaby. Es uno de los sitios más curativos que conozco. Es fantástico —dijo.

—Tiene un aspecto muy bello.

—Oh, pues espera a que lleguemos a la ciudad —añadió—. ¿Cuál es tu sitio favorito de tu viaje hasta ahora? —me preguntó.

—Diría que Barcelona. Mykonos cerca, en segundo lugar. Pero creo que mi opinión está muy teñida por la gente con la que estuve en cada sitio.

—Sí, lo comentaste. Todas tus fotos me han parecido increíbles —dijo.

—Creo que París ha sido el sitio que menos me gustó —dije, continuando.

—¿En serio? ¿Por qué?

—No sé. Me da la sensación de que la gente le da un aire muy romántico a la ciudad, pero en realidad me pareció... sucia. Aunque mi albergue tampoco es que estuviese en la mejor zona de la ciudad. No me malinterpretes, me encantó la Torre Eiffel y todo eso. Es solo que, entre los sitios que he estado, creo que ha sido el que menos me gustó —le expliqué.

—Sí, he oído cosas así sobre París. También tiene sentido que tus dos sitios favoritos fuesen lugares con playa —indicó él.

—Sí, claro —dije, asintiendo. La conversación se detuvo durante unos minutos y planté mi mirada en las preciosas vistas que teníamos a través de las ventanillas. Unas vistas realmente pintorescas. Tras un rato relativamente largo, Javier interrumpió el silencio.

—Bueno, ¿qué es lo que cambió en Barcelona? —preguntó. Ay, no tenía planeado de ninguna manera hablar de esto tan pronto.

—Eh, no creo que este sea el momento de hablar de eso.

—De acuerdo —dijo Javier.

Seguimos con nuestro viaje en coche, hablando de cosas varias que sucedieron durante su viaje y durante el mío. Recorrimos la costa, donde el agua de color azul cristalino bañaba las pequeñas bahías y playas que íbamos pasando.

—Estoy muy feliz de que estés aquí, Gaby —dijo. Sonreí forzadamente y seguí mirando por la ventanilla. *Ni yo misma* estaba segura de estar feliz por estar aquí. Montañas gigantes rodeaban la ciudad con cielos de color azul claro a su alrededor. Tras unos treinta minutos llegamos a la ciudad, formada por unas pocas calles y la playa en sí. Era un sitio familiar típico, donde todo el mundo parecía conocerse mutuamente. Javier aparcó el coche y salimos.

—El apartamento está aquí mismo y el hotel donde Gio trabaja está justo al lado. Ven, vamos a saludarle y te mostraré el sitio —dijo. Le seguí a través de la pequeña entrada del hotel.

—¡Gio! —dijo Javier, gritando en Italiano—. ¡Ven a saludar a Gabrielle! —Dios mío, ¿porque me parece tan sexy que un hombre sea capaz de hablar en otro idioma? Ya no te digo si son cinco. ¡Ay!

Ahí nomás apareció un atractivo italiano, con una sonrisa de oreja a oreja. Se acercó a nosotros y me dio un beso en cada mejilla.

—¡Encantado de conocerte! —dijo con un acento ridículamente marcado.

—Igualmente —dije, sonriendo.

—Voy a llevarla a dejar las cosas, y luego probablemente vayamos a la playa —le dijo Javier.

—Vale, les diré cuando termine mi turno de trabajo —dijo Gio.

—Perfecto —dijo Javier. Se dieron un beso en la mejilla (sí, eso es supernormal en la cultura italiana) a modo de despedida.

—Nos vemos en un rato —me dijo Gio con una sonrisa. Le devolví la sonrisa y Javier y yo salimos a la calle de nuevo.

El apartamento estaba literalmente al lado del hotel. Subimos dos plantas por las escaleras y llegamos adonde Javier había estado viviendo durante los últimos diez días.

—Aquí está la cocina, aquí es donde me he estado preparando todas las aburridas comidas de mi dieta —dijo, mostrándomelo todo. En serio, sabía que lo hacía para un papel que tenía que interpretar, pero creo que probablemente sea la única persona que haya ido a Italia por un mes y haya *perdido* peso. ¡Qué deprimente!—. Aquí está el baño, la ducha, todo. Puedes quedarte con la habitación en la que yo he estado, la que tiene la cama grande —dijo.

—No, no te preocupes. Puedo dormir en la otra. No me importa —repliqué.

—Gaby, venga ya. Has estado durmiendo en literas de albergue en albergue. No pasa nada. Para mí es una alegría ofrecerte la mejor habitación.

—De veras que no pasa nada —insistí.

—No discutas conmigo —dijo. Me pareció tan raro. Habíamos pasado de dormir juntos todas las noches a de repente tener que estar en habitaciones distintas. Vaya un ajuste en tan solo treinta días. Sacó un montón de cosas de la habitación y lo llevó todo a la habitación de al lado. Dejé en el suelo mi mochila, saqué mi neceser y puse un par de prendas de ropa en el armario de la habitación. No estaba mal por una vez tener algo de espacio, después de vivir solo con mi mochila durante tanto tiempo. Cada vez que necesitaba algo, tenía que escarbar y desempacar la mitad de la mochila, así que tener algo de espacio era un cambio muy agradecido a estas alturas del viaje.

—¿Tienes hambre? —me preguntó Javier desde la cocina.

—No, puedo esperar un rato. Comí algo en el aeropuerto —contesté.

—Vale. ¿Quieres salir a ver la playa en un rato? Tengo que hacer una sesión de ejercicio pero puedo hacer mi rutina mientras tú descansas en la playa —dijo. A estas alturas, me sentía tan incómoda que literalmente oír las palabras "hacer" y "ejercicio" me puso enojada. Qué asco.

—Claro —dije, saliendo a encontrarme con él en la cocina.

—Vale. Siéntate y hablemos —dijo. Oh, no. ¿En serio? No estaba preparada mentalmente en absoluto para esto. Caminé hasta él y me senté a su lado en la mesa—. Bueno, ¿qué pasó en Barcelona? —me preguntó de nuevo. Hice una pausa. Una *larga* pausa. No porque no tuviera respuesta, sí que la tenía. Sino porque podía sentir cómo las lágrimas empezaban a abrirse camino hasta mis ojos, y sabía que estábamos a punto de entablar *la* conversación. Había llegado la hora de "cerrar capítulo" de una maldita vez, signifique lo signifique eso.

—Bueno... —dije, sin tener claro qué nivel de profundidad quería darle a la respuesta—. Conocí un grupo de gente realmente genial... una persona en concreto, que realmente me hizo ver algunas cosas de forma diferente, supongo —expliqué.

—Vale, ¿en qué sentido? —preguntó él.

—Desde que empezó todo esto, todo el mundo me ha estado diciendo que lo tuyo son excusas baratas —comencé a explicar.

—¿A qué te refieres con "excusas baratas"? —dijo, cortándome.

—O sea... excusas baratas. Que realmente ya no querías estar conmigo y sencillamente no te atrevías a decírmelo, así que te inventaste todas estas razones y excusas en lugar de decirme sencillamente que ya no querías estar conmigo —dije, a modo de explicación.

—Ridículo. Eso no es cierto en absoluto —dijo, con frustración en la mirada.

—En fin, todos, desde que empezó todo esto, me han dicho eso. Y yo te he defendido y protegido ferozmente ante todos —dije, iniciando una pausa y frenando las lágrimas—. En Barcelona, conocí a una persona que también estuvo de acuerdo en que todo eran excusas baratas. Pero también me dijo que, tanto si lo eran como si no, que yo era una persona increíble y que no me merecía ese tipo de trato. Y por primera vez, no te defendí. En cierta manera, estuve de acuerdo con él —concluí. Me miró con ojos tristes, como si acabase de encajar un puñetazo en el torso.

—Estoy de acuerdo con eso. No quiero hacerte más daño. Nunca quise hacértelo. No te mereces la forma en que Daniel te trató. Y no te mereces la forma en que yo te he tratado —dijo. Guau, por fin ve la luz.

—Han habido tantos errores por tu parte al gestionar esta situación, Javier... —dije.

—Lo sé —concordó él.

—Por ejemplo, ¿por qué me dijiste que me querías cuando yo estaba en Ámsterdam? —le pregunté sin rodeos.

—¿A qué te refieres? Yo te quiero —dijo, confundido. Pausé un momento y le eché una de esas miradas que matan—. ¿¡Qué!?

—¿No crees que dadas las circunstancias y la situación en la que estábamos, decirme 'Te quiero' sería algo que me tomaría de cierta manera concreta? —dije, viendo cómo su cara se transformaba ante mí, pasando a parecer la cara de alguien que acababa de descubrir que Papá Noel no existe.

—Oh... —dijo. Me pareció realmente increíble. Este hombre de treinta y cinco años literalmente no comprendía que decirme que me quería fue algo que me confundió. Y créanme, sé lo ridículo que suena, pero vi genuinamente cómo se le cayó la cara de vergüenza y lo mal que se sintió por cometer un error así de bestial.

—¿Entiendes lo que estoy diciendo, verdad? —le pregunté.

—Sí, claro... Pero es que... Te quiero como persona. Eres muy importante para mí y me preocupo mucho por ti. Has cambiado mi vida —dijo—. Pero tú pensaste que me refería a que... estaba enamorado de ti —dijo, asintiendo con la cabeza, como si por fin todo tuviese sentido para él—. Pero no entiendo por qué crees que estaba poniendo excusas. Créeme, me gustaría saber qué es lo que está pasando dentro de mí... —dijo.

—Javier. Si dejamos de lado toda la aflicción, todo el amor, la compasión y la comprensión de la situación, y sencillamente miramos los hechos... La cosa es así: un hombre conoce a una mujer, el hombre y la mujer se enamoran locamente, el hombre convence a la mujer para ir juntos en un viaje romántico y finalmente el hombre se echa atrás cuarenta y ocho horas antes del viaje. Dejando a un lado las circunstancias, esto es lo que ha sucedido —dije con tono estricto.

—Tienes razón —replicó él.

—Y para poner la guinda al pastel, ni siquiera te preocupas de asegurarte que esté bien a través de todo este fiasco que tú mismo originaste —proseguí.

—Tienes razón. No he gestionado esto nada bien. Tú te mereces un trato mucho mejor —admitió. Es extraño que oír a alguien por fin admitir algo así de fuerte nunca te haga sentir tan satisfecha como inicialmente esperabas. Estaba todavía en la misma posición—. Sencillamente no quería interferir en tu viaje y empeorar más las cosas. Estuve siguiendo tus *stories* de Instagram y viendo lo que ibas haciendo. Sabía que estabas bien —dijo.

—Eso es irrelevante. Deberías haberme enviado mensajes, preguntándome si estaba bien o si necesitaba algo. Sin importar si yo quería que lo hicieras o no, es que ni siquiera lo intentaste. Me enviaste en este viaje de locura que yo no tenía planeado hacer y sencillamente cruzaste los dedos por que todo me fuera bien —dije, conforme sentía las lágrimas agolpándose. Todavía fui capaz de contenerlas—. Puede que de cara al exterior parezca una mujer fuerte, que lo tengo todo controlado, pero yo no soy como tú, Javier. No me voy en viajes de aventura por mi cuenta y sin más, sin tenerlo todo planeado. Esto ha sido algo aterrador, muy difícil para mí —le dije, empezando a enojarme un poco.

—Tienes razón. Lo entiendo. Debería haber estado ahí para ti —concordó solemnemente.

—Así es. *Especialmente* como amigo —agregué—. Dices que me quieres en tu vida para siempre y que quieres que sea tu mejor amiga, pero ni siquiera me tratas como se trata a un amigo —afirmé con seriedad. Pude ver cómo ahora él contenía las lágrimas. ¿Era esta la primera vez que se paró a pensar en toda esta situación? ¿O realmente no se dio cuenta de la mitad de cosas que estuvo haciendo y el efecto que tenían? Le miré y comencé a decir algo, pero luego me detuve.

—¿Qué? —me preguntó, con cara de preocupación.

—Nada —dije. Las lágrimas eran casi incontenibles.

—No, dime —insistió. Y las lágrimas comenzaron a brotar.

—Me rompiste el maldito corazón —dije, con la voz entrecortada y lágrimas cayendo por mis mejillas. Nos sentamos ahí durante un minuto en silencio. Él no sabía que decir. Yo no sabía que hacer. Ambos reconocimos el quilombo en el que estábamos. Tras contener de nuevo las lágrimas, proseguí—. Soy yo quien ha intentado iniciar conversaciones y arreglar las cosas. Soy yo quien dijo que teníamos que hablar tras los tres días en Londres. Soy yo quien dijo que quería verte. La única razón por la que estoy aquí sentada hablando contigo ahora mismo, soy yo. Tú no hiciste nada para que esto sucediera, ni mostraste esfuerzo alguno en este sentido —dije.

—Lo sé. Lo siento. Es que me introvierto tanto y... siempre pienso que estoy tomando la decisión correcta para la otra persona y al final siempre me explota todo en las narices y acaba siendo lo contrario de lo que creía. Aunque mi intención fuese la opuesta —replicó. Pude ver con mis propios ojos lo difícil que era todo esto para él.

—Ya sé que no has hecho nada de todo esto adrede. Sé que no eres una persona maliciosa y que no planificaste todo esto intencionadamente. Pero lo dejaste todo tan abierto, y tendrías que haber sido honesto y directo conmigo, Javier —le dije.

—¿Qué quieres decir? —dijo, claramente sorprendido por mi afirmación—. Nunca me había pasado estar enamorado de alguien y de repente un día levantarme y ver que todos esos sentimientos han desaparecido. ¡No sabía si iban a volver! Yo esperaba que volvieran. Todo esto era nuevo para mí también —dijo, defendiéndose.

—Sí, pero cuando me dijiste que ya no sentías nada hacia tus padres, tu hermana o hacia mí, no estabas diciendo la verdad —afirmé.

—¿A qué te refieres? —preguntó él.

—A que tú aún querías a tus padres y a Sophia.

—Por supuesto —respondió.

—Así que aún tenías sentimientos hacia ellos. Sencillamente no tenías sentimientos hacia mí —dije. Y se hizo una pausa.

—Así es —asintió, a regañadientes.

—Me mantuviste en una especie de área gris e indeterminada, sin saber qué es lo que iba a suceder en el futuro, en lugar de decirme que se había acabado y cerrar esa opción de una vez —proseguí.

—Porque deseaba que esos sentimientos volviesen. No quería cerrar la puerta a esa posibilidad —dijo.

—¡PERO ESO NO ES JUSTO PARA MÍ! —le dije, alzando la voz. Se hizo una nueva pausa.

—Tienes razón —dijo, finalmente. Nos quedamos sentados en silencio durante unos momentos. Respiré hondo.

—Para mí es muy difícil transformar mis sentimientos hacia ti en sentimientos de amistad —dije.

—Sí, también para mí. Yo tampoco sé cómo hacerlo —confirmó él.

—¿Ves? No, no puedes decir eso. Al decir eso estás implicando que también es difícil para ti porque aún tienes sentimientos hacia mí. No es difícil para ti. Dices que solo sientes amistad hacia mí, así que eso es lo que hay para ti —le dije. Era como explicarle a un niño pequeño cómo comunicar claramente lo quería decir.

—Cierto —dijo—. Estoy tan harto de todo esto. ¿Cuándo van a funcionar las cosas conmigo? —dijo. Pude ver cómo su dolor se comenzó a transformar en enojo.

—Funcionarán cuando encuentres a la mujer adecuada. Es solo que esa mujer no soy yo —dije, aceptándolo aunque me doliera.

—Eso son mamadas. Eres la mujer perfecta y todo era increíble. No sé qué es lo que anda mal conmigo. Siento que sencillamente voy a estar solo para siempre —dijo. Nos quedamos ahí sentados varios minutos más en silencio. Nos habíamos dicho todo lo que nos teníamos que decir. Yo no había obtenido ninguna de las respuestas que deseaba, pero en cierta manera, sí conseguí una respuesta: él un día se fue a dormir estando enamorado de mí y al día siguiente se levantó... *no* estándolo. ¿Ridículo? Quizás. ¿Imposible? Algunos dirían que sí. ¿Doloroso? Sin duda. ¿Exasperante? Sí. ¿Desconcertante? Jodidamente. Pero independientemente de si se trataba de una respuesta lo suficientemente satisfactoria para mí, su madre, Sophia, sus amigos, mis amigas o incluso para él mismo, daba igual. Porque era la única respuesta existente. Esa iba a ser la única forma en que yo podría cerrar capítulo. *Cerrar capítulo.* ¿Qué demonios significa eso de todos modos?

* * * * *

Salimos del apartamento y bajamos a la playa. Javier fue señalando diferentes cosas por el pueblo a lo largo del camino. Se paró varias veces a hablar con gente, como si llevara viviendo ahí meses. Caminé a su lado ensimismada en mis pensamientos. Era todo de lo más interesante. Desde la conversación en su pick up, cuando me dijo que tenía que ir al viaje él solo, hasta la dura conversación que acabábamos de tener, pasando por el viaje de diez horas que hicimos juntos o las largas llamadas por FaceTime... a pesar de todo eso, de alguna manera siempre estábamos... *bien.* Siempre teníamos momentos de alegría y risas entre las lágrimas. Siempre estábamos conectados, sin importar lo que estuviera pasando. Era algo que nunca había experimentado con otro ser humano antes, ni hombre ni mujer.

Llegamos a la playa tras unos minutos caminando desde el apartamento. Era un día lindo. La arena de la playa estaba flanqueada por hamacas y sombrillas, que la gente podía usar a su gusto. Me senté en una de las muchas hamacas y dejé mis cosas en el suelo.

—Voy a ir a correr un poco y hacer mi circuito de ejercicios. Me llevará solo unos treinta minutos —dijo Javier, conforme se quitaba la camiseta. Su sexi "cuerpo típico de un papá" se había vuelto un poco menos típico de un papá a lo largo del último mes.

—¡Que te diviertas! —le dije, sarcásticamente. Yo no iba a hacer ejercicio alguno hasta que volviera a casa, eso estaba más que claro.

—Te odio —respondió en tono de broma, y se fue corriendo por la playa. Yo me estiré cómodamente en la hamaca y abrí mi diario para empezar a escribir. La conversación que acabábamos de tener fue tan dura y tan larga, que sabía que si no tomaba algunas notas al respecto, no sería capaz de recordarla entera. Las conversaciones duras e importantes tienen algo que hace que prácticamente... *abandones* tu cuerpo. Es como que, en el momento estás presente, pero posteriormente te da la sensación de estar viendo una película. Esa sensación exacta es la que yo tenía.

Después de escribir un rato, fui a mojarme un poco en el agua. Me quedé ahí de pie, observando mis pies en la arena a través del agua cristalina del mar. A mi izquierda había un extenso tramo de playa que desembocaba haciendo una curva en un puerto con barcos y un faro. A mi derecha había más playa con enormes montañas al final, creando un pequeño semicírculo celestial. Era de una belleza increíble y ahí entendí por qué Javier se había enamorado del lugar.

Cuando Javier regresó, nos estiramos en las hamacas a tomar un rato el sol.

—¿Tienes hambre? —preguntó Javier.

—Podría comer algo —contesté. Caminamos hacia un pequeño restaurante a poca distancia de donde estábamos. Sentados en una de las mesas de la terraza, yo comí y Javier disfrutó de un *cappuccino*.

—Pues la persona que conocí en Barcelona que tanto me ayudó —dije comenzando a sonreír—, ¿a que no adivinas cómo se llama? —le pregunté.

—Daniel —dijo Javier.

—¡Ja! No... —dije entre risas—. Chris —le corregí. Su cara se quedó helada y sus ojos se abrieron de par en par.

—Estás de broma...

—Nop —respondí. La cantidad de cosas que nos habían pasado en este viaje relacionadas con ese nombre tan significativo era de locos.

—¡Guau! —dijo Javier.

Agarramos dos bicicletas y dimos vueltas en bici por el pueblo. Me llevó por la calle principal donde estaban todas las tiendas y restaurantes, y después fuimos hacia el puerto y el faro. Es uno de los sitios más bonitos en los que he estado. Estar sentada en el malecón de ese puerto con barcos a mi derecha, el agua color turquesa rodeándonos y las gigantescas montañas relativamente distantes fue algo mágico. Hicimos que un hombre que pasaba por ahí nos hiciera una foto de los dos, y luego le pedí a Javier que me hiciera una a mí sola. Me senté en el borde de las rocas del malecón, observando ese pedazo de cielo que tenía ante mí. Era la foto perfecta para iniciar mis publicaciones de San Vito. Subí la foto con el siguiente texto: "Sé consciente de tu valor y ámate lo suficiente a ti misma para permitirte curar". ¡Ay...! Si por una vez fuese capaz de seguir mis propios y brillantes consejos...

Volvimos al apartamento a relajarnos un rato. Desempaqué mi mochila y escribí un rato más en mi nueva habitación. Había una gran ventana que se abría de par en par y desde la que se veía la calle debajo, con una pequeña cornisa donde una se podía sentar si lo hacía con cuidado. Me recordó un poco a un lugar sacado de *La bella y la bestia*.

—Voy a salir a la biblioteca a ver a Alvaro. ¿Todo bien contigo? —preguntó Javier.

—Sip —asentí. Álvaro era el dueño de la principal biblioteca/librería del pueblo. Era uno de los mejores amigos de Javier, aunque no se veían muy a menudo. Cuando el hermano de Javier murió, Álvaro voló desde Italia para estar con él y su familia. Siempre fue una fuente de apoyo inquebrantable para Javier y era el único amigo en el grupo de italianos que realmente conocía la intrahistoria de lo que estaba pasando entre Javier y yo.

Tras escribir y relajarme un rato, me di una ducha y me preparé para la noche. Javier había estado hablando maravillas de un restaurante que estaba al lado de nuestro apartamento y quería llevarme ahí a cenar antes de encontrarnos con algunos de los italianos. Durante el día, tuve en la mente todo el rato que hoy era 29 de septiembre. El cumpleaños del hermano de Javier era el 30 de septiembre, y supe desde el primer momento en que empezamos a hablar de este viaje que su cumpleaños caería durante el tiempo de estancia de Javier aquí. Habíamos incluso hablado de lo que querría hacer para celebrarlo, pero como todo había cambiado, a día de hoy no tenía ni idea de qué tenía intención de hacer para esa efeméride. Estuve el día entero preguntándome cómo se desarrollaría el día siguiente.

Posteriormente, esa misma noche, fuimos a un restaurante adorable decorado con luces de colores y lindos árboles a lo largo y ancho del patio al aire libre. El propietario se nos acercó y habló con Javier en italiano durante unos minutos. Rieron y bromearon como si se conociesen desde hacía años. Llevaba ahí diez días y literalmente conocía a todo el mundo. Tremendo.

Comenzamos la cena con una botella de vino (bueno, yo empecé con una botella de vino; Javier tomó tan solo medio vaso) y pedimos un entrante con varios pescados. Delicioso. Javier pidió un pescado enorme con verduras a la brasa y yo un plato gigante de golosa pasta. La pasta más popular en San Vito era especial, ya que solo se hacía en San Vito. Usaban la hoja de una planta especial para darle a la pasta su forma particular. Javier había hablado maravillas de esa pasta, y he de admitirlo: estaba realmente increíble. Que conste que no me arrepiento de nada.

—Bueno... tu madre —dije.

—¿Qué le pasa? —preguntó él.

—Es una mujer increíble.

—Sí, sin duda lo es. ¿Pero por qué lo dices? —preguntó.

—Ha sido un gran apoyo para mí en este viaje. Honestamente, no sé qué hubiese hecho sin ella.

—Sí, ella te adora, de veras. No he hablado mucho con ella sobre ti o sobre la situación, porque sé que ella piensa que no he gestionado bien la situación —admitió.

—Sí, bueno... —concordé con una sonrisita, intentando mantener la conversación en un tono distendido.

Tras esa fantástica cena, que Javier insistió en pagar, volvimos a la calle principal del pueblo. Había varios bares con música y la gente bailaba por la calle. El ambiente era tan distinto a los demás sitios en los que había estado hasta ahora en este viaje. Nos encontramos con Gio y su ligue de verano, Mariella; un arrojado italiano de cuarenta y algo llamado Vincenzo; y Álvaro.

—Álvaro, te presento a Gabrielle —dijo Javier, presentándonos. Ambos sonreímos y nos dimos un gran abrazo. Me sentí conectada con él al instante. Su energía era genial y sentí que entendía y sentía compasión hacia lo que estaba sucediendo entre Javier y yo.

—Me alegra mucho conocerte por fin —dijo con una sonrisa en su marcado acento italiano.

—Igualmente. He oído hablar tanto de ti —dije, devolviéndole la sonrisa.

Bailamos y bromeamos durante un rato y Vincenzo (de quien me enamoré al instante) me trajo otro vaso de vino. Después de unos veinte minutos, Javier me agarró la mano.

—Ven conmigo —dijo con intensidad en la mirada. Le agarré de la mano y le seguí hasta la playa que estaba justo detrás de los bares, en la parte final de esa zona de la costa. Al principio pensé que sencillamente quería mostrarme la playa por la noche. Soltó mi mano y siguió caminando adelante unos cuantos pasos más. Entonces respiró hondo y soltó lo que pronto descubrí que era un sollozo.

—Mi hermano hubiera cumplido hoy veintiún años —dijo con esfuerzo y entrecortadamente. Era medianoche, oficialmente ya era 30 de septiembre. Dejé mi vaso de vino en el piso, caminé hasta él y le abracé. Su cabeza se posó en mi pecho, como si quisiera esconderse del mundo entero, y yo le seguí abrazando mientras él lloraba desconsoladamente.

—No pasa nada, estoy aquí contigo —le dije. Y así era. A pesar de todos los altibajos, la montaña rusa emocional que habíamos pasado, la interminable saga de incertidumbres en la que se había convertido nuestra situación, eso no cambió en ningún momento. Había cuidado de este hombre desde el momento en que hizo acto de presencia en mi vida. Sentía tanto amor, tanto instinto protector hacia él, una conexión realmente divina con este hombre. Y me quedé ahí parada durante lo que parecieron muchos minutos, sencillamente abrazándole.

—Es tan injusto. Él debería estar aquí. ¿Por qué estoy yo aquí y él no? —se lamentó Javier, tratando de ralentizar su acelerada respiración. Posé mis manos en sus mejillas para ayudarle a centrarse y calmarse un poco.

—No sirve de nada que te centres en eso. Él es libre ahora y está en un sitio mejor. Seguro que no querría que estuvieses sufriendo tanto, clavado en este pesar y aflicción por él. Él desearía que celebraras su recuerdo y fueses feliz —le dije, reconfortándole.

—Lo sé —dijo entre llantos—. Tendríamos que celebrar su recuerdo.

—Así es. Él solo desearía para ti que sintieras la máxima felicidad posible. De eso estoy segura —agregué.

—Tienes razón. Gracias. Estoy tan contento de que estés aquí —dijo, comenzando a acallar las lágrimas—. Venga, vamos a bailar —dijo, agarrándome de la mano y arrastrándome hacia la calle donde todos estaban bailando bajo el firmamento.

Bailamos durante la siguiente hora y celebramos el recuerdo de su hermano. Me hizo muy alegre estar ahí esa noche. Cuando le vi romper a llorar en la playa, supe que podría haber sido algo malo si no llego a estar ahí con él.

Tras despedirnos de los italianos, caminamos de regreso al apartamento. La noche era preciosa y paseamos lentamente por las calles del pintoresco pueblecito. Una vez llegamos de vuelta al apartamento, me preparé para ir a la cama y envié a su madre un mensaje de texto.

Yo: Muchos besos y cariño para ti en este día, Ana. Celebrando a quien sé que fue un fantástico ser humano. Seguro que está sonriendo desde allá arriba, sintiendo todo el amor y cariño que tanta gente le profesa.

Fui a la cocina y agarré una botella de agua para una vez más intentar contrarrestar la enorme cantidad de vino que había bebido.

—¿Tienes todo lo que necesitas? —preguntó Javier. No sé si fue el vino, la cantidad de emociones que habían aflorado tras nuestra dura conversación esa tarde o el hecho de que ese hombre había roto a llorar en mis brazos poco antes, pero sea como sea, esto es lo que le dije en respuesta:

—¿Quieres dormir conmigo? —le solté. Javier se quedó helado—. No me refiero a *dormir*... o sea, *acostarte* conmigo... O sea, dormir *dormir* —dije, intentando explicarme sin demasiada maña.

—Gaby, yo... —dijo, su voz apagándose.

—Si crees que vas a sentirte raro, no. Es solo que... no sé... Siento que necesito dormir abrazada —admití.

—Sí, pero yo sigo siendo un hombre.

—¿Qué pasa? ¿No puedes dormir conmigo sin que haya sexo de por medio? —dije entre risas.

—No, es que... no sé. No quiero hacerte más daño —dijo con genuina sinceridad.

—De acuerdo. Tienes razón. Probablemente sea lo mejor —dije. Nos miramos fijamente, ambos sabiendo que deseábamos estar en la misma cama. Pero él estaba tratando de hacer lo correcto y yo aprecié y respeté su esfuerzo. Caminó hasta mí y me dio un abrazo. Nos quedamos ahí inmóviles durante un momento—. Buenas noches —dije, despidiéndome.

—Buenas noches, Gaby —respondió Javier.

Me di media vuelta y entré en mi habitación, cerrando la puerta tras de mí. Estirada en la cama pensé "*Bien*". Hemos elegido hacer lo más inteligente en esta situación y dejar claro que seguíamos siendo únicamente amigos, sin ambigüedades de por medio, tal y como él había dicho antes. La pregunta del millón de dólares era: ¿durante cuánto tiempo conseguiríamos seguir siendo solo amigos?

A la mierda con los conflictos de interés

(Bienvenidos al puto mundo real).

DÍA VEINTISIETE

Abrí los ojos para ir al baño a hacer pipí y lo único que vi fue la oscuridad total de la habitación. Eran las 3:23 AM. Caminé desde mi dormitorio hasta el cuarto de baño eché una mirada de reojo a la habitación de Javier. Era tan raro estar en el mismo apartamento que él, pero en habitaciones separadas. Siempre dormíamos juntos; desde nuestra primera noche cuando salimos a bailar y fuimos a la habitación del hotel, hasta la noche que acampamos en la playa, o en Santa Bárbara o Las Vegas. Y ahora, en este romántico pueblito en la otra punta del mundo, ahí estaba yo: más sola que la una en una enorme cama tamaño *Queen Size* mientras él estaba apretujado como podía en una cama individual en la habitación contigua. Qué irónico.

Me metí en la cama de nuevo y eché un vistazo a mi celular. Tenía un mensaje de Chris.

Chris: Qué tal por Sicilia? Tiene un aspecto bien lindo.

Me hizo sonreír. Hablamos de lo lindo que era el pueblito y de las increíbles playas de aquí.

Yo: Estoy con Javier. Cerrando capítulo, algo que necesitaba, y descubriendo algunas cosas. He llegado hoy.

Chris: Oh, vaya. Estás haciendo frente a las cosas en serio. ¿Cómo te sientes?

Era tan extraño. Conociéndole como le conocí en Barcelona, sabía que no lo decía desde un punto de vista celoso. Quería saber, genuinamente, cómo me encontraba, y eso decía mucho en favor de este muchacho.

Yo: Así es, haciendo frente a las cosas en serio, serio. Ahora ya tengo más claras muchas cosas. Le mencioné que muchas cosas cambiaron durante mi estancia en Barcelona. Así que en cuanto llegué me preguntó inmediatamente al respecto, y tuvimos una charla larga y muy intensa.

Chris: Me alegro de que las cosas estén más claras para ti. Para añadir algo más (o menos?), he de decirte que sin duda siento algo hacia ti.

Y ahí estaba: el muchachito de veintitrés años volvía a sorprenderme con su osadía.

Yo: Yo también siento algo hacia ti. Pero no tengo claro que significan en medio de todo lo que está pasando...

Chris: Has tenido que aguantar un montón de mierda en estos últimos meses. Y nos conocimos de viaje, así que tenemos que tener eso en cuenta también... Crees que tus sentimientos surgieron por conocernos en el paraíso que es Barcelona? Yo sé que no es mi caso, pero sin duda debo respetar todo lo que estás atravesando.

Yo: Eh... Sé que los sentimientos que tengo no se deben a Barcelona. Se deben a... ti, y a cómo sentí que encajamos durante todo ese tiempo, especialmente la última noche. Pero no soy estúpida y sé que me están pasando muchas cosas distintas y mis emociones ahora mismo son un poco caóticas. Aunque sé lo que siento en cierta manera, realmente no sé qué conclusiones sacar ahora mismo, si es que eso tiene sentido. Sé que después de todo esto, me aterroriza la idea de hacer sentir a otra persona lo que Javier me ha hecho sentir a mí. Así que, en cualquier caso, diría que los sentimientos que tengo hacia ti me están haciendo ser cauta y hasta inquieta. O sea, no quiero en ningún momento dejar ambigüedad sobre lo que pienso en todo momento, y no creo estar en un estado emocional desde el que pueda descifrar con certeza las emociones que estoy experimentando. Pero sin duda soy capaz de reconocer el hecho de que están ahí y son legítimas, en cierta medida. Lo siento, sé que eso no es la respuesta que quizá buscabas, pero es lo mejor que soy capaz de articular en estos momentos.

Joder, Gabrielle. Esto es progreso. ¿Por qué? Porque antes yo hubiese contemplado la idea de empezar algo a tope con esta persona, aunque solo fuese para olvidar a Javier. En el pasado, nunca había sido cauta o supercuidadosa con los sentimientos de los demás en lo que tocante a relaciones nuevas. Pero todo lo que había sucedido con Javier me había cambiado muy en serio. *Jamás* quería hacer que otra persona se sintiera como él me había hecho sentirme a mí, y si eso significaba que tenía que ser superdirecta y honesta sobre todo el asunto, eso es lo que haría. Seguimos enviándonos mensajes durante un rato antes de volver a dormir. En serio, ¿hay algún momento de mi vida sin novedades? Hasta cuando estoy durmiendo hay novedades.

La luz del sol inundaba mi habitación, y me despertó por segunda vez tras la noche anterior. Javier acababa de despertarse también y decidimos bajar a desayunar algo. Bueno, como mínimo yo desayuné. Él comió un nosequé estilo saludable (*puaj*) en el apartamento. Caminamos por la calle hasta la pequeña cafetería. Javier, claro está, conocía al dueño. Se saludaron en italiano y se dieron los típicos besos italianos en la mejilla. Yo me pedí un croissant de chocolate (literalmente un orgasmo emplatado) y un *caffè latte*. Javier se pidió un *cappuccino* y nos sentamos en la terraza mientras hablábamos de nuestros planes para el día.

—El plan es ir con los chicos a un sitio genial donde se puede hacer salto de gran altura desde un acantilado y buceo con esnórquel —me dijo.

—Genial, suena fantástico.

—Volvamos al apartamento y preparémonos. Voy a ir rápidamente a la biblioteca a buscar a Álvaro y acto seguido agarramos unos emparedados para comer, y allá vamos —dijo.

—Suena bien —contesté mientras terminábamos de desayunar. Cuando volvimos al apartamento, Javier se montó en una bicicleta y se fue en busca de Álvaro. Yo me preparé y eché un vistazo a mi e-mail. Craso error.

Tenía un e-mail de mi abogado. Junto con este, venía un e-mail muy feo, rudo y maleducado del abogado de Daniel, afirmando que yo era responsable de la mitad de la deuda de Daniel, una deuda que él había acumulado irresponsablemente en su antiguo club deportivo. Yo reaccioné inmediatamente. Mi abogado me dijo que no tenía que preocuparme por nada de eso, pero al leer las desagradables palabras del otro abogado, escritas en un tono inapropiado y pueril, me acordé de que pronto tendría que volver a la realidad y me vería forzada a lidiar con *esto*... y la verdad es que no tenía ningunas putas ganas de hacerlo. Rompí a llorar y me quedé sentada en el piso del apartamento. Unos pocos minutos después, Javier regresó al apartamento.

—¿Estás lista para...? —su voz se apagó en cuanto entró en mi habitación—. ¿Gaby, qué ocurre? —preguntó inmediatamente acercándose a mí. Le enseñé el e-mail y le expliqué que no quería tener que volver a casa. Él me abrazó y, por alguna razón, eso me hizo echarme a llorar aún más fuerte.

—No pasa nada. Todo va a salir bien. Todo esto se va a acabar y tú vas a estar bien —me dijo. *Sip*, pensé para mis adentros. *Claro que voy a estar bien. Siempre lo estoy, ¿verdad?* Mi marido se acostó con una muchacha de diecinueve años durante seis meses y yo he estado bien. Solicité el divorcio y aquí estoy, bien. Javier me partió el corazón, y aquí estoy, vivita y coleando. Pero en ese momento, en esa habitación, no estaba bien. Estaba harta. Había alcanzado mi punto de quiebre.

—No quiero irme a casa —dije.

—¿Por qué? —preguntó él—. ¿Porque no quieres lidiar con todo esto?

—No. Por muchas razones. Sencillamente no quiero irme a casa —repetí.

Realmente no sabía el porqué. Algo que, por supuesto, significaba que tenía que abrir la cebolla de pensamientos. Primero los pensamientos superficiales.

• No quiero irme a casa y hacer frente a todas las mamadas del divorcio.
• Después de todos los increíbles lugares en los que he estado... a la mierda con L.A.
• ¿Cómo voy a poder aguantar el tedio de vivir en casa después de todo lo que he hecho en este último mes?

Sí. Todas esas eran afirmaciones correctas y precisas. Ahora tocaba escarbar un poco más para encontrar los pensamientos auténticos.

• No quiero seguir conectada a todo ese drama.
• ¿Y si cuando vuelva a casa, ya no me parece "mi casa"?
• ¿Y si sufro "síndrome de abstinencia" del viaje?

Todo eso tenía sentido para mí. Y ahora, ¿qué hay en el fondo, en la raíz de todos esos pensamientos? ¿Cuál es el pensamiento subconsciente?

• ¿Y si no estoy curada emocionalmente?

¡Boom! Ahí estaba. El maldito y gigantesco miedo que había estado poco a poco abriéndose camino hacia la superficie cuanto más se acercaba el fin del viaje. ¿Y si me iba a casa y no estaba bien? ¿Y si aún tenía mi corazón hecho pedazos y sentía que estaba hecha un desastre aún? ¿Y si este viaje en el que estaba embarcada para aprender a estar sola y quererme a mí misma... *no servía de nada?* Esa idea, para mí, era absolutamente aterradora.

Tras llorar un rato y algunos intentos fallidos de animarme por parte de Javier, decidí que quince minutos era demasiado tiempo perdido por culpa de la inmadurez del que pronto iba a ser mi ex marido y su presunto abogado. Tomamos nuestras cosas y bajamos a encontrarnos con Álvaro, Gio, Mariella, Vincenzo y otros dos italianos del grupo. Nos detuvimos para agarrar unos emparedados en una fiambrería y acto seguido nos dirigimos a ese lugar especial que conocían. Y se lo aseguro: especial se queda corto.

Tomamos un empinado camino de montaña hacia el mar, y nos vimos rodeados de acantilados, cuevas, formaciones rocosas y el océano. Había también ganado salvaje rondando por los alrededores. Miraras adonde miraras solo veías naturaleza y océano. Hicimos senderismo camino abajo hasta uno de los espacios abiertos cerca del agua y establecimos nuestro lugar de acampada ahí para lo que sería ese día. Álvaro y yo subimos a una de las rocas más altas y Javier nos hizo una foto. Álvaro tenía una energía tan genuina, sentía que le conocía desde hacía años. Javier y Álvaro saltaron de inmediato y empezaron a nadar. El sol brillaba y nos alumbraba mientras oíamos cómo las olas rompían contra las rocas del acantilado.

Nadamos durante un rato y después salimos del agua un rato para tomar algo de calor y comer los emparedados que trajimos. Dios mío, ese emparedado es uno de los mejores que jamás haya comido. Era algo tan sencillo como pan, queso y bresaola, una especie de ternera curada, pero estaba *tan* bueno. Después de tomar algo de calor y digerir nuestros tentempiés, decidimos subir al punto más alto, desde donde se hacía el salto de altura.

—Este es el punto desde el que salté el otro día —dijo Javier. Miré hacia abajo desde ahí. Casi veinte metros de altura, que de repente parecían mucho más. Sabía que iba a saltar, no tenía ninguna duda en mi mente. ¿Pero cuánto iba a tardar? Ah, eso es otro tema.

Javier estaba de pie en otra roca con mi celular en mano, listo para grabar este gigantesco "salto al vacío".

—¿Estás seguro de que no voy a chocar con una roca al caer y... no sé... matarme? —le grité desde la distancia. O sea, con la suerte que he tenido los últimos meses, no creo que nadie se sorprendiera, ¿verdad?

—¡No te pasará nada, Gaby! Yo lo hice y sigo vivo —contestó.

—Sí, no te olvides de decirle eso a mi madre. Ya quiere matarte ahora, así que imagínate... —le dije, bromeando... o no. Estuve unos diez minutos muerta de miedo, con Javier riéndose de mí y otros dos italianos que estaban tomando el sol desnudos animándome.

—Bueno, ¡allá voy! —dije gritando.

—¡Deja que haga la cuenta atrás por ti! —gritó él.

—¡No! ¡Déjame que vaya sin más! —dije entre risas. Doblé las rodillas (como si unos cuantos centímetros menos fuesen a suponer diferencia alguna) y salté. Solté un grito y caí al agua debajo. Fue aterrador, excitante y liberador, todo a la vez. Saltar desde ese acantilado literalmente era una metáfora de mi vida en ese momento. Era algo aterrador amar a alguien tan profundamente como amaba a Javier. Había sido aterrador atreverme con este viaje. Ambas cosas habían resultado excitantes, liberadoras, y lo que es más importante: me habían enseñado mucho sobre mí misma. ¿Y qué es con lo que me quedaba por encima de todo? Con que *había sobrevivido*.

Volvimos a nuestra zona de acampada y me estiré en mi toalla para secarme. Javier y Álvaro decidieron subir caminando hasta uno de los picos montañosos más altos que teníamos a la derecha. Cerré los ojos y escuché el sonido de las olas mezclado con las charlas en italiano y portugués de la gente de nuestro grupo. Liberé mi mente durante cuarenta y cinco minutos en este pedazo de paraíso donde estaba.

Cuando Javier y Álvaro regresaron, nos señalaron una formación rocosa a la que habían subido en la parte más alta de la montaña. Lo hicieron en honor a Chris, por su cumpleaños, y ver a Javier tan feliz me hizo sonreír.

—Algo perfecto para su cumpleaños. Es perfecto —dijo. Y así era. Nos quedamos ahí sentados e hicimos una foto de grupo con mi celular. Quedó como una postal *vintage* desde la vieja Italia. Subí la foto con el texto: "*Siate felici*", que en italiano significa "Sé feliz".

Tras un día entero de agua y sol, regresamos al apartamento para descansar, ducharnos y refrescarnos de cara a la noche. Javier y yo íbamos a ir al restaurante donde uno de los italianos trabajaba, y después nos íbamos a reunir con todos los demás para celebrar el cumpleaños de Mariella en el bar donde estuvimos bailando la noche anterior. Mientras me preparaba, Javier llegó a casa tras hablar con Gio.

—Veamos, eh... uno de los amigos de Mariella viene al pueblo esta noche y se va a quedar a dormir aquí, en el segundo dormitorio —dijo.

—Oh... de acuerdo —respondí.

—Si te sientes incómoda puedo dormir en cualquier sitio... —dijo, ofreciendo una solución alternativa a que durmiésemos juntos. Pensé durante unos segundos.

—No, no seas ridículo, no pasa nada.

—¿Estás segura?

—Veto, solo vamos a dormir. Como si no hubiésemos dormido juntos antes —dije.

—De acuerdo —asintió. Y comenzó a pasar algunas de sus cosas al dormitorio grande, donde estaba instalada yo.

¿En serio, universo? ¿No podrías hacer que esta situación ya tan complicada fuese *aún* más difícil todavía? Joder.

Salimos a la calle y nos dirigimos al restaurante donde íbamos a cenar. Se trataba de otro restaurante con un lindo patio al aire libre, con luces de colores centelleantes colgando delicadamente, creando un ambiente muy lindo. Pedimos una botella de vino, que como siempre acabó significando tres vasos para mí y un vaso para él. Había que admitirlo: realmente estaba tomándose muy en serio todo el tema de la dieta. O sea, lo entiendo, yo también soy actriz, pero... ¡la pasta es la pasta!

Comimos y hablamos sentados en el patio. Era algo raro que todo se sintiese tan normal. Nada había cambiado en lo que respectaba a cómo nos reíamos, bromeábamos, tonteábamos o hablábamos de cosas íntimas. Lo único que había cambiado es que ya no íbamos agarrados de la mano y besándonos todo el tiempo. En cualquier situación normal en el mundo real, estar sentada con un ex novio en un entorno romántico cuando aún estás enamorada de él sería algo totalmente extraño e incómodo. Pero la verdad es que... no lo era. Cuando llegó la factura, volví a discutir con él; y una vez más volvió a ganar él.

—Por favor, deja que pague yo. Quiero invitarte —dijo.

—Ya me invitaste anoche —dije, contrariada.

—Sí, y no pasa nada. No discutas conmigo —dijo. Y le hice caso, no discutí más. Había gastado un mogollón de dinero llegados a este punto y he de admitir que una parte de mí sin duda estaba pensando "Sí, por supuesto que puedes pagar la cena. Y también me puedes comprar un corazón nuevo, ya puestos".

Fuimos a encontrarnos con todos los demás en el bar, donde seguimos bebiendo, riendo y celebrando el cumpleaños de Mariella. Su amigo de Brasil había llegado y le dimos la bienvenida. Fuimos de bar en bar, disfrutando de los sitios más chidos, que estaban todos aglutinados en la parte final de la calle principal, y bailamos sin parar. Hacia las 12:30 AM, Javier me miró.

—¿Volvemos a casa? —me preguntó.

—Sí, estoy agotada —contesté. Ya llevaba cinco copas de vino para entonces. Nos despedimos de todo el mundo mientras ellos seguían bailando como si la noche fuera interminable. Paseamos de regreso al apartamento disfrutando del aire al fresco. Charlamos y reímos, pero a mí no se me iba de la cabeza que estábamos regresando a un apartamento en el que íbamos a dormir juntos. En la misma cama. ¡Cuántos pensamientos me asediaron!

Una vez de vuelta en el apartamento, me cambié y me puse una camiseta y unos shorts para dormir, y me cepillé los dientes. Javier ya estaba en la cama y yo me estiré en mi lado y me quedé ahí petrificada durante un minuto en plena oscuridad. Un minuto de silencio es todo lo que pude aguantar.

—Sí, me temo que no voy a ser capaz... —dije.

—¿Capaz de qué?

—De dormir a tu lado —respondí. Se levantó al instante.

—¿Quieres que me vaya a la otra habitación? —dijo, ofreciéndose.

—No. Me refiero a que no voy a ser capaz de solo *dormir* a tu lado —dije. Por suerte, el vino me ayudó a compartir con claridad mis sentimientos.

—Gaby, no quiero hacer nada más que te pueda hacer daño —dijo. Noté en su voz que lo decía con genuina honestidad.

—Ya lo sé. Estoy intentando decidir si soy capaz de tener solo... sexo. O sea, sexo sin el componente emocional —le solté. ¡JA! Venga,

Gabrielle. ¿A quién intentas engañar con semejante broma? Nos quedamos ahí estirados varios minutos en un silencio sepulcral y lo único que fui capaz de hacer fue soltar un suspiro de resignación—. Sí, sí que puedo quedarme aquí estirada sin más —dije, confirmando.

—Es que... eh... no sé —dijo él. Él mismo estaba dudando, también.

—Está bien. No pasa nada. Soy consciente de que no significa nada más —afirmé. Gracias, don Vino, por hacerme soltar todas esas mamadas. Me acerqué a él y recorrí su cabello con mis manos.

—Joder, Gaby —dijo, soltando un último suspiro, sabiendo que estaba a punto de perder la batalla de intentar ser caballeroso y respetuoso. En defensa de Javier, debo decir que si no hubiese sido por mí, hubiésemos dormido sin más. Tras mirarnos fijamente a los ojos durante un momento, me besó. Y les digo una cosa: ya no había vuelta atrás llegado ese punto. El sexo con Javier siempre había sido increíble, así que eso lo daba por hecho. Pero había algo... diferente. Quizá era porque ambos sabíamos que no deberíamos estar haciéndolo. Quizá era porque estábamos en uno de los lugares más románticos del mundo. O quizá era porque hasta ese momento habíamos usado protección religiosamente y por la razón que fuera, en ese momento eso era lo último en lo que pensábamos. Hubo más pasión que nunca, más conexión que nunca, y cuando acabamos ambos estábamos absolutamente exhaustos.

Como ya dije, me gustaría poder decir que tomé la decisión correcta y dejé las cosas en ese nuevo status de amistad sin ambigüedades, en lugar de escribir un nuevo capítulo de *Cincuenta sombras de Grey*. Pero claro, sin un enorme conflicto de intereses, las cosas serían demasiado fáciles. Bienvenida al puto mundo real, Gabrielle. Al menos el sexo mereció la pena.

A la mierda con las áreas grises

(El color gris da asco por algo).

DÍA VEINTIOCHO

Me desperté la mañana siguiente junto a Javier, que seguía dormido. Miré por la ventana y vi mucho gris. El cielo estaba teñido por las nubes marinas que provenían del océano. Un color muy apropiado para esa mañana. Claramente había salido de la zona de amistad sin ambigüedades en la que nos habíamos aposentado Javier y yo, y me había plantado de pleno en un área gris. No obstante, tampoco puedo decir que me levantara con remordimiento alguno. He de decir, a quienes lean esto, que no recomiendo ni fomento el sexo sin protección. Mientras estuve tomando la píldora anticonceptiva, acepté el sexo sin protección sencillamente porque lo estaba haciendo con alguien a quien no solo le confiaba mi cuerpo sino también mi seguridad. Quizá sea porque mi cerebro no me dejaba pensar en lo que todo esto significaría una vez volviésemos a casa; pero sea como sea, no me hizo sentirme incómoda. Estirada en la cama junto a él, dejé que mis pensamientos intentaran aclararse en silencio. ¿Pensamiento superficial?

• Voy a despertarle y no voy a salir de la cama en todo el día.

Es broma. Más o menos. Pero el tipo de pasión que experimentamos en la cama era algo distinto. Nunca viví eso con

Daniel. Desafortunadamente, ahora que lo había experimentado, iba a comparar todo en el futuro con eso. Genial. Bien, ¿cuál es el pensamiento auténtico?

• ¿Cómo es posible disfrutar de una pasión e intimidad tan cercana con alguien a quien solo quieres como amigo?

O sea, en serio. Entiendo que es un hombre y que estos acostumbran a cogerse todo lo que se mueve. Como mujer yo misma había tenido sexo con alguien en quien no estaba *demasiado* interesada o con quien sencillamente tenía una buena amistad. *Pero* cuando ese tipo de sexo tiene lugar, normalmente es soso, poco satisfactorio; y esos adjetivos sin duda no se podían atribuir a lo que acababa de suceder en esa cama pocas horas antes. Bueno, ¿cuál es el pensamiento subconsciente en la raíz de todo esto?

• Eso no fue sexo entre amigos.

No era el sexo en sí lo que era emocionalmente confuso, sino el nivel de todo lo que englobaba. Soy lo suficientemente lista como para saber cuando la gente está interesada o no en mí. Yo misma soy la primera persona en decirle a mis amigas: "Nena, no le interesas. ¡Siguiente!". Pero lo que había sucedido entre nosotros contradecía de una forma muy extraña todo lo que había dicho en la conversación que tuvimos el día anterior. Quizá era yo que quería aferrarme a nuestra relación de alguna forma. Aun así, me obligué a agarrarme a su afirmación: " Nunca me había pasado estar enamorado de alguien y de repente un día levantarme y ver que todos esos sentimientos han desaparecido". La verdad es que esa era mi "respuesta". Un día se fue a dormir enamorado de mí, y al día siguiente se levanto… *no* enamorado. Tenía que seguir recordándome a mí misma ese pedazo de información.

Me levanté de la cama y fui a lavarme la cara y cepillarme los dientes. Cuando volví al dormitorio para vestirme, Javier estaba despierto.

—Buenos días —dije.

—Buenos días —respondió él—. ¿Estás bien? —preguntó, en clara referencia a la decisión que tomé la noche anterior.

—Estoy bien. ¿Qué plan tenemos hoy? —respondí con una sonrisa. Ya había tenido suficientes conversaciones largas y emocionales por un tiempo, y de ninguna manera íbamos a tener otra más tan pronto. Javier entendió mi indirecta.

—Vamos a ir a una cueva con Vincenzo a cazar peces con arpón, y luego a otro sitio chido con acantilados y saltos de altura con Álvaro cuando salga del trabajo —contestó.

—Suena bien —dije. Ambos terminamos de prepararnos y nos dirigimos a la pequeña cafetería para desayunar algo. Yo pedí una crêpe, que de lejos fue uno de los mejores platos que comí en todo el viaje. Sí, soy consciente de que la mitad de las cosas que como las describo así, pero es que la comida no hizo más que mejorar y mejorar... Era una crêpe con Nutella y nueces de macadamia trituradas encima. Finalmente tenía azúcar glasé espolvoreado y salsa de chocolate como guinda final. Era un plato celestial. Javier gimoteó mientras observaba cómo me comí hasta el último grumo del plato.

—La verdad es que me siento orgulloso de cómo comes. Es la única forma correcta de viajar. Supongo que estoy disfrutando indirectamente a través de ti... —dijo.

Vincenzo vino a recogernos y nos dirigimos al sitio oculto en la costa. Los chicos sacaron unos arpones enormes (como dije antes... Bear Grylls) y yo encontré un lindo lugar en el que estirarme y disfrutar del sol. Me quedé adormilada entre las rocas, escuchando conversaciones en italiano en la distancia, entre la poca gente que teníamos alrededor. Dios mío, no quiero volver a casa.

Era un día tan precioso. El gris matutino había desaparecido y el sol brillaba con furor. Los tres acabamos estirados en las rocas y nos quedamos dormidos bajo los rayos de sol. La vida era mucho más sencilla aquí. Me hizo preguntarme por qué vivía en Los Angeles. La única razón que se me ocurrió fue por mi carrera.

Cuando decidimos que ya habíamos tomado el sol más que suficiente, volvimos al pueblo. Caminamos por la calle principal durante un rato, viendo a la gente ir de un lado a otro sin parar.

—Tienes que probar los *cannoli* —dijo Javier.

—A estas alturas lo único que quieres es ponerme más gorda —dije bromeando.

—Ya te lo dije, estoy disfrutando de estos placeres indirectamente a través de ti —replicó entre risas—. Además, vas a probar los mejores *cannoli* del pueblo. Esta señora los hace artesanalmente, de principio a fin.

Fuimos a una pequeña tienda y Javier le pidió a la mujer un *cannoli* en italiano. En el pasado había probado algún *cannolo* en L.A., y la verdad es que tampoco me volvían loca. Pero *ni* estábamos en L.A. *ni* esto era un *cannolo* normal. Por. Dios. Qué. Bueno. En primer lugar, era absolutamente enorme, pantagruélico. Estaba relleno con el mejor queso ricotta que jamás haya probado y estaba decorado con unas increíbles virutas de chocolate. Todo eso iba dentro de una deliciosa masa hojaldrada, que era evidente que había hecho la mujer artesanalmente. En fin, increíble. Seguimos caminando por la calle conforme yo disfrutaba del *cannolo*.

—¿Lo estás pasando mal, verdad? —dije entre risas, sabiendo lo miserable que se sentía Javier siguiendo su dieta.

—No tienes ni idea —dijo. Saqué mi celular e hice un vídeo para Instagram.

—Esto está tan bueno, Javier —dije, mientras pegaba un mordisco al *cannolo*. Su cara reflejaba dolor mientras me miraba—. ¿Quieres un poco? —le pregunté.

—Sí —dijo, inclinándose libidinosamente hacia el *cannolo* con la boca abierta de par en par.

—Oh, espera... Que tú no puedes, porque estás gordo como una foca... —le dije mientras apartaba la delicia de su boca. Nos echamos a reír como locos juntos. Publiqué el vídeo con un *hashtag* muy apropiado: *#vidadeactor*.

—Tienes que enviarle ese vídeo a mi madre —dijo, riendo aún. Lo hice. A ella le gustó tanto como a nosotros.

Tras ducharnos y relajarnos en el apartamento durante un rato, salimos a cenar. Esa noche, el hermano de uno de los italianos, que dirigía el único albergue del pueblo, invitó a todo el mundo y planeábamos ir ahí después de cenar algo. Fuimos a otro restaurante superdelicioso, justo en una de las calles principales del pueblo, con un precioso patio al aire libre, para variar. Nos sentamos y pedimos un cóctel que nos sentaría de lujo en esa tarde veraniega.

—Bueno, ¿cuándo te vas a México? —le pregunté. Por si se les había olvidado, Javier estaba a dieta porque tenía un papel como protagonista en una nueva serie de TV e iba a rodar durante cuatro meses. De ahí que fuese necesario cerrar capítulo durante este viaje, no tras volver a casa.

—El 11 de octubre —respondió.

—Espera, pensaba que te ibas a ir el día después de llegar a casa —le dije.

—Sí, lo han cambiado porque tengo que obtener mi visado de trabajo y hacer varias cosas más antes de ir allí —aclaró. Parece claro que sí que se podía cerrar capítulo en L.A.

—Entiendo. Bueno, eso está bien. Podrás pasar algo de tiempo con tus padres y tu perrito —dije.

—Sí, sin duda. También quiero verte antes de irme —dijo. Ah, claro. Bienvenidos de nuevo a la famosa área gris.

—Bueno, quiero ver a tu madre. Si organizan una barbacoa me avisas —dije entre risas.

—Genial. Te da igual verme a mí antes de que me vaya por cuatro meses, pero quieres ver a mi madre. Ya veo... —dijo riendo él también—. Seguro que podemos organizar una barbacoa —dijo, asintiendo.

Cenamos y hablamos de mil y una cosas.

—¿Qué tal llevas el libro? —me preguntó.

—Va tirando adelante. Definitivamente queda mucho trabajo por hacer cuando regrese a casa —dije, pausando durante un segundo—. Gran parte del libro trata sobre nosotros. Y sobre *ti* —le confesé.

—Lo sé. Me lo imaginaba.

—Quiero que quede claro que soy muy... consciente de cómo te represento en el libro... de cómo represento a todo y todos, en realidad.

—Le gente siempre va a tener opiniones propias y yo no puedo hacer nada al respecto —afirmó Javier.

—Lo sé. Pero es que quiero que sepas que lo he escrito todo con... no sé, con cariño y respeto.

—Vale. Seguro que cuando sea un *best seller* la gente dirá '¡Se rumorea que se trata del actor Javier Alvarez!' —dijo, y ambos nos echamos a reír. Se hizo una pausa.

—Estoy muy contento de que hayas venido —dijo. Asentí con la cabeza—. Es realmente un placer tenerte aquí —agregó. Terminamos el resto de la cena y una vez más intentó pagar él.

—No —dije.

—Gaby, en serio. No pasa nada. Ya te has gastado demasiado dinero en este viaje —dijo con firmeza.

—Me da igual. Has pagado la cena las dos últimas noches. Podemos pagar a medias —dije, con igual firmeza.

—Realmente tienes un problema con el dinero desde lo de Daniel, ¿verdad?

—Me temo que sí —dije, mostrándome de acuerdo con él. Francamente, esta pauta de comportamiento era demasiado familiar. Daniel siempre arreglaba las cosas con dinero. Cada vez que me hacía sentir horrible durante mis rodajes o cuando arruinaba lo que fuera, siempre lo arreglaba con un día de compras compulsivas, unas vacaciones o una cena lujosa. Incluso cuando estaba teniendo la aventura amorosa me solía ofrecer que fuera al spa durante un día entero. Era algo enfermizo y dejé que siguiera durante demasiado tiempo, permitiéndole arreglar en cierta medida todo lo que iba arruinando. Aunque no creo que Javier estuviera intentando pagar intencionadamente las cosas para compensar por haberme roto el corazón y haberme dejado tirada en el viaje, la realidad es que esa pauta de comportamiento era demasiado similar a la de Daniel, y no me sentía cómoda. No pensaba en absoluto que nada de todo eso estuviese bien, así que iba a dejarlo bien claro. Pagamos la cena a medias esa noche.

Llegamos al albergue, que tenía, de lejos, uno de los diseños más chidos para un albergue de los que vi hasta ese momento. Contaba con toques exclusivos y eclécticos por todas partes, como un porche trasero con una mesa de ping pong, un bar al aire libre y hamacas coloridas. Las habitaciones eran típicas de un campamento de verano moderno; era definitivamente un sitio en el que disfrutar de unas vacaciones. Nos sentamos todos en el patio al aire libre, bebiendo y charlando. El grupo principal de italianos con los que habíamos estado los últimos días (Gio, Mariella, Vincenzo y Álvaro) estaban ahí, además de otros amigos que vivían en la zona y algunas personas que estaban en el albergue de vacaciones.

Todavía tenía que encontrar mi pulsera de San Vito. Ya tenía ocho (tanto en Barcelona como en Mykonos compré dos) y tenía que encontrar la última. Mariella se dedicaba a la joyería y tenía algunas piezas hechas a mano increíbles. Como literalmente no hablaba una sola palabra de inglés, le pedí a Javier que le preguntara en portugués si me podía mostrar algunas de las piezas que tenía. Sacó un montón de juegos de pendientes, collares y pulseras. Me gustó mucho una pulsera con una tira de cuero marrón y una pluma de latón. Me llamó de inmediato, y ahí mismo lo decidí. Esa era mi novena y última pulsera.

Los muchachos hicieron un torneo de ping pong que resultó ser de lo más divertido que jamás haya visto. Javier se sentó a un lado de la mesa fingiendo ser el presentador del torneo, comentando las jugadas según se sucedían en inglés y en italiano, con una voz de locutor que me pareció hilarante. Vincenzo repetía las jugadas en cámara lenta como si fuera él la pantalla de un TV. Nos reímos hasta quedar sin aliento.

Una hora después, recibí un mensaje de texto de la madre de Javier.

Ana: ¿Te está gustando Sicilia?

Yo: Sí. Es un lugar realmente lindo y me lo estoy pasando genial con los muchachos.

Ana: ¿Te ha ayudado ir ahí?

Mierda, no lo sé... ¿me ha ayudado?

Yo: En cierta manera. Al menos tengo una respuesta final a lo que él quiere.

Ana: ¿Y cuál es esa respuesta?

Mamadas. O sea, es la respuesta que ninguno de los dos queríamos realmente.

Yo: Que solo podemos ser amigos. Y que por muy ilógico que nos parezca a ti, a mí o a Sophia, no hay una explicación. Un día se fue a dormir enamorado y al levantarse, ya no lo estaba. Así que me toca aceptarlo.

Dios mío. Hasta escrito suena ridículo.

Ana: No soy capaz de entender lo que siente y lo que quiere, pero sé seguro que tú eres la nuera que siempre soñé. Una vez más, realmente no te conozco, pero tengo buenos instintos y me preocupo por ti mucho. Eres agradable, atenta, respetuosa, divertida y sobre todo una buena persona. Te prometo que hay alguien en este mundo que te está esperando y que se volverá loco por ti, y que te amará tal y como eres.

Dios mío. ¿Qué tenía esta mujer que me hacía sentir como si ya fuéramos de la familia? O sea, en serio. Habíamos estado juntas un total de... ¿doce horas? Y literalmente éramos como viejas amigas.

Yo: Te quiero mucho por lo que dices. Te adoro enormemente, ni te lo imaginas. Le estaba diciendo a Javier el otro día que no sabía qué habría sido de mí en este viaje sin ti. Porque mi madre estaba tan herida y tan enojada con él, que no sabía cómo ayudarme de la forma que suele hacer. Contar contigo ha sido verdaderamente de un valor incalculable. Javier me ha dicho hoy que si tiene tiempo me quiere ver antes de ir a México, y yo le dije que solo si hacemos una barbacoa o una cena contigo y con la familia LOL. Les quiero mucho.

Ana: Pues haremos una barbacoa!!! Yo también te quiero.

Después de pasar un rato en el albergue, Javier y yo decidimos que era hora de irse a dormir. Regresamos al apartamento en bicicleta y nos preparamos para dormir. Estirada ahí, sentí cómo ambos estábamos pensando en qué iba a suceder a continuación. Normalmente odio tener que ser yo quien inicie siempre los acercamientos sexuales; pero, honestamente, *todo* lo relacionado con Javier en este viaje lo tuve que iniciar yo. Así que no era nada nuevo. En este área concreta, no obstante, sabía que era porque él estaba tratando de mostrarse respetuoso por todo el daño que ya había causado y que de ninguna manera quería aprovecharse de mí o de mi situación emocional en esos momentos. Realmente se veía que era así.

Sin embargo, sea cual fuera el daño ocasionado por el área gris, ya estaba hecho. Así que... ¿por qué iba a tener que renunciar a disfrutar de un sexo fantástico en un romántico apartamento en Italia? Me acerqué a él y sentí algo que nunca había sentido en él antes. Nervios.

—Escucha, sé que no me quieres hacer daño. Veo que estás tratando de asegurarte de no empeorar las cosas, y te lo agradezco. Pero estoy bien. No quiero que tengas dudas conmigo. No pasa nada. Quiero hacerlo —dije en la habitación, a oscuras y con la luz de la luna entrando por la ventana.

—De acuerdo —dijo Javier.

—De acuerdo —repetí yo, asintiendo.

Eso fue todo lo que hizo falta para iniciar la segunda noche de sexo intenso, apasionado e increíblemente íntimo. Estirados en la cama tras satisfacer nuestros deseos, pensé en cuán gris era el área en la que nos encontrábamos en esos momentos, realmente. Pero más importante aún, me pregunté... ¿qué diablos voy a hacer cuando vuelva a casa?

A la mierda con la realidad

(Siempre estará ahí por mucho que intentes escapar).

DÍA VEINTINUEVE

Nos levantamos la mañana siguiente con el ruido de la fuerte lluvia cayendo a trombas. Tras tres días de sol y calor, de repente se puso a llover a cántaros. He de admitirlo, ver por la ventana del dormitorio cómo el pueblo entero quedaba bañado por esa abundante y linda lluvia era en cierto modo agradable. Era una lluvia purificadora, metafóricamente muy apropiada para nuestro último día en San Vito. Al día siguiente solo estaríamos unas horas en San Vito antes de ir hacia Palermo para tomar nuestro vuelo a Roma. Y luego, un día después, nos tocaba tomar el vuelo de regreso a EE. UU. Y yo no tenía *ningunas* ganas de volver a casa.

El pueblo entero cerró puertas a la espera de que amainara la tromba de agua. Las calles parecían ríos, casi podrías ir en canoa de un edificio a otro. Los truenos resonaban en la distancia a modo de aviso, como diciendo: "Gabrielle, ¿qué demonios haces teniendo sexo con él?". Estoy de broma claro. No hace falta ser tan dramática. En realidad, la cosa no era demasiado complicada en esos momentos. No actuábamos como una pareja durante el día; no nos dábamos besos ni nos agarrábamos de la mano. Éramos como mejores amigos juntos... mejores amigos que luego volvían a casa y tenían sexo alocada y apasionadamente. Totalmente normal, ¿no?

En cuanto la lluvia paró, bajamos a la calle para ir al mismo lugar de las crêpes deliciosas al que fuimos el día anterior. Ambos nos pedimos un *caffè latte* y yo repetí mi plato del día anterior. Sentados en el patio charlamos sobre los planes que teníamos para cuando volviésemos a casa. Él sacó su celular y comenzó a hacerme un vídeo mientras me comía mi crêpe. No pude evitar reírme mientras intentaba engullir un trozo gigante de crêpe en vídeo. Él se rio también e hizo ruido de masticar ruidosamente, como imitándome, lo que me hizo echarme a reír a carcajada limpia con la boca llena.

—Mira, ¡hasta has roto el cuchillo! Dios mío, qué horror... —dijo, grabando el plato y el endeble cuchillo de plástico que me dieron para cortar la crêpe (cuchillo que, en defensa mía, se hubiera roto intentando cortar un flan).

—¡Solo se vive una vez! —dije mirando a la cámara.

—¿!Qué!? —gritó él. Ambos nos estábamos partiendo de la risa. Durante los últimos cuatro días, la idea de que yo era una "tragalotodo" y él seguía con su dieta para mantenerse en forma se convirtió en la bromita diaria habitual. Aunque Javier era muy sexy, la verdad es que cuando empezamos a salir estaba un pelín pasado de peso, y yo estaba luciendo mi cuerpo de "etapa post-divorcio". A estas alturas ya había ganado tranquilamente 3-4 kg y me importaba un pimiento lo que comía. Ya me preocuparía del tema cuando volviera a casa. Aparentemente, estaba poniendo muchas cosas en la categoría de "ya me preocuparé de ello cuando vuelva a casa". Por suerte soy una mujer segura de mí misma y no me afectaron para nada las docenas de comentarios que hizo Javier sobre lo mucho que estaba comiendo o que ahora tenía más carne para agarrar. Indirectas así y sarcasmos varios eran su peculiar forma de flirtear. La capacidad emocional de un niño de cinco años, como ya dije. O sea, ¿recuerdas esos niños del jardín de infancia que te venían y te golpeaban con un palo porque les gustabas? Exacto, eso es.

—Bueno, ¿qué has aprendido en este viaje que no tenga que ver conmigo? —dijo, soltando una risita. Si bien veía la parte humorística de la pregunta, no puede evitar hacer una mueca con desdén. En primer lugar, no es que escribiera el nombre de Javier en mi cuaderno día y noche, obsesionada por que no me invitó al baile de graduación.

Tuvimos una relación intensísima, a toda velocidad, de cero a cien en menos que canta un gallo, que acabó en un desamor traumático, y todo eso sucedió inmediatamente después de un divorcio que me pilló totalmente por sorpresa. Pero sí: aunque muchas de las lecciones que aprendí estaban relacionadas con verdades muy profundas de mí misma, era verdad; muchas otras lecciones tenían que ver con él. ¿Qué pasa, por primera vez y de repente ya *no* quieres ser el centro de atención? Por favor. Además, todo el procesamiento que había hecho y las cosas que había descubierto relacionadas con él eran cosas *mucho* más profundas y personales, que provenían de mucho antes de que el tornado llamado Javier arrasase mi vida.

—Bueno, muchas cosas —respondí, dejando ese diálogo interno para mis adentros.

—¿Como qué?

—Como ser yo misma y estar contenta con ello. Que puedo hacer frente literalmente a cualquier cosa que me echen encima y que soy jodidamente fuerte. Y empecé a descubrir incluso cómo amarme a mí misma... aunque en eso aún estoy trabajando —respondí.

—Eso es increíble, Gaby. Me alegro muchísimo de que decidieras ir de viaje —dijo genuinamente. Yo también me alegraba.

Tras acabar nuestros cafés regresamos al apartamento. Mientras regresábamos comenzó de nuevo a llover. Abrimos la ventana para oír cómo la lluvia caía y nos dejamos caer en la cama para relajarnos un rato. Esa noche el plan era hacer una gran última cena todos juntos en el restaurante de la familia de uno de sus amigos.

Nos quedamos tumbados en la cama escuchando la lluvia en el exterior, con mi cabeza apoyada en su estómago. Estaba lista para echarme una siesta.

—¿Me acaricias la cabeza? —le pedí. Que me acaricien la cabeza es una de las cosas que más me gustan del mundo. Lo prometo, si alguna vez soy rica, contrataré a alguien para que sencillamente esté conmigo y me acaricie la cabeza. Es lo mejor que hay.

—¿Así? —preguntó, empezando a tocarme suavemente el pelo. Asentí con la cabeza y cerré los ojos. Ese momento de serenidad duró unos diez minutos, hasta que de repente esa onda de energía pura cambió claramente. Su mano comenzó a acariciar mi cabeza de forma mucho más sensual y sin yo saber cómo mi mano estaba acariciando su muslo. Poco después otras áreas empezaron a ser acariciadas y antes de que nos diéramos cuenta estábamos ambos quitándonos la ropa mutuamente a las cuatro de la tarde. En cuestiones de dormitorio, es algo sabido que no soy precisamente *muy silenciosa*, y nuestro nuevo compañero de apartamento estaba echándose una siesta en la habitación de al lado. Además, nuestra ventana estaba abierta y daba a la calle. Hicimos lo posible por evitar hacer demasiado ruido... aunque al final fracasamos vilmente. Qué se le va a hacer... podríamos decir que la romántica lluvia de Italia tuvo la culpa. Pero no era verdad. La verdad es que nos valía madre que nos escucharan.

Cuando terminamos, fui de puntillas a ducharme, confiando en que nuestro vecino no estuviera despierto y rondando por el apartamento para verme pasar desnuda por el piso en dirección al cuarto de baño. Eureka, misión cumplida. Me duché y Javier y yo nos preparamos para asistir a nuestra última cena de familia en San Vito. Una cena agridulce.

Llegamos al Ristorante Giardino Corallo, donde había una mesa preparada para nuestro grupo. El grupo, con un total de catorce personas, llegó al completo y se empezó a oír una mezcla variopinta de idiomas, con español, italiano, portugués y ocasionalmente algo de inglés. Desde el principio de mi estancia me tuve que acostumbrar a no entender fragmentos de conversación, cuando Javier y sus amigos hablaban en español entre ellos. No me molestaba, realmente. Me gustaba oír diferentes idiomas y la cultura que emanaba de ellos. Me senté junto a Vincenzo y Álvaro. Había desarrollado una conexión relativamente íntima con ellos y disfrutaba mucho de nuestras charlas ingeniosas y divertidas. Una serie de fantásticos platos colmaron la mesa, y bebimos vino mientras disfrutábamos de la agradable compañía.

Javier y yo nos despedimos de todos los que no veíamos al día siguiente antes de irnos, y regresamos al apartamento.

—¿Te importa que ponga una sesión de meditación? —preguntó cuando íbamos a la cama.

—En absoluto —respondí.

Con la sesión de meditación sonando en la habitación, me quedé ahí estirada en la cama, repasando mis pensamientos. Una vez más fracasé a la hora de renunciar a intimar con alguien. Pero esta vez con Javier tenía un *feeling* distinto. ¿Por qué había decidido cruzar esa frontera con él cuando sabía que a la larga eso me iba a hacer sufrir? Cebolla. ¿Pensamiento superficial?

• El sexo con Javier es increíble... y estamos en Italia, joder.

Sí, superficial, sin duda. Sin embargo, era tan increíblemente diferente de cualquier otra de mis malas decisiones en otros países. La conexión que teníamos era innegable y ambos sentíamos que estábamos haciendo el amor. No sentía que estuviese intentando protegerme a mí misma. De hecho, conscientemente estaba haciendo lo contrario. Bueno, ¿pensamiento auténtico?

• No puedo evitarlo. Estoy jodidamente enamorada de él.

Bueno, si hemos de ser justos, pongan a cualquier mujer en un romántico apartamento de un pueblito de Italia con un hombre del que está enamorada e imagínense el desenlace. No es que de repente me sintiera irrefrenablemente atraída por él. Era realmente muy injusto. Pero sabía que debajo de todo eso había algo mucho más profundo. ¿Pensamiento subconsciente?

• Le amo tanto, que quiero lo que pueda tener de él, sea lo que sea. Aunque no pueda darme lo que yo quiero o me merezco.

Oh. Mierda. Eso era profundo y doloroso a la vez. Sabía que, por la razón que fuera, el hombre con el que pensé que asentaría mi vida, un día se despertó incapaz de darme lo que yo quería y merecía. Y aun así estaba dispuesta a darle esta parte de mí misma, porque eso significaba que podía aferrarme a lo que había experimentado durante ese mes y medio que estuvimos juntos. ¿Y ese enorme descubrimiento sobre mí misma que hice en Mykonos? *Sé que así se quedarán conmigo, y por lo tanto no me abandonarán.* Esta situación era literalmente un ejemplo perfecto de esa idea. Sabía que de esa manera podía mantenerle en cierto modo a mi lado. No era que tuviese que amarle *menos a él*... Lo que tenía que hacer era amarme *más a mí misma*. Sin duda no era una actitud saludable. No estaba bien en absoluto.

Traté de calmar mi mente. Como seguro que ya saben a estas alturas, mi mente rara vez se calma; y esa noche no fue una excepción. *Realmente* no quería regresar a casa. Una parte de mí consideró genuinamente mandarlo todo a la mierda, elegir un nuevo destino y seguir viajando, pero sabía que el coste de sacar nuevos billetes de avión para regresar a casa y para viajar a más ciudades se escapaba de mi presupuesto. Ya había estado fuera de casa durante un mes. Así que, aunque la idea de hacerlo era sin duda de lo más tentadora, sabía que no era una opción realmente viable. Eso es lo que tiene la realidad: por mucho que intentes escapar de ella, siempre estará ahí, dispuesta a darte un bofetón en la cara.

.

A la mierda con los finales

(Aunque son necesarios para un nuevo comienzo).

DÍA TREINTA

Al levantarme ese último día en San Vito sentí como si la realidad hubiese aparecido en plan aguafiestas para echarme un cubo de agua fría encima. No me podía creer que ya llevaba treinta días de viaje. Pasaron en un abrir y cerrar de ojos, aun siendo el viaje más largo que había hecho en mi vida. Me quedé ahí tendida en la cama, intentando obligar a mi cerebro a aceptar que, sí: iba a regresar a EE. UU. al día siguiente.

Javier y yo empacamos todas nuestras cosas y limpiamos el apartamento antes de salir para disfrutar de un último desayuno en la cafetería habitual. Javier conocía bien a mucha gente en el pueblo y yo también llegué a conocer a unos cuantos. Sentados en el la terraza al aire libre nos tomamos nuestro último *caffè latte* en Sicilia.

—Ay, voy a echar de menos este lugar —dijo.

—Seguro que sí —respondí. Era evidente que Javier había quedado prendado de este pueblo y de la cultura del lugar. Se sentía en paz aquí.

Nos terminamos los cafés y fuimos a la biblioteca donde trabajaba Álvaro. Era una pequeña librería, exactamente lo que esperarías encontrar en un pintoresco pueblito como este. En la parte exterior había un enrejado, con sinuosas enredaderas trepando las rejas. La librería compartía calle con otras estructuras de lo más coloridas, todas ellas rebosando un carácter especial. Álvaro nos saludó y charlamos un rato mientras yo echaba un vistazo a la tienda. Agarré tres postales para añadirlas a mi ya abundante colección. Tomé mucho cariño a Álvaro. Su energía demostraba el gran ser humano que era. Salimos a la calle, a la entrada de la tienda.

—Tenemos que hacernos una foto aquí —dije, ojeando los alrededores.

—Permitan que se la haga yo a ustedes —dijo Álvaro. Javier y yo nos echamos nuestras gigantes mochilas a la espalda y nos quedamos parados en mitad de la calle, uno al lado del otro, y Álvaro nos hizo una foto juntos en nuestro último día. Metimos nuestras cosas en el coche de Álvaro y caminamos por la playa a la que fuimos mi primer día aquí. Gio y otro de los italianos vinieron a despedirse de nosotros y hacer una última comida juntos.

Junto al restaurante había una pareja que vendía joyería artesanal en un quiosco. Sus piezas eran absolutamente lindas y yo sabía que quería algo para recordar los últimos cinco días de mi viaje. Hablé con la muchacha durante unos minutos y descubrí que habían viajado desde Francia vendiendo sus joyas. Todas estaban hechas a mano y hasta eran capaces de hacer piezas a medida mientras esperabas. Decidí quedarme con un anillo de latón oscuro que se enredaba en forma de curva en la parte superior e inferior. Encajaba en la mitad superior de mi dedo. Era realmente único y me encantó desde el primer momento. Decidí comprar otro igual para regalárselo a Jess. Había sido un gran apoyo para mí durante los últimos tres meses: desde quedarse conmigo en mi casa las dos semanas que Daniel estuvo fuera, hasta hablar conmigo continuamente a lo largo de todo mi viaje por Europa, permitiéndome desahogarme con ella por la situación con Javier. Estaba muy agradecida de contar con ella. La segunda pieza fue un collar personalizado que pedí que me hicieran con una doble cadena de oro, una con un símbolo de Om colgando y la otra con un ojo de tigre rodeado por alambre de oro. Había perdido una de mis cuatro piedras en Ámsterdam, y era la piedra que supuestamente equilibraba las emociones.

—El ojo de tigre es bueno para lograr equilibrio y para las emociones —dijo la chica en un acento francés muy marcado. En serio, ¿quién se sorprende a estas alturas? Claro que lo es.

Mientras me hacían el collar fuimos a un restaurante cercano y comimos al aire libre y bajo el radiante sol. Las nubes se aclararon tras la última noche y era un último día de lo más lindo. Sí, yo también iba a echar de menos este lugar.

Tras pagar por mi collar, que me encantó totalmente, volvimos al coche de Álvaro, que nos iba a llevar hasta Palermo. Palermo está en la misma punta superior de la isla de Sicilia y llegar hasta ahí desde San Vito nos iba a llevar una hora y media en coche, más o menos. Miré por la ventana y observé el mar mientras viajábamos. El sitio era realmente lindo. Saqué mi celular y publiqué la foto que nos habíamos hecho Javier y yo un rato antes. Iba a ser la primera foto de ambos que iba a publicar desde que todo se desmoronó. Me pregunté qué pensarían ciertas personas cuando la vieran... Jess, Emma, la hermana de Javier, su madre, mis amigas en EE. UU., y toda la gente que conocí en este viaje de locos que sabía que estaban ahora siguiendo mi viaje para ver cómo acababa. "Porque al final, lo lógico era acabar este viaje de locos con la persona que lo inició todo". Para bien o para mal, era así.

Aparcamos en la zona de salidas del aeropuerto y nos despedimos de Álvaro.

—Me ha encantado conocerte y tenerte aquí con nosotros, Gabrielle —dijo Álvaro, abrazándome.

—Yo me alegro mucho de haber venido. Es imposible agradecerte todo como mereces —respondí.

—Siempre serás bienvenida aquí cuando quieras. Aunque vengas sin este idiota —dijo, entre risas, guiñándole el ojo a Javier. Me aparté para que se despidieran entre ellos. Sabía lo mucho que significaba la amistad de Álvaro para Javier. Él fue una de las principales razones por las que quiso venir aquí en primer lugar.

Entramos a la terminal y facturamos nuestras mochilas para el corto viaje de una hora entre Palermo y Roma. Javier había reservado un AirBnB la noche antes y nuestra intención era instalarnos y hacer una última cena en Italia.

Cuando aterrizamos en el aeropuerto de Roma, encendí mi celular y me llegó un mensaje de Chris.

Chris: Dime qué fines de semana estás libre en octubre/noviembre.

Una sonrisa se dibujó en mi cara al instante. En serio, este chico me impresionaba. Agarramos nuestras mochilas y nos subimos al autobús que nos llevaría a la zona del AirBnB en el que pasaríamos la noche. Tras quince minutos en el bus, llegamos al lugar en el que pasaríamos nuestra última noche en Italia.

La dueña del AirBnb nos dio la bienvenida con una cálida sonrisa, y ella y Javier comenzaron a hablar inmediatamente en español. En serio, este hombre podría hacerse amigo al instante de cualquier persona en la faz de la Tierra. Nos enseñó nuestra habitación, que era perfecta para nuestra única noche ahí. Tras instalarnos, salimos en busca de un restaurante en los alrededores. Era nuestra última comida en Italia. Nuestra última comida en Roma. Nuestra última comida en este *viaje*.

Nos sentamos en una mesa en la terraza, lejos del ajetreo en el interior del restaurante, que a las 10:30 PM aún seguía en plena ebullición. Sentí muchas emociones ahí sentada, y sabía que íbamos a tener otra de nuestras duras conversaciones.

—Bueno, ¿cuál crees que ha sido la parte más impactante de tu viaje? —le pregunté. Él hizo una pausa antes de responder.

—Probablemente hablar contigo —respondió. Le miré un poco sorprendida. No me esperaba esa respuesta.

—¿A qué te refieres?

—Siento que las charlas que hemos tenido me ayudaron a ver lo mal que he gestionado todo esto y me hicieron darme cuenta de varias cosas en mi vida que tengo que arreglar y en las que tengo que trabajar —agregó.

—Bien —dije. ¡Por fin! Algo de responsabilidad por... *algo*.

—Estoy muy contento de que hayas venido a San Vito. Realmente, mucho —agregó.

—Yo también —dije, concordando con él, con una sonrisita que rápidamente se transformó.

—¿Qué pasa? —preguntó él, al percibir que me estaba pasando algo.

—No quiero irme a casa —dije. Parecía un disco rayado.

—No pasa nada. Todo va a salir bien con el divorcio y todo lo demás —dijo, intentando reconfortarme. Lo que no parecía comprender es que en casa me esperaba mucho más que tan solo el infierno del divorcio. También me iba a despedir de él.

—Esto ha sido increíblemente difícil para mí, Javier —dije, y él sabía que ya no estaba hablando del divorcio, sino de nuestra situación.

—Lo sé. Lo siento. No te mereces nada de todo esto —afirmó él.

—Estoy intentando descubrir qué he de hacer para que pasemos a ser mejores amigos —admití—. Es una situación tan extraña.

—Lo sé —concordó él.

—Vamos a necesitar una comunicación muy buena y fluida para que esto funcione.

—Sí, sin duda. Lo sé y voy a ser mucho mejor en ello —respondió él.

—O sea, puedo decir con seguridad que quiero ser tu amiga. Sé que siempre formaremos parte de la vida del otro. Por alguna razón nos sentimos unidos muy rápidamente —dije, tratando de navegar mis propias emociones a la vez que se las explicaba a él.

—Muy rápidamente. Eres muy importante para mí. Realmente has cambiado mi vida.

—Lo que no puedo es decir con seguridad que vaya a estar bien cuando descubra que estás saliendo con alguien —dije con honestidad.

—Sí... —dijo él, mirando al piso. Ambos éramos conscientes de lo extraña y difícil que era esta situación para los dos.

—Quiero que sepas que ciertas cosas van a cambiar cuando lleguemos a casa —le advertí.

—¿A qué te refieres?

—O sea... soy consciente de que yo misma soy quien ha querido acostarse contigo todas las noches desde que llegué a Sicilia. Y sé que voy a acostarme contigo esta noche también... Pero en cuanto pisemos suelo estadounidense, eso se acabó —dije con firmeza.

—Lo sé —dijo él, aunque estoy segura de que no es lo que él quería escuchar.

—No mereces que te ofrezca mi cuerpo —agregué. Tampoco es que se lo mereciera en Italia, si he de ser honesta.

—Lo sé.

Hablamos de lo duro que había sido para él estar en este viaje, sintiendo que nadie podía entender lo que estaba experimentando. A ver, diablos, yo seguro que no lo entendía; y tampoco su hermana ni su madre. En cierto momento le eché una puya sarcástica aludiendo al hecho de que me partió el corazón.

—¿Cuánto tiempo voy a tener que seguir pagando por esto? —preguntó. Lo dije medio en broma cuando hice el comentario, pero esto me chocó.

—¿Más que unos pocos días? —sugerí, sarcásticamente. Dios mío, qué típico de los hombres: ya quería que le perdonara y olvidara sus errores. Por desgracia, ni él ni yo sabíamos cuánto tiempo iba a durar mi proceso de curación emocional.

—Sí, lo siento. Es que... me siento tan mal —dijo.

—Mira, no quiero que sientas que estás pagando una deuda por lo que sucedió. Eso no es lo que quiero. Es sencillamente que estoy herida y me va a llevar algo de tiempo recuperarme. Para que esta relación de amistad sea saludable vamos a tener que trabajar en ello.

—Lo sé. Y estoy dispuesto a hacerlo.

—Yo también —coincidí yo.

Pasamos unas dos horas y media ahí sentados charlando. En muchos momentos me salieron algunas lágrimas, y yo las dejé salir. Era muy interesante lo abierta que era con Javier en cuanto a mis emociones. Daniel siempre hacía que sintiera que no podía llorar. Incluso los últimos seis meses junto, cuando estábamos en sesiones de terapia, solía decir: "Detesto cuando se pone a llorar. Me parece una farsa y me irrita, solo quiero alejarme de ella cuando empieza". ¿Quién dice cosas así? ¿Preferirías que gritara y me peleara contigo en lugar de mostrarte que estoy sufriendo? Qué increíblemente triste que la persona con la que estuve casada fuera así de inmune a mis lágrimas y que me hiciera hasta tener miedo a llorar. Javier nunca me hizo sentirme así.

Durante una pausa en la conversación me lo quedé mirando.

—¿Qué pasa? —preguntó él, viendo mi cara inquisitiva.

—Nada —decidí.

—No, no. Dime.

—No tienes que responder si no quieres... pero es que... nunca me dijiste cómo sucedió todo lo de tu hermano —dije. Se quedó helado al instante. Vi cómo las lágrimas se comenzaban a agolpar en sus ojos—. No tienes por qué decírmelo —repetí.

—No, no. Quiero hacerlo. Necesito decirlo por fin en voz alta —dijo, tomando una respiración profunda entrecortadamente. Tardó un poco hasta que finalmente comenzó a explicármelo. Cayeron lágrimas por su rostro... y por el mío. Le agarré la mano a través de la mesa. Él se agarró a mí como si su vida dependiera de ello—. No le he explicado esto a nadie desde que sucedió —admitió. En ese momento, experimenté tantas cosas a la vez: aflicción y pena por él, deseo de que todo eso desapareciera, preocupación por él... Pero, sobre todo: un *orgullo* increíble. Me sentía orgullosa de que lo hubiera dicho en voz alta, orgullosa de que hubiese dado el paso y orgullosa de que lo hiciera conmigo.

Nos quedamos en el restaurante hasta que cerraron y volvimos paseando hasta el AirBnB. Nuestra anfitriona ya estaba durmiendo así que nos preparamos para ir a la cama silenciosamente. Subiendo a la cama junto a Javier, supe que esta era la última vez que íbamos a estar juntos "así". Me autoconvencí de que en cuanto llegáramos a casa, las relaciones íntimas iban a acabar. No era posible tener una relación de amigos con derecho a roce con alguien a quien amas. Además, ambos sabíamos claramente que nuestra relación no era *ni de lejos* una relación casual. Apoyé la cabeza en su pecho y pensé en silencio sobre todo esto.

Estiré mi brazo a través de Javier para apagar la luz, que estaba en la mesita de noche a su lado. Él me agarró el brazo y me detuvo.

—Para —dijo, bajando mi brazo—. Quiero verte.

Hicimos el amor por última vez esa noche en Roma. Fue una mezcla de conexión sensual y pasión desenfrenada. En ciertos momentos nos besamos con intensa pasión mirándonos a los ojos, y en otros momentos me lanzó contra la pared estirándome del pelo. Fue una miríada de emociones distintas.

—Di mi nombre —exhalé.

—Gabrielle... —respondió.

Fue íntimo, animal, con una conexión inmensa... y desgarradora. Todo a la vez. Porque yo sabía que después de esa noche, no iba a permitirme darle una parte de mí solo para mantenerle a mi lado. Era hora de amarme a mí misma un poco más. Era hora de elegirme a mí misma.

Javier se quedó dormido al cabo de unos pocos minutos, como casi siempre. De nuevo, odio a la gente que tiene ese talento. Literalmente lo daría todo en el mundo por ser capaz de apagar mi cerebro y dormir con esa facilidad. ¿Yo? No pude dormir. No lo digo en el sentido de "Oh, dormí una hora o ratos sueltos". No, no. No dormí nada de nada. A las 4 AM me di por vencida y agarré mi celular. Tenía un mensaje de texto de la madre de Javier.

Ana: Cómo estás?

Ay, Si lo supieses...

Yo: Javier y yo hemos tenido una conversación muy larga e importante esta noche cenando. Creo que he logrado cerrar capítulo lo mejor posible.

¿De veras? ¿O me estoy engañando a mí misma?

Ana: Me entristece leer "cerrar capítulo". En el fondo esperaba algo distinto.

Sí. Tú y yo, las dos lo esperábamos.

Yo: Espero que sepas que cuando digo "cerrar capítulo" me refiero a obtener las respuestas necesarias para intentar cambiar mis sentimientos y pasar a una relación de amistad. No es que eso haya sucedido totalmente. Hemos hablado mucho esta noche sobre lo complicado que va a ser gestionar las cosas en un futuro. Él es totalmente consciente de que gestionó las cosas mal, lo ha aceptado y me ha pedido disculpas. La realidad es que yo no tendría que estar haciendo sacrificios y esfuerzos continuos para estar con alguien. Algo que sé que tú misma sabes bien. Ha llegado la hora de dejar que todo se calme y que el futuro dicte sentencia.

Ahí está ese maldito pensamiento: "el futuro". Puaj, ¡déjame en paz!

Ana: Tienes toda la razón. Espero que puedas seguir adelante con tu vida sin sentirte mal, no sé cómo explicarlo. Tú no tienes culpa alguna, mereces la pena y te mereces a alguien que te dé el 100 %.

Eso sí que era algo de lo que estaba segura. Nada de lo que había sucedido era culpa mía. Lo único que hice fue lanzarme de cabeza, con el corazón abierto de par en par.

Yo: Esto me ha hecho una mujer mejor, no obstante. Esta noche le dije que como mínimo me ha hecho darme cuenta de lo que es sentir amor de verdad, y más aún: amor abnegado. Ha merecido la pena aunque solo sea por eso. Porque después de esto ya no voy a ser capaz de conformarme con menos.

Ese pensamiento era empoderador y aterrador por partes iguales.

Ahí estaba yo, tumbada en la cama, con mis pensamientos, sabiendo que en una hora la alarma iba a sonar. Ese último pensamiento me pareció tan interesante. No sería capaz de conformarme con menos después de esto. Siempre había estado en una relación y, cuando una acababa, siempre sabía que (de una forma u otra) otra nueva venía en camino. Esta fue la primera vez que me sentí genuinamente... *asustada*. Asustada por si no era capaz de encontrar a alguien que cumpliese con lo que yo esperaba de una pareja después de vivir ese mes y medio con Javier. Asustada ante la idea de comparar a todo el mundo con Javier, y a todos mis sentimientos con los sentimientos que tuve con él y hacia él. Y, por último, asustada por si no era capaz de volver a estar bien.

El otro pensamiento que siguió saliendo a la luz era que todo el mundo a lo largo del viaje me repitió que "Tengo que centrarme más en mí misma". Sí, lo entiendo, a nivel superficial. ¿Pero por qué sentía que no era capaz en absoluto de hacer algo tan sencillo? Había tiempo antes de que sonara la alarma para abrir una nueva cebolla de pensamientos en Roma. ¿Cuál es el pensamiento superficial?

• Tengo que centrarme en mí misma.

Sí, sin duda eso ya lo tenemos claro, Gabrielle. Es lo que *todo* el mundo ha estado diciendo desde que todo esto empezó en primer lugar. ¿Cuál es el pensamiento auténtico que hay detrás del superficial?

• No puedo volver a caer en lo mismo cuando regrese a casa.

Interesante. Habíamos dejado bien claro que íbamos a ser tan solo "mejores amigos" (ay, ¿por qué será que pongo cara de no creérmelo cada vez que digo eso?), así que ¿por qué me preocupaba de volver a caer en *lo mismo*? ¿Cuál es el pensamiento subconsciente debajo de todo eso?

• He entregado una parte de mi ser para cuidar de él.

¡Bingo! ¡Bingo, bingo y jodidamente bingo! Desde el momento en que me llamó y me explicó toda la aflicción que estaba sintiendo, yo había estado a su lado, sentada junto a él mientras lloraba, ayudándole a encontrar soluciones, estando con él cuando me necesitaba y dándole espacio cuando lo necesitaba. Había permitido que me llevara en esta montaña rusa en dirección al limbo, que él mismo había creado, durante todo el viaje. Y todo eso mientras yo le defendía y protegía constantemente, preocupándome de si él estaba bien. ¿Cuándo me iba a ocupar de que *yo* no estaba bien? Seguía escuchando estas palabras en mi mente: "Eres tan importante para mí. Has cambiado mi vida. No puedo aceptar que no estés en mi vida". ¿Me había parado a pensar si yo era capaz de darle todo lo que él quería *ahora* como mejor amiga suya sin recibir a cambio nada de lo que inicialmente habíamos acordado en primer lugar? ¿O tenía *tanto* miedo de perderle que estaba dispuesta a aguantar más dolor aún a fin de mantenerle en mi vida? Mi vida había cambiado en los últimos tres meses. O sea, había cambiado *de verdad*. Y él había participado enormemente en ese cambio. La verdad es que no me imaginaba mi vida sin él. Porque, a través de todo ese amor, todo el dolor y desamor, todas las mamadas... realmente se había convertido en mi mejor amigo. Vaya jodido aprieto en el que te has metido, Gabrielle.

* * * * *

DÍA TREINTA Y UNO

La alarma comenzó a sonar y nos preparamos para salir. Tras despedirnos de la dulce señora que nos había acogido esa noche, salimos a pie a tomar el autobús que nos llevaría al aeropuerto. Una vez facturadas las maletas, fuimos a desayunar y matamos el tiempo antes de embarcar en el avión para nuestro viaje de diez horas, que daría paso a un trasbordo y a otro vuelo de cinco horas más.

—Es increíble, todo sucede por algo —dije. Siempre había creído firmemente en esa idea, pero los últimos treinta días habían reforzado aún más esa creencia. Para empezar, una de las mayores dificultades para mí siempre había sido sentirme bien estando por mi cuenta, y este viaje literalmente me obligó a afrontar esa dificultad sin protección alguna. Incluso todo lo que sucedió en cada uno de los sitios. Empecé en Londres con Emma, sintiéndome a salvo y con el confort que me aportaba estar con una amiga. Luego en Ámsterdam salí un poco de mi zona de confort, instalada en casa de una mujer que no conocía, pero que resultó ser maternal, adorable y que de hecho era amiga de la familia de una de mis amigas. Por último, di el salto final y pasé a hospedarme por primera vez en un albergue por mi cuenta. ¿Y saben lo que aprendí? Que daba igual adónde fuera:

siempre estuve protegida, siempre cuidaron de mí, y estuve en todo momento *bien por mi cuenta*.

Pero la cosa llegaba más lejos aún. Muchas de las pequeñas a lo largo del camino me guiaron hacia todo lo que acabé haciendo y la gente que acabé conociendo. Si no hubiese hecho la visita a pubs en Ámsterdam, nunca hubiese conocido a Yeung. Gracias a nuestra visita al barrio rojo acabamos entrando al show erótico y conociendo a Jason. Si no hubiese conocido a Jason jamás hubiese ido a Mykonos y nunca hubiese conocido a Marcus. Si no hubiese elegido ese albergue en concreto en Barcelona, nunca hubiese conocido al grupo con el que tanto congenié. Ahí fue donde me sentí apoyada y empoderada por primera vez en todo el viaje. Ahí fue donde conocí a Chris, y ahí fue donde empecé a curarme emocionalmente un poco. Si hubiese elegido el albergue más "fiestero" en Roma en lugar del albergue más relajado en el que estuve finalmente, no hubiese procesado todo a fondo ni hubiese ido de cena por mi cuenta ni me hubiese emborrachado, y claro tampoco hubiese escrito a Javier ese mensaje que finalmente fue la razón de que fuese a San Vito. Si no hubiese ido a San Vito, no hubiese tenido ningún tipo de respuesta. No hubiese estado en la playa para dar apoyo a Javier cuando rompió a llorar por el cumpleaños de su hermano. Y no hubiese terminado este viaje como lo comencé. Todas y cada una de las decisiones que tomé me llevaron adonde tenía que estar, me guiaron hacia alguien que tenía que conocer o me ayudaron a aprender algo que necesitaba.

Sentada en el aeropuerto, ya no me sentía tan pequeña. Había encontrado una nueva fortaleza y propósito. Después de todo a lo que había sobrevivido, de todos los miedos que había afrontado y de todo lo que había aprendido sobre mí misma, me sentía bastante grande. Jodidamente grande. Me sentía poderosa por saber que era mi destino estar aquí. O sea, si 2017 no me había matado, he de tener algo bastante importante que hacer en esta vida.

Este viaje entero literalmente me obligó a ceder el control: nada de controlar los planes, el cambio en los sentimientos de Javier, la forma en que yo *pensaba* que la vida tenía que ser. Había vivido veintiocho años controlándolo todo, y este viaje hizo un *reset* a mis circuitos internos. ¿Y saben qué? Me sentía jodidamente *liberada*.

Lo único que realmente puedo controlar es lo que yo decido hacer y cómo decido reaccionar. Siempre y cuando mi corazón esté alineado con esas dos cosas, todo lo demás saldrá bien. Supongo que ciertas partes de *Los cuatro acuerdos* acabaron encajando más con mi forma de pensar de lo que yo creí en un principio.

¿Y qué hay de amarme a mí misma? Bueno, este viaje entero estuve buscando cómo hacerlo, en lugar de *sencillamente hacerlo*. Al fin y al cabo, la idea es amarme *a mí misma*. Así que, ahí sentada en el aeropuerto, con mis nuevos descubrimientos sobre mí misma, me pregunté... bueno, yo misma, ¿qué necesitas para ser feliz? Y ahí mismo, sin yo darme cuenta, comencé a amarme a mí misma. No tuve ninguna revelación espectacular ni ninguna epifanía. Sencillamente comencé a cuidar de la persona que tendría que haber estado cuidando durante todo este tiempo. Yo misma.

En lo que respecta a mis heridas emocionales relacionadas con el abandono, sin duda habían quedado abiertas de par en par tras lo sucedido con Daniel y Javier. Había estado lidiando con este problema desde que a los seis años de edad vi a mi padre muerto en el suelo de casa. Pero en este viaje en solitario, después de todas las cebollas de pensamientos, lo que había aprendido era esto: que jamás puedo estar totalmente abandonada, porque *nunca* me voy a abandonar a mí misma.

¿Tenía todas las respuestas posibles al regresar a casa? No. ¿Me sentía 100 % segura y con certeza de dónde estaba la situación con Javier y qué me deparaba el futuro? No del todo. ¿Estaba milagrosamente curada de todas las mamadas y palizas que la vida me había soltado en los últimos tres meses? Probablemente no. ¿Pero saben qué? Era una persona distinta. Una persona *mejor*. Había aprendido más sobre misma en tres meses de lo que había aprendido en veintiocho años. Sabía al embarcar en el avión que *nunca* volvería a dejar que otra persona me tratase peor de lo que me merezco, que era más fuerte de lo que *jamás* llegué a imaginar, y que pasara lo que pasara: yo estaría bien *siempre*.

La noche antes, ante la incapacidad de dormir, decidí hacer una foto de mi diario. En la página se veía el título de mi libro, mi pasaporte, el collar y el anillo que había comprado en San Vito, el anillo de latón de Londres, mis tres piedras y una Polaroid que Javier y yo nos hicimos en Sicilia. Esta iba a ser la última foto que colgaría en este viaje de locura. Mientras embarcábamos en el avión, la publiqué, junto con este texto:

Este viaje ha sido una de las experiencias más emotivas, increíbles, gratificantes y que más me ha cambiado la vida que jamás haya vivido. En los últimos tres meses y medio he tenido que hacer frente a un divorcio, a un desamor, a miedos, pérdidas e incluso a horribles y aparentemente infranqueables incertidumbres. Sabía que tenía que decidir hacer frente a las cosas de las que he estado huyendo toda la vida y aceptar todas las cosas que me estaban pasando "a" mí. Si bien siempre he creído firmemente en que todo sucede por una razón, y podía ver claramente por qué todo esto estaba pasando, no podía entender por qué las razones dolían tanto. Sentada con mi madre el 3 de septiembre, ella me miró con lágrimas en los ojos y me dijo: "No tienes que ir, cariño". Y yo le contesté: "Sí que tengo que ir". Mamá, siempre serás mi apoyo. La gente con la que he estado y que he conocido en este viaje nunca sabrán realmente la impronta que han dejado en mi vida. Emma, por ser la primera persona en abrir los brazos y ofrecerse cuando todo cambió en mi vida. Poder iniciar este aterrador viaje con la compañía de una de mis mejores amigas tuvo un valor incalculable para mí. Ineke, por cuidar de mí como si de su hija se tratara y hospedarme en su casa donde pude seguir mi curación emocional. El grupo de Ámsterdam. Las chicas de Jersey, Cally, Yeung y Travis. Timothée y Alice por darme calor y cariño en una ciudad desconocida para mí. Mi familia de Barcelona. Quincy por ser mi primera amiga en Pars Tailor's. Los Torontos por hacerme sentir más chida de lo que soy realmente y por estar en contacto conmigo durante el resto del viaje. Mallory por ser así de abierta y un placer como compañera. Karly por ser tan fuerte y valiente, nos inspiras a todos. Rhonda por hacerme sentir como si fuera Beyoncé y empoderarme más de lo que te imaginas. Alejandro y Damián por ser tan divertidos y cariñosos con todos nosotros: Alejandro estarás para siempre en mi corazón. Jacob, por convertirte en un verdadero gran amigo... y por las charlas de borrachera. Y Chris, por ser la persona que me ayudó a empezar de verdad a curarme emocionalmente. Nunca llegarás a saber cuán profundamente afectaste a mi corazón... de la mejor forma posible. Jason, por transformarte, pasando de ser un muchachito despreocupado a mi cómplice... eres mucho más listo de lo que te imaginas. Los Vodka Soda Boys y su vida espontánea y divertida que hizo de Mykonos lo que acabó siendo para mí. Marcus, por ser conmigo mucho más de lo que normalmente dejas ver a los demás. Sophia y Ana, por nunca dejar que me sintiera sola o perdida. Y Javier, no solo por ser el catalizador que puso en marcha este viaje... sino por ser alguien a quien siempre querré con el alma, y aun amigo que tendré de por vida. Y a todos ustedes que han estado siguiendo esta locura de viaje, espero de veras que puedan superar cualquier situación a la que hagan frente en la vida y que logren vivir la vida como se merecen. Todo ha cambiado, y soy más yo misma de lo que jamás he sido antes. Vaya. Jodido. Viaje. De. Locos.

Epílogo

Si bien comencé a arañar la superficie en el tema de amarme a mí misma, no les puedo decir que verdadera y completamente descubriera como hacerlo durante mi gran aventura europea. Ese descubrimiento monumental llegó mucho después de mi regreso a casa, después de más desamor, montones de lágrimas y un montón de búsqueda espiritual por mi parte. Ahora sé total y completamente cómo amarme a mí misma. Lo hago a diario y se lo recomiendo a mis amigas, mis familiares y en definitiva a cualquiera que me quiera oír. Hacerlo ha cambiado mi vida, y me gustaría compartirlo con todos ustedes. Así que, aquí lo tienen.

Prepárate un cóctel. ¿En serio, Gabrielle? No, no el tipo de cóctel que te deja resaca y un montón de arrepentimientos al día siguiente, sino un cóctel de amor hacia mí misma. Al igual que la Cebolla de Pensamientos, este es un truco que ahora sigo a rajatabla. El cóctel del amor propio. Te lo explico...

¿Qué te hace feliz? ¿Qué te aporta felicidad? ¿Cuáles son las cosas que *puedes controlar* y que *contribuyen a tu felicidad*? Para mí, es comer bien, ir al gimnasio, meditar, crear y bailar. Esas cosas son las que le dan *felicidad* a mi alma. Así que, venga, ahora mismo. Haz tu propia lista.

Ahora que tienes tus ingredientes, llegó la hora de preparar tu cóctel. Algunos días solo serás capaz de darte algunos de tus ingredientes. Será una bebida con menos sabores, como un vodka martini. Sé compasiva contigo misma; tienes que comenzar por algo. Para mí fue comer bien e ir al gimnasio. Tuve que comprometerme a darme eso a mí misma... *todos - los - días*. Cuando aumentó mi tolerancia, fui capaz de agregar más ingredientes a mi cóctel: una base de comida sana y gimnasio a diario con una pizca de meditación. Me forcé a seguir dándome continuamente las cosas que me hacen feliz y me hacen sentirme bien. Después de un tiempo, mi cóctel era de lo más sofisticado, con muchos de mis ingredientes favoritos: dos medidas de comida sana, una medida de gimnasio, una pizca de meditación, todo agitado en la coctelera, adornado con un poco baile y servido con un montón de creatividad.

Parece sencillo, ¿verdad? No hacía más que decir que "no sé cómo amarme a mí misma", cuando lo único que tenía que hacer era *darme a mí misma las cosas que amo*. Cuanto más te des a ti misma las cosas que hacen a tu alma feliz, mejor te sentirás. Y sin darte cuenta, *te estarás amando a ti misma*.

Ahora me sirvo un cóctel de amor hacia mí misma todos los días. ¿Es mi vida perfecta ahora y todo está en orden? ¡Por supuesto que no! ¿No han visto ya lo rápido que mi vida se puede convertir en una maldita locura? ¿Pero saben qué? Ahora me amo a mí misma *con locura*.

Y ahí lo tienen. Escriban sus ingredientes. Preparen su cóctel. *Y bébanselo enterito todos los días.*

¿Quieren saber lo que pasó después del viaje por Europa?
Está todo en la segunda parte...

Las Absurdas Desventuras de una Soltera

Agradecimientos

El mayor de los agradecimientos a mi mamá por ser siempre la única constante en mi vida, eres un héroe para mí. A Kelly, por guiarme. A Nick y Michele por todo su trabajo y ayuda. A Sam, tu apoyo continuo y creencia en mí significa mucho para mí. A Randileigh, por tu maravilloso y desinteresado trabajo. A Paul, por estar en mi equipo. A cada persona que se unió a esta loca aventura conmigo y que me ha apoyado desde entonces. A mis amigas que siempre están ahí para escucharlo todo y amarme a pesar de todo. Y a Tay, por ser mi unicornio.

Textos citados

Kevyn Aucoin
"Hoy elijo la vida. Cada mañana cuando me levanto, puedo elegir júbilo, alegría, negatividad, dolor... Para sentir la libertad que se deriva de ser capaz de seguir cometiendo errores y tomando decisiones, hoy elijo sentir la vida; no para negar mi humanidad, sino para abrazarla".

Alan Cohen
"Se requiere mucho valor para abandonar lo que es familiar y aparentemente seguro, y recibir con brazos abiertos lo nuevo. Pero no hay seguridad alguna en lo que ya no tiene un significado especial para uno. Hay más seguridad en la aventura, en lo que te entusiasma, pues en el movimiento está la vida y en el cambio está el poder".

C. G. Jung
"Hasta que no conviertas lo inconsciente en consciente, lo inconsciente dirigirá tu vida y lo llamarás 'destino'".

A. R. Lucas
"Si existe la más mínima posibilidad de conseguir algo que te haga feliz, arriésgate. La vida es demasiado corta y la felicidad rara vez se encuentra."

www.ingramcontent.com/pod-product-compliance
Lightning Source LLC
Chambersburg PA
CBHW022114080426
42734CB00006B/127